14/7 87
Wandavogl am 22 I 24 nach Wien
Ra Ingo II 13/X 24
Poldl
Lois
Ritter Minus 4/3 80
Uhlaner
22/8 18/79
Barabas 6326
Ahasverus 21.7.22
Tell
7.7.24
Lisl Texas Jack am 11/9 nach Klagenfurt

Kundenschall das Gekasper der Kirschen-pflücker im Winter

Übersetzungen ins Rotwelsch
von Günter Puchner

Heimeran

Grafische Gestaltung und Lektorat: Ingeborg Geith

1. Auflage 1974

Archiv 523 ISBN 3 7765 0192 8
Satz und Druck: Rudolf Eimannsberger, München
Bindung: Schübelin, Brucken-Teck

Das Rotwelsch und die deutsche Sprache

Zinken eines ehemaligen Gutsbesitzers, der zum berüchtigten Landstreicher wurde

Sprechen Sie Rotwelsch?

Nein? Doch, Sie sprechen es. Lassen Sie mich erzählen, was passiert ist, also Mensch, der Winterfriede und der Etcetera, die sind noch halb kappore, Doppelzahn und Bienenkönig hergerichtet, dem Ringelspiel gehts unter aller Sau, der hat seine letzten Mäuse verblättelt, und erst das Knallauge!
Der ist ganz im Eimer.
Der hat an Sylvester mit der kessen Biene, die du auch duft fandst, geschickert, bis ihm der Stoff aus den Kürbiswedeln floß, vorgestern und gestern blau gemacht, jetzt ists mit dem Schinagl Essig, er hat einen blauen Brief bekommen, die Schickse ist ihm auch flöten gegangen, hat ihn aber erst ordentlich auf die Schippe genommen, und gezastert hat er wie meschugge, jetzt hat ers Schlammassel, ich hab ihm wie einem kranken Gaul zugeredet, jetzt hat er einen Mordsbammel wegen Moos und Polypen.

Ich hab ihm ein paar Sargnägel und ebbes zum Spachteln zugesteckt, hatte ja einen quanten Rebbach gemacht ist ja nicht wie in der Sauregurkenzeit. Ich hatts ihm ja geschmettert, daß die einen Scheich hat, einen feinen Pinkel, aber Pustekuchen er hat mich veräppelt, ich hätt einen Vogel, und ich sollt ihn nicht pisacken, und das wär Schmäh, die hätt keinen Macker, ich brächt ihn noch auf die Palme, ich sollt wo anders Schmiere stehn, statt bei ihm rundumadum zu linzen, sonst würd er mir zeigen,

Rot(t) Spaßmacher, Bettler, umherziehender Possenreißer, von dt. rot gaunerisch, -welsch zu walen undeutlich reden.

jidd. kappora Sühne. Am Versöhnungstag wurde das »Kapporehuhn« geschlachtet
jidd. ssea Maßstab
jidd. moess Geld; rw. blätteln kartenspielen

jidd. emo Furcht
kess: Anfangsbuchstabe von jidd. kochem klug
zig. pen Schwester, jidd. tow gut
jidd. schickern trinken
dt. Kappes Kohlkopf zu lat. caput Kopf
jidd. belo ohne, rw. blau nicht, nichts (blauer Brief etc.)
schin: Anfangsbuchstabe von jidd. schofel schlecht,
jidd. agole Wagen (Schubkarren); jidd. hesek Schaden
jidd. schicksel Nichtjüdin, zu jidd. schekez Greuel, vgl. Scheich; jidd. pleite fort, vgl. Pleitegeier »Fortgeher«
jidd. chiba Liebe, »süße Tour«
zig. saster Eisen, jidd. meschuggo verrückt
dt. schlimm + jidd. masol Stern, Glück, vgl. Massel
jidd. chole krank, also Tautologie
zig. morsch Hengst, Mann; dt. verstärkende Vorsilbe
jidd. baal emo Furchtsamer, vgl. Eimer, jidd. moess Geld (Mäuse); dt. Poli + jidd. pe, Anfangsbuchstabe von Peizaddik Polizei. Zaddik ist der jidd. Buchstabe z
jidd. sarchen stinken.
jidd. ebbes etwas, vgl. bayr. ebbes; dt. Quantum Menge zu lat. quantum, jidd. rewach Zins
jidd. Zore Sorge, jidd. joker teuer, »Zores jokres«

jidd. schekez Greuel, Unbeschnittener, vgl. Schickse
jidd. piggul Greuel,
jidd. poschut wenig, jidd. kochem klug, jidd. ewil Narr
jidd. wukal verdreht, eigtl. du heißt ein Vogel
jidd. pisseach lahm,
jidd. schema Erzählung, jidd. mackern kennen
jidd. baal allim Gewalttätiger
jidd. schmiro Wache
dt. rund, jidd. medine Land

wo der Bartel den Most holt.

Bis sie ihn dann eingeseift hat und
ihm die Kröten aus dem Sack gezupft...
Strömen wir schlucken, ich schieb
einen ordentlichen Kohldampf...

wie ich dem linken Geist, als er
nicht lustern wollt, einen guten
Rutsch gewünscht hab und Hals-
und Beinbruch, da hat er mich erst
auf den Besen geladen, dann wurd
er ropsig, ich ginge ihm auf den
Wecker und hätte nicht alle Tassen
im Schrank, da bin ich getiegert,
aber jetzt ist er im Frost und brabbelt von grüner Minna und Marschierpulver schnappen und so na
ja belämmert ist belämmert, eine
verzinkte Meise er soll zurück zu
seiner Mischpoche und bei Krone
und Streichlingen heften das bringt
mehr Massel als das Geschwuder
der schofle Goj...
mit seinem Geseires...

jidd. barsel Eisen, Brecheisen; jidd. moess Geld, vgl. Moos, Mäuse
jidd. sewel Dreck, Mist, vgl. bescheißen

dt. stromen, strömen gehen
zig. kalo schwarz, rw. schwarz = arm, dt. Dampf Angstschweiß, Hunger
dt. Geist, rw. Geist = Mensch
nl. luisteren horchen,
jidd. rosch Kopf, Anfang
jidd. hazloche broche Glück und Segen
jidd. besaion Verachtung

jidd. wochar er hat aufgeregt, jidd. toschia Verstand, zig. durjew weit gehen
rw. grün: unsicher, schlecht, unerfahren, vgl. grüner Junge, jidd. inne, minne Leid, jidd. moschia Rettung

nl. belemmert gehindert
dt. Zinken, Zeichen; jidd. maase Geschichte
jidd. mischpoche Familie, jidd. koran strahlen, keren Horn, baal karnajim Hornträger
jidd. masol Glücksstern
jidd. schophol gering, jidd. goj Nichtjude, Gauner
jidd. gosar bestimmen, rw. Geseires Verordnung, Rede, hierzu: ab nach Kassel (= laut Verordnung)

In diesem Gespräch wurden nur rotwelsche Wörter verwendet, die in die deutsche Umgangssprache eingedrungen sind, es ist zweisprachig, deutsch und rotwelsch zugleich.

jidd. = jiddisch, hier praktisch ausschließlich hebräischer Herkunft.
zig. = zigeunerisch
nl. = niederländisch
dt. = deutsch
rw. = rotwelsch
lat. = lateinisch

Ein anderes Gespräch zwischen zwei Fahrenden:

A: Nun kenn, Geist! Ich denke du bist schon lange gebeikert.

B: Ha, Baikern! Ich komme von Lammeth; da habe ich mir ein Paar Schoppen Kautchen und einen Schoppen Lupper gekündigt. Etliche Zwicker hege ich noch und damit denke ich nun in die Hellblaue zu krauten.

A: Laß mal die Schneidchen rohnen. Ei, die sind duft! Was schocken dir die?

B: Das Schoppen Bais Rad und doloch Pachen, und die Lupper doloch Soph.

A: Die sind nicht joker; koschere Soore! Da brauchst du keine Mohre zu hegen, daß du sie nicht verhackst auf solche Soore tippeln die Hachner. Aber wo wollst du nun hinkrauten?

B: Ich will nüber in jenes Kaaf da am Maium, vielleicht kann ich da noch was verscherfen.

A: Du, der Teckel ist dort pikane.

B: So! Hast du ihn gerohnt?

A: Freilich! Er hat mich auch gefleppt. Ich war nämlich dort in dem zweiten Kaaf, da habe ich eine miese Lupper und auch ein Paar Degen verkündigt. Das müssen die Kaffer an ihn gemassert haben, drum ist er mir denn gleich nachgetippelt. Ich bin dir eben in der Chatschemme, um meinen Knopper füllen zu lassen, da steht er auch schon hinter mir. Nun schoolte er mich denn, wo ich herkäme, spannte meine Fleppe durch und dieberte denn, ich hätte gewiß dort im Kaaf gesochert, denn die alten Flammer, die hätten gewöhnlich immer ihr Wesen mit der Socherei; und ein Bonum machte er dir, wie sieben Meilen miesen Dirach.

B: Welcher ist es denn? Etwa der mit dem wüthenden Zinken?

A: Kenn! Kneistest du ihn schon?

Das zweite Gespräch schrieb der Schuhmachergeselle Ferdinand Baumhauer 1843 auf Bitten der Jenaer Polizei nieder:
er solle...« von den... genannten Strohmern, so weit ihm möglich, eine kurze Person- und Lebensbeschreibung

aufsetzen, ferner... Schilderungen aus dem Strohmerleben in der chochemer Sprache, welche Baumhauer fertig spricht, entwerfen...«
Die »chochemer Sprache«, das Rotwelsch, ist die Geheimsprache der deutschen Fahrenden. Es hat keine eigene Grammatik entwickelt. Die Chiffrierung wird erreicht, indem vor allem Substantive, Verben, Adjektive, einige Präpositionen und Pronomina und wenige andere Wortarten ausgewechselt werden. Es diente den Fahrenden als Code, als sprachliche Maskierung der feindlichen, seßhaften Umwelt gegenüber und zur schnellen, sicheren gegenseitigen Identifizierung als Eingeweihte. Grußformel: Kunde? Antwort: Kenn Mathilde, kenn Matthias o.ä. (zu jiddisch/hebräisch medina Land), also etwa: Kundig? Kenne das Land.
Die Fahrenden:
Handpuppen- und Marionettenspieler, Messerschlucker, Seiltänzer, Bärentreiber, Scholaren und Bachalauren, stellungslose Kleriker, Kesselflicker, Scherenschleifer, Bänkelsänger, Handwerksburschen, soldlose Landsknechte, Hausierer, Stromer, Vaganten, Vagabunden, Tippelbrüder, »staubige Brüder«, Walzbrüder, Bettler, Diebe, Verkleidungskünstler, »Pilger«, »Wallfahrer«.
Eines hatten sie alle gemeinsam: sie waren von der Gesellschaft ausgeschlossen, sie waren unterwegs, auf der Flucht. Nun kann man aber auch freiwillig fliehen, ohne dem Druck der Strafverfolgungsbehörden unmittelbar ausgesetzt zu sein, um jenem größeren, allgemeineren Druck auszuweichen, der in einer Gesellschaftsordnung das »normale« Mitglied fesselt und einbindet zugleich: dem Anpassungszwang. Sie schufen sich, indem sie aus dem Sozialgefüge ausbrachen, eine unabhängige Position, die es ihnen ermöglichte, als Freie – »Fremde« – der Gesellschaft gegenüber auf Distanz zu »gehen«. Die Freiheit aber, die sie suchten, spiegelt sich in der Souveränität, mit der sie aus ihrer Muttersprache eine eigene Sprache formten. Rotwelsch zu sprechen gab ihnen das Bewußtsein, einer verschworenen Gemeinschaft anzugehören, in ihr geborgen zu sein.
Als Beispiel diene die Kurzbiografie des Ferdinand Baumhauer. Geboren 1818 als Sohn eines Webermeisters, besuchte er bis zu seinem 13. Lebensjahr die Schule,

anschließend erlernte er das Schusterhandwerk. Während seiner Schulzeit wurde die Ehe seiner Eltern geschieden. Er blieb beim Vater, der bald darauf starb. Mit achtzehn begann er seine Wanderschaft als Schuhmachergeselle. In Kleinbremen, einem Dorf bei Bückeburg, traf er mit Kunden zusammen. Sie unterrichteten ihn in der Gaunersprache und im Fälschen von Pässen. Wegen seiner Schreibkunst war er bald ein angesehenes Mitglied ihrer Gesellschaft. Ihr Zusammenhalt war offenbar ein so tiefgreifendes Erlebnis für ihn, daß er zeitlebens Fahrender blieb.

Das Selbstbewußtsein der Kunden drückt sich in ihren Selbstbezeichnungen aus: Jenische (von zig. dsan wissen), Kochemer (von jidd/hebr. chochem klug, weise, vgl. kess), Kunden (zu deutsch kundig). Entsprechend die Begriffe »Bal-chochem« »weiser Herr« (des Rotwelsch Kundiger), »Bal-cholem« »Träumer« (des Rotwelsch Unkundiger, auch, weniger poetisch: Gescherter).
Andere, ironische Selbstbezeichnungen der Fahrenden, wohl eher im unbelauschten, unverschlüsselten Gespräch miteinander (vor allem Berliner Rotwelsch): Wolkenschieber, Luftschiffbremser, Kirchturmspitzenvergolder, Himmelsfechter, Schneeschipper im Sommer, Kirschenpflücker im Winter, Zitronenschleifer, Ziegel- und Landstreicher, Chausseegrabentapezierer.
Bezeichnungen der Fahrenden fürs Rotwelsch: Kundenschall, platte Schmuserei (platt vertraut zu jidd/hebr. polit Flüchtling. Schmus Sprache zu jidd/hebr. schmuo Gehörtes). Kessenkohl (chess = Abkürzung von chochem, vgl. kess, – kohl zu zig. kalo schwarz, hier im Sinn von gaunerisch, lügnerisch, vgl. anschwärzen und verkohlen: lautliche Ähnlichkeit mit dt. Kohlen ist zufällig).

Muttersprache im eigentlichen Sinn war das Rotwelsch nicht. Natürlich wuchsen die Kinder der Fahrenden mit ihm auf (ein Gelernter ist einer, der erst als Erwachsener das Rotwelsch erlernte). Es ist eher als exclusive Zweitsprache zu verstehen, an der die Fahrenden jahrhundertelang arbeiteten, deren Wortschatz sie ständig bereicherten. Als Material dienten ihnen Wörter der deutschen Hochsprache, deren Bedeutung sie veränderten oder die sie auf vielfältige Weise umbildeten, untergehende oder untergegangene Wörter, Dialektausdrücke und Wörter aus Fremdsprachen, vor allem natürlich aus den Sprachen der fahrenden Völker: der Juden und der Zigeuner.

Das Jiddische

ist eine Nahsprache des Deutschen wie etwa das Niederländische, das Pensylvaniadeutsche, das Luxemburgische oder das Afrikaans (das Kapholländische). Es ist in Deutschland aus dem Deutschen entstanden. Schon unter Karl dem Großen trieben Juden Handel mit den Slawen. Sie sind 955 in Magdeburg und etwas später in Merseburg als Kaufleute nachgewiesen. In ottonischen Urkunden sind »judeus« (Jude) und »mercator« (Kaufmann) identisch.
Um das Jahr 1000 hatte sich das Jiddische wohl vom Deutsch der Umgebung erst so weit entfernt, daß man von einer Mundart sprechen kann. Noch machte es die sprachlichen Wandlungen mit, eine strikte Trennung zwischen Juden und Nichtjuden gab es nicht.
1096 fand der erste Kreuzzug statt. Er begann mit grausamen Massakern gegen die Juden an Rhein und Mosel. Die den Verfolgungen Entkommenen flohen zum Teil auf den alten Handelswegen nach Osten. Das Laterankonzil von 1215 und das ökumenische Konzil zu Breslau 1266 brachten eine allgemeine Verschärfung der Lage und damit zunehmende Abkapslung im Westen (wo das ältere sog. Westjiddische gesprochen wurde) wie im Osten (wo das jüngere Ostjiddische entstand). Aus den Judenvierteln, die Zusammenschlüsse auf freiwilliger Basis waren, wurde das jüdische Zwangsghetto, das seine grausamste Ausprägung in den deutschen Konzentrationslagern fand.

Die Abschnürung von der Umwelt bewirkte nun einerseits eine Konservierung mittelhochdeutschen Sprachguts, das im heutigen Hochdeutsch untergegangen ist, allenfalls noch in wenigen Dialekten (z.B. in bairischen) erhalten ist. (Diese Konservierung kann man auch bei echten Sprachinseln, z.B. den deutschen Sprachinseln in Oberitalien, beobachten).
Andererseits bewirkte die zunehmende Abtrennung ei-

nen verstärkten Einfluß des Hebräischen, aus dem vorher nur einzelne Ausdrücke in das »normale« Deutsch der Juden eingeflossen waren. Das erklärt sich ganz natürlich daraus, daß sie ja für das gesamte religiöse Leben sich des Hebräischen und Aramäischen bedienten, das für sie – im Gegensatz etwa zum Latein der katholischen Kirche – eine lebendige Sprache war. Sie machten auch alle deutschsprachigen Aufzeichnungen von Anfang an in hebräischen Lettern und – wie das Hebräische – von rechts nach links, wie die Juden ja stets die ihnen geläufigen Landessprachen in hebräischer Schrift niederschrieben, was immer große Schwierigkeiten mit sich brachte, da die hebräische Schrift die Vokale sehr unvollständig wiedergibt. So verfuhren sie etwa in Persien und Spanien, wo ihre Sprachen, das Judenpersisch und das Spaniolisch, ähnlich wie das Jiddische durch allmähliche, wenngleich nicht so vollständige Abtrennung von den jeweiligen Landessprachen entstanden.
Nebenbei bemerkt ist es ein reizvolles Vergnügen, beim Lesen jiddischer Texte auf altbekannte bayerische Wörter in hebräischem Gewand zu stoßen: ez, bayer. ös ihr (zwei), enk euch (zwei), Reste eines alten Duals, ebbes etwas, ebber etwa. Ein weiteres Beispiel: der Einschub eines d bei Verkleinerungen: hindl, bayer. Hendl für Hühnchen, eigentlich Hühnlein, schterndl für Sternlein etc.

Aus dem Deutschen, genauer aus dem Bairisch-Österreichischen und (weniger) aus dem Mitteldeutschen stammen ca 75 Prozent des jiddischen Wortschatzes,
aus dem Hebräischen ca 15 bis 20 Prozent (der tiefgreifende Einfluß geht aber weit über diesen rechnerischen Anteil hinaus),
aus den slawischen Sprachen ca 10 bis 15 Prozent (vor allem Begriffe des täglichen Lebens),
aus den romanischen und übrigen germanischen Sprachen, vor allem dem Niederländischen, wenige Prozent.
Naturgemäß ging vor allem das hebräische Wortgut des Jiddischen ins Rotwelsch über, einesteils weil das Rotwelsch seine Entstehung zu einem guten Teil der Intelligenz jüdischer Kunden verdankt, andernteils weil die übrigen Bestandteile des Jiddischen zur Tarnung weniger geeignet waren. Und auch diesen Fremdwörtern unter-

legten die Fahrenden zum Teil noch einen anderen Sinn: meanne sein: martern ergibt im Rotwelsch (grüne, d.h. schlechte) Minna für den vergitterten Gefangenenwagen, duchnen: segnen wird zu: unter den Augen wegstehlen, Mesuse: Kapsel mit Deuteronomiumstexten an der Tür – der fromme Jude küßt sie – wird zu Frauenzimmer, Dirne, etc. Im übrigen ist die Schubkraft vieler hebräischer Wurzeln erstaunlich. Die Stationen: Hebräisch → Jiddisch → Rotwelsch → Umgangssprache.

Nicht religiöse, aber ähnlich starke rassistische Vorurteile trieben oder besser hielten praktisch von Anfang an das andere fahrende Volk in Isolation: die Zigeuner.

Die Zigeuner und ihre Sprache

Die Menschen im Spätmittelalter rechneten die Zigeuner anfangs den Pilgern und Wallfahrern zu, die ja zum täglichen Szenarium gehörten, und begegneten ihnen mit Wohlwollen. Die Zigeuner ihrerseits paßten sich mit ihren selbstverliehenen Adelstiteln dem hierarchischen Denken des christlichen Abendlandes an, gaben sich als Flüchtlinge aus, die um ihres christlichen Glaubens wegen aus ihrer Heimat vertrieben worden waren, oder als Pilger, die einem Gelübde zufolge unterwegs waren etc.
Bald aber begannen die Zigeunerverfolgungen, die sich über Jahrhunderte erstrecken sollten und wie die Judenverfolgungen im Hitlerdeutschland ihren grauenvollen Höhepunkt erreichten (In Auschwitz wurden Zehntausende Zigeuner vergast).
Das ausgeprägte Stammesbewußtsein, das sie davon abhielt, mit den Einheimischen zu engen Kontakt aufzunehmen, mag zu den Verfolgungen beigetragen haben. Sie waren Fremde und wollten es auch bleiben. Wie den Kunden das Rotwelsch, so gab den Zigeunern ihre Sprache – das Romani – das Bewußtsein der Zusammengehörigkeit. Das Erlernen der jeweiligen Landessprache aber war für sie existentielle Notwendigkeit, es fiel ihnen bei ihrer Sprachbegabung nicht schwer. Erst die vollständige Integration, das Seßhaftwerden, für das Südosteuropa die günstigsten Voraussetzungen bot, ließ das Romani in den

dortigen Ländern zugunsten der Landessprachen langsam untergehn.

Nun zur Sprache der Zigeuner: Bei dem erwähnten Aufenthalt der Zigeuner in Forli 1422 »aliqui dicebant, quod erant de India« »sagten einige, sie stammten aus Indien.«

Bereits 1597 regte Vulcanius an, »den Ursprung der Zigeuner aus ihrer Sprache zu erforschen.«

1782 urteilte Jacob Carl Christoph Rüdiger rückblickend: »Hätte man sich dieses Hülfsmittels auch bey den Zigeunern eher recht zu bedienen gesucht, man würde die Wahrheit längst gefunden und alle.... Irrthümer vermieden haben.... So fand ich endlich zu meiner Verwunderung mit der Sprache in Schulzens indostanischer Grammatik so genaue Aehnlichkeit, daß ich danach nothwendig die Zigeuner aus Ostindien herleiten mußte....«
Die Auswanderung dürfte auf das 10. oder 11. Jahrhundert zu datieren sein.

Der weitere Weg: Iran, Armenien, Byzanz. Der Großteil überschritt den Hellespont und erreichte damit Europa. Aufgrund der zahlreichen griechischen Lehnwörter ist Griechenland als die Urheimat aller europäischen Zigeuner anzusehen. Als die Walachei 1415 endgültig zum Tributstaat des Sultans wurde, begann die große Westwanderung.

Die verhältnismäßig geringe Anzahl von zigeunerischen Wörtern, die ins Rotwelsch (und teilweise in die deutsche Umgangssprache) eindrang, erklärt sich aus dem relativ späten Auftreten der Zigeuner (ab 1416) und aus ihrem oben erwähnten Stammesbewußtsein. Pott, der Altmeister der Zigeunerforschung, schreibt 1844 über die Zigeunersprache: »...so daß sie...zu dem, im Bau vollendetsten aller Sprachen, dem stolzen Sanskrit in blutsverwandtem Verhältnisse zu stehn...sich rühmen darf.«

Der Zug der Zigeuner

1416 Kronstadt/Siebenbürgen »Herr Emaus aus Ägypten und 220 Gefolgsleute«
1417
30.8. Zürich
1417 Magdeburg
1417 Lübeck
1418 Straßburg
1418 Frankfurt/M beschenkt »die elenden lude uss dem cleynen Egypten«
1419
1.10. Sisteron/Provence
1.11. Augsburg
1420 Deventer/Holland
»her Andreas, hertoch van Cleyn-Egypten« mit ca. 100 Begleitern und 40 Pferden.
1422
18.7. Bologna »Andrea, duca die Egitto«
7.8. Forli
1424 Basel
1424 Regensburg
1427 Paris, Herzog »de la Basse-Egypte«
1428 Sanok/Galizien
1429 Arnheim beschenkt »den greve van Klijn-Egypten met synne geselchap«
1430
5.6. Metz
1430 England
1433 Dänemark
1445 Sambor/Galizien
1447 Barcelona
1487 Halicz/Galizien
1501 Wilna
1512
29.9. Stockholm beschenkt »her Anthonius en greffue met sine greffwynne«, der etwa 60 »tatra« aus »klene Egiffti Land« anführte.
1584 Åbo/Finnland
1597 Nyslott/Finnland

Sprachverwandtschaften

Die Verwandtschaft der wichtigsten indogermanischen, besser indoeuropäischen Sprachen entdeckte 1786 Sir William Jones, Kalkutta.
Das System der Lautentsprechungen zwischen den indoeuropäischen, den uralischen, den altaischen (türkischen, mongolischen und tungusischen), den kharthwelischen, den hamito-semitischen und den drawidischen Sprachen erkannte Wladislaw Illitsch-Switytsch um 1960. Er rekonstruierte mehr als 600 Wortwurzeln einer eurasischen Ursprache, der man die Bezeichnung »nostratisch« oder »boreisch« gab. Die Boreaner dürften vor etwa 12000 Jahren zwischen Kaukasus und nördlicher arabischer Halbinsel gelebt haben. Das Zentrum dieses Lebensraumes wären dann Euphrat und Tigris. Sie ernährten sich vor allem von Fischen, wie zahlreiche Wurzeln für flechten, Netz etc. beweisen. Ackerbau, Viehzucht und Töpferei gab es noch nicht: Forschungsergebnisse der Linguistik, die mit denen der Archäologie völlig übereinstimmen.
Aron Dolgopolski führte die Arbeit von Illitsch-Switytsch fort, der 1966 im 32. Lebensjahr verstarb.

Mit Sicherheit verwandt sind:

1. Indoeuropäisch Germanisch → **Jiddisch**
   Keltisch
   Altrussisch
   Italisch → **Judenspanisch**
   (Spaniolisch, Ladino)
   Urslawisch
   Altindisch → **Zigeunerisch** (Romani)
   Altpersisch → **Judenpersisch**
   Baltisch (z.B. Preußisch †)
   etc.

2. Kharthwelisch (z.B. Georgisch)
3. Semito-Hamitisch (z.B. **Hebräisch, Aramäisch,** Ägyptisch)
4. Drawidisch
5. Uralische Sprachen (z.B. Finnisch, Ungarisch)

6. Koreanisch
7. Urjapanisch
8. Tungusisch (z.B. Mandschurisch)
9. Urtürkisch
10. Mongolisch

Mit dem Deutschen ist also nicht nur – wie schon bisher bekannt – das Zigeunerische, sondern auch das Hebräische urverwandt.
Im übrigen hat fast jedes europäische Land seine eigene Geheimsprache hervorgebracht.
Eine kurze alphabethische Übersicht über die Namen der Gaunersprachen:

England	pedlar's french, thieves' latin, cant (oft fälschlich: slang)
Frankreich	Argot
Holland	Bargoens, kramerlatijn
Italien	Gergo
Portugal	Calão
Rußland	Ofenisch
Spanien	Germania
Tschechei	Hantýrka, kȓamárská (ȓeĉ) (Krämersprache)

Neben dem Rotwelschen gibt es eine andere deutsche Sondersprache, die – ursprünglich Standessprache – sich zu einer Art Geheimsprache einer sozialen Oberschicht entwickelte und – anders als das Rotwelsch, das Schutzfunktion hatte – den gesellschaftlichen Anspruch seiner Sprecher betont: die Waidmannssprache. Hier – mit der Herrschaft über den Tod – berührt sie sich mit dem Mediziner- und dem – inzwischen weitgehend ersetzten – Kirchenlatein.

Zur Geschichte des Rotwelsch und seiner Erforschung

»Die Quellen spiegeln weniger die Entwicklung des Rotwelsch als vielmehr die der Beschäftigung mit dem Rotwelsch« (S. Wolf)

Schon um 1250 verstand man unter »rotwalsch« Wörter mit geheimem Sinn. Als »welsch« galten alle romanischen Sprachen, überhaupt jede unverständliche Redeweise. »rott« ist Betrüger, Bettler, zu deutsch rot in der Nebenbedeutung »falsch, betrügerisch«.

Das Augsburger Achtbuch von 1342 enthält 9 rotwelsche Bezeichnungen für betrügerische Bettler.

Matthias von Kemnat schreibt 1475, die Landfahrer würden ihre Sprache Rotwelsch nennen.

Martin Luther gab 1528 den »Liber Vagatorum« von 1510, die älteste umfangreiche Rotwelschquelle, neu heraus.

Die eigentliche sprachwissenschaftliche Erforschung des Rotwelsch begann erst im Jahr 1829: In der »Monatsschrift von und für Schlesien« erschien eine Abhandlung von Hoffmann von Fallersleben: Ältestes Rotwelsch in Deutschland, in der er vor allem Wortwurzeln nachweist.

1854 schreibt Jacob Grimm in seiner Vorrede zum ersten Band des »Deutschen Wörterbuchs«: »Die bunt gemischte, doch manche deutsche bestandtheile in sich haltende rotwelsche sprache oder die der bettler, diebe und gauner hat man vielfach und in neuer zeit am genügendsten gesammelt.«

1859 stellte Josef Maria Wagner eine ausführliche Bearbeitung wenigstens des ältesten Rotwelsch bis zum Ende des 17. Jahrhunderts in Aussicht. Sie ist niemals erschienen.

1862 erschien Avé-Lallemants Wörterbuch in Band IV seines wichtigen Werkes über das Deutsche Gaunerthum.

1893 kündigte der Kriminalist Hanns Gross ein »Großes rotwelsches Wörterbuch« an. Es ist niemals erschienen.

1901 gab Friedrich Kluge die bevorstehende Veröffentlichung seines Wörterbuches bekannt. Es ist niemals erschienen.

1919 erklärt Louis Günther wichtige Vorarbeiten » eines allen Anforderungen genügenden Wörterbuchs der Geheimsprachen« für vollendet. Es ist niemals erschienen.

1956 erschien Siegmund A. Wolfs »Wörterbuch des Rotwelschen«, eine umfangreiche, zuverlässige Sammlung aller vorhandenen Quellen.
1970 schreibt Karl Spangenberg in seiner Vorbemerkung zu »Baumhauers Stromergespräche«:
»Wie weit wir noch entfernt sind vom Optimismus eines Rezensenten, daß Wolfs »Wörterbuch des Rotwelschen« den Abschluß der Rotwelschforschung darstelle, dürfte der folgende Beitrag hinlänglich erweisen. Nicht nur, daß eine bedeutende Quelle mit 800 Rotwelsch-Wörtern erst jetzt aufgefunden worden ist, spricht gegen obige Behauptung, sondern vor allem die traditionelle Art und Weise der bisherigen sprachwissenschaftlichen Betrachtung...«
Spangenberg tritt für eine mehr soziologisch orientierte Rotwelschforschung ein, wurde doch bisher der etymologischen oder kriminalistischen Perspektive der Vorrang eingeräumt. Die Schwierigkeit liegt darin, daß – bis auf ganz wenige Originalaufzeichnungen – nur Wörterbücher vorliegen. Eine Geheimsprache wie das Rotwelsch war eine sorgsam gehütete, gesprochene Sprache.
Baumhauer, der sie durch seine Aufzeichnungen teilweise der Polizei preisgab, galt als Verräter. Ein unüberwindbares Hindernis sollte aber der Mangel an Quellen nicht sein, denn das Rotwelsch lebt. Der Kriminalist Julian Burnadz sammelte 8000 lebende Ausdrücke der »Wiener Galerie«, der Wiener Unterwelt (erschienen 1970).
Aus dem Geleitwort von Franz Meinert, Präsident des Bayerischen Landeskriminalamts a.D.: »Vor allem haben philologische und etymologische Erwägungen in einem solchen der Bestandsaufnahme gewidmeten Buch keinen Raum.«
Zum Vergleich: das »Wörterbuch des Rotwelschen« von Siegmund Wolf enthält ca 6480 Wörter.

Lücken im Wortschatz habe ich mit Hilfe des Jiddischen und Zigeunerischen geschlossen, gelegentlich durch Bedeutungsverschiebungen rotwelscher Ausdrücke, durch kaum mehr bekannte Dialekt- oder Fachwörter – vor allem im Kapitel »Essen und Trinken« – sowie durch wenige, an die Methodik der Kunden angelehnte Neubildungen.

1845 schreibt August Friedrich Pott über die europäischen Gaunersprachen:
»Es sind nicht die schlechtesten Köpfe, denen sie ihren Ursprung verdanken, diese Denkmale eines....glänzenden Scharfsinns und einer ihn befruchtenden Einbildungskraft voll der kecksten Sprünge und lebhaftesten Bilder; und an dieser beiden Schöpfungen hat sich überdem oft sprudelnder Witz...beteiligt, der.. fast immer durch Kühnheit, so auch häufig durch die schlagende Richtigkeit seiner blitzartig ins Licht gesetzten Beobachtungen überrascht und fesselt.«

Die Zinken

Das Rotwelsch war und ist gesprochene Sprache.
Dennoch bestand zwischen den Fahrenden eine lebhafte Korrespondenz. Botschaften und Nachrichten wurden in Geheimzeichen, den Gaunerzinken, verschlüsselt.
Das Wort Zinken kommt von dt. Zinke, Zinken »Zacken, Spitze«, das mit dt. Zinne verwandt ist und – wie das deutsche Wort Zahn – von der indogermanischen Wurzel dont stammt. Auch das Wort Zink ist mit Zinken identisch (das Destillat des Metalls setzt sich an den Wänden des Schmelzofens in Form von Zacken ab).
Die ältesten Zinken stammen aus dem Anfang des 16. Jahrhunderts. Sie lehnten sich an die bekannten Steinmetz- und Hauszeichen an. Sie waren von einem kleinen Kreis Fahrender vereinbart und für Uneingeweihte – auch für Kunden – nicht zu entziffern (viele von ihnen sind bis heute nicht gelöst). Langsam aber entfernten sie sich von den Vorbildern und entwickelten sich zur Bilderschrift hin, wie der (ungelöste) Zinken von 1559 auf dem Bucheinband zeigt.
Aus dem 17. Jahrhundert sind die Quellen sehr spärlich. Die wenigen überlieferten Zinken zeigen, daß Bildzeichen und Bilderschrift endgültig an die Stelle der abstrakten Zacken getreten sind.
Auch aus dem 18. Jahrhundert sind ganz wenige Zinken überliefert, dagegen bringt das 19. eine Fülle von Zinken und Zinkenfolgen, die an die Bilderschrift von Naturvölkern (Eskimos, Indianer) und frühen Hochkulturen erin-

nern (Azteken, Ägypter: Hieroglyphen, Babylonier: Keilschrift, Chinesen).
Diese Zinkenfolgen vermochten auch komplizierte Zusammenhänge zu übermitteln und waren – wie Bilderrätsel – mit einer gewissen Übung und aus einer bestimmten Lebenshaltung auch ohne Übereinkunft zu lösen.
Damit war eine Art allgemeiner Postdienst für alle Fahrenden eingerichtet: die Nachrichten konnten »postlagernd« an den am Weg liegenden Stationen eingesehen werden: an Bildstöcken, Kapellen, Marterln, Wegweisern, Zäunen, Einfriedungsmauern, Bauernhäusern, Stadeln, Kirchen. Sie fanden sich meist versteckt in Nischen, an Seiten- oder Rückwänden, in Vertiefungen o.ä., oft mit Kreide, Kohle, Rötel, Farbstift, Bleistift gezeichnet. Ihre Größe schwankt zwischen 10 und 30 cm, die Bleistiftzinken sind meist kleiner.
Die Zinken dienten als Warnungen (Hund, Polizei), gaben an Haustüren Hinweise, ob und wo etwas zu holen war, berichteten, mit Kundenwappen vervollständigt, Erlebnisse, oder markierten mit Datum und Richtungsangabe Reiseweg und Absichten des Fahrenden.
Auch soziologische Reflexionen fanden ihren Niederschlag in Zinken:

»Aus der Gesellschaft gehen, austreten«. Der große Kreis bedeutet die »geschlossene« Gesellschaft, der kleine das Individuum, den Fahrenden, der die Gesellschaft verläßt, der –ähnlich wie die sprachlichen – die gesellschaftlichen Fesseln abzustreifen versucht.

Bei den Zinken des 20. Jahrhunderts verdrängt die Handschrift immer mehr das Bild; das Wappen wird häufig durch Spitznamen ersetzt.
Mit dem Ausbau des Straßennetzes verschwanden die Zinken fast völlig. Übrig blieben die simplen Zinken der Bettler und Hausierer an den Wohnungstüren, karge Überreste einer – notgedrungen – bilderreicheren Zeit.

Europakarte mit den Stationen des Zigeunerzuges und mit rotwelschen Ländernamen
IRLAND
ZÜND-MÄRTINE
ENGLAND
PLEMPEL-MÄRTINE
HOLLAND
MYNHEER-MÄRTINE
Deven
Arnheim 1429
Paris 1427
Metz 1430
Straßburg 1418
Basel 1424
Zürich
SCHWE
BUMMERK
FRANKREICH
HASSMÄRTINE
Sisteron 1419
Barcelona 1447
SPANIEN
SEFARDEN-MÄRTINE

Stockholm 1512
SCHWEDEN
SCHWEDINGEN
RUSSLAND
JOWENISCHE-MÄRTINE
Wilna 1501
Lübeck
1417
gdeburg 1417
POLEN
TSCHIBALLO
TEMM
EUTSCHLAND
SKENASISCHE
MÄRTINE
TSCHECHEI
PESTERSPRUCHERL
MÄRTINE
Sanok 1428
Sambor 1445
ankfurt/M.
18
egensburg
1424
Augsburg
419
ÖSTERREICH
KÄFER-MÄRTINE
UNGARN
SCHNAUZ-
MÄRTINE
RUMÄNIEN
WALACHEN
MÄRTINE
Forli 1422
Bologna
422
JUGOSLAWIEN
GATSCHEN-TEMM
Kronstadt
1416
ITALIEN
MIKETEPIK-MÄRTINE
BULGARIEN
TAS-MÄRTINE

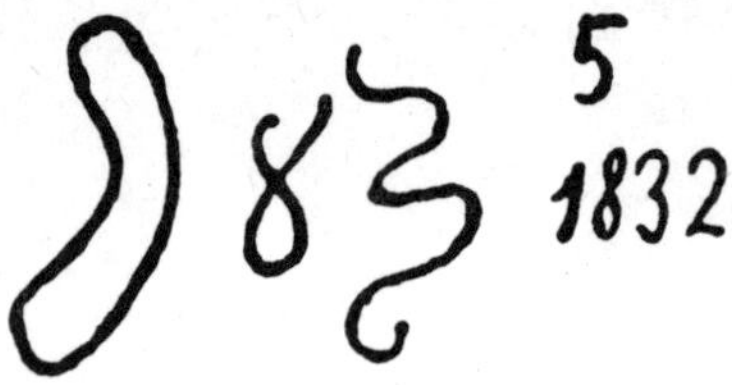

Der mit dem Zeichen Kipfel ist am 8. Mai 1832 nach Böhmen gegangen

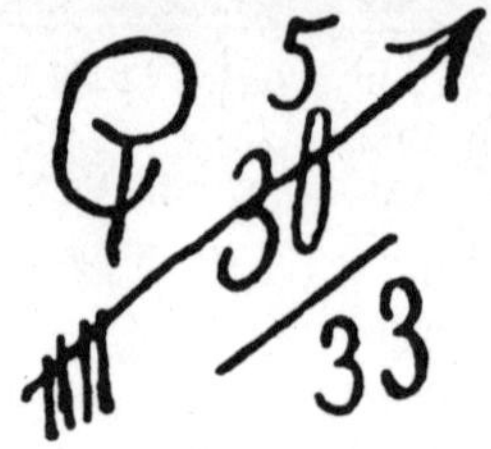

Der mit dem Zinken P. ging am 30. Mai 1833 hier nach rechts

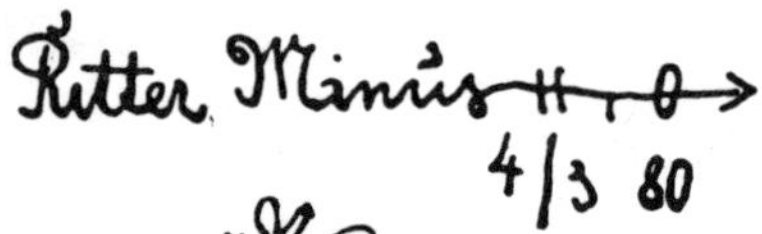

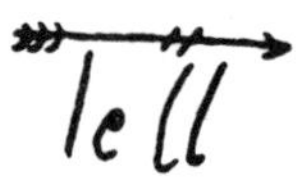

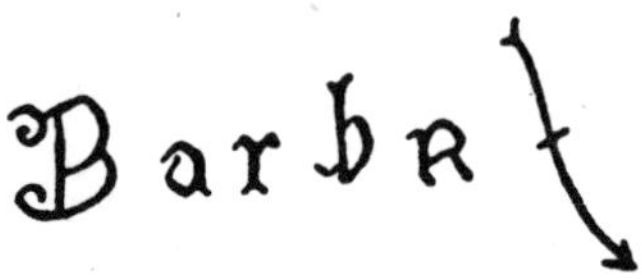

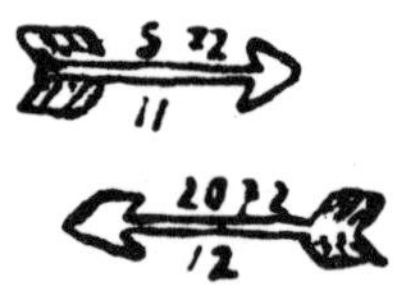

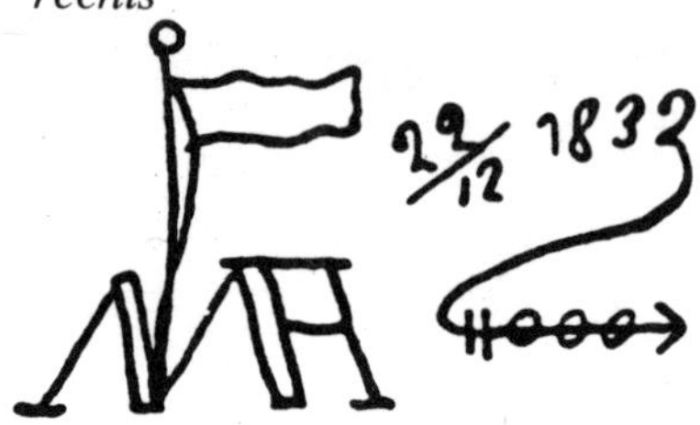

Der mit dem Zinken M. A. ist am 22. 12. 1832 mit zwei Männern und drei Frauen in Richtung des Pfeiles vorbeigewandert. (Die Null als Begleitzeichen wurde für Frauen und auch für Kinder verwendet)

Zinken eines früheren Kellners, namens Fuchs. (Die eingeschlagene Richtung ist durch die Bewegung des Fuchses angezeigt)

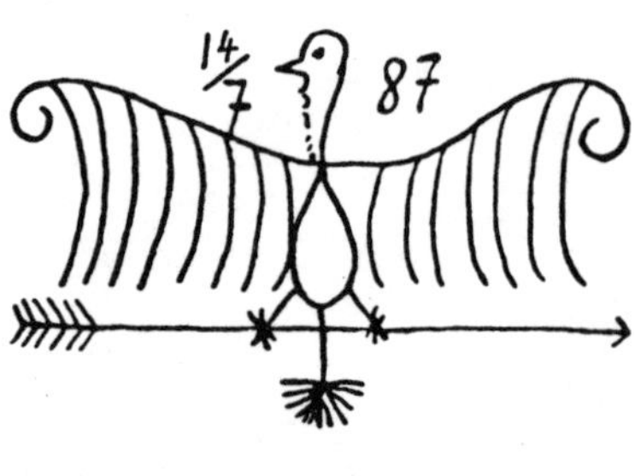

Zinken eines früheren Schusters, namens Adler, der am 14. Juli 1887 in der Richtung des Pfeiles wanderte

Auf der Walz

Am Erhardtag, 8. Januar (das Zeichen stammt aus dem steirischen Bauernkalender) wandert mittags ein Fahrender durch den Föhrenwald und sucht Genossen. Es offerieren sich ihm der »Bretzenparagraph«, sowie »Futter und Hiasl« und die Wanderdirne »Resi« mit der krätzigen Hand (»Dirne« ist symbolisiert durch die sich paarenden Vögel)

Was für ein schöner Morgen für unsre Wanderung!
Wollen Sie sich uns anschließen? Wir müssen zuerst die Landstraße entlang. Dann kommen wir zu einem schattigen und bequemen Waldweg. Hoffentlich überrascht uns kein Wettersturz.
Wie hoch die Tannen sind! Die Heidelbeeren sind reif. Pflücken wir uns doch welche!
Sind es auch keine Tollkirschen? Ich glaube nicht aber jetzt habe ich mich in einer Dornenhecke verhängt! Helfen Sie mir bitte!
Nehmen Sie Ihren Hund an die Leine! Sehen Sie dort das Reh mit seinem Jungen? Was für ein Bild des Friedens!
Nun scheinen wir in einen Morast zu geraten. Können wir noch zurück? Ich glaube, die Sonne verfinstert sich. So kündigen sich Gewitter an.
Nächstes Jahr werden wir eine sehr hübsche Fußwanderung machen; wir werden nämlich das Gebirge nach allen Richtungen hin durchziehen.
Was wird Ihre Ausrüstung sein? Feste Nagelschuhe, ein eisenbeschlagener Stock, ein Rucksack, ein Regenmantel, Schirm und Hut. Wir werden uns mit guten topografischen Karten versehen, jetzt ist zur Linken ein Steilabbruch zu erkennen, eine geologisch ungeheuer interessante Sache gehen wir lieber etwas mehr in den Wald hinein! Hoffentlich ist der Gasthof nicht überbelegt. Kennt jemand den Wirt? Wir hätten anrufen sollen.

Was für ein zuckrer Zefir für eine Walz!
Wähnen Sie mitkrauten? Wir tarren zueckst die Strahle füri. No baun wir zu einem fichtigen und aaligen Spraußtroll. Stech der Schmeiß, daß uns lau Draußenplotz aufstößt.

Wie kulm die Schwarzhöhn sind!
Die Kohlkügerln sind schürig.
Schießen wir uns doch welche!
Schäftens blau Veitsschriseln?
Ich tick tschi pa just heg ich mich in einem Krätzling vergängelt! Kätschen Sie mich ausser!
Zupfen Sie Ihren Beißer an d' Regierung!Raunen Sie das Nettl mit seinem Klitzel? Was für eine Larve des Kiems!
Hitsch blecken wir in einen Sudel zu strömen. Tarren wir noch krick?
Ich holm, das Klärchen verkohlt sich. So schmettern sich Fünkschneller an.
Übers Pfund wähnen wir einen knäbbigen Schub pflanzen; wir werden nebbich den Monter nach hakkel Leinen hin durchratzen.
Was für Schaure kappt ihr mit?
Stiftlingsläufer, einen rostbekasperten Stenz, einen Berliner, einen Flutfang, Dachl und Dach. Wir rodeln hunde Medinefleppen mit, he schäft zur Schmalen ein gacher Abglitsch zu linzen, eine steingneißlich herb anstimpfende Meise schaufeln wir schippiger ebbes in den Kracher eini!
Hammen wir, daß das Zecherl ma moll schäft. Mackert wer den Plattenspieß? Wir hegten lenzwahln tarren.

Gewundener, daher gefährlicher Weg

Die größte Sorgfalt werden wir auf die Fußbekleidung legen: manche Wasser- oder gar Blutblase, manche leichte Quetschung am Fuß kann sehr empfindliche Schmerzen hervorrufen. Auch aufmerksames Lesen der Wegweiser spart hier viele unnütze Gänge.
Ich höre Geräusche von Waldarbeitern. Da dürften Bäume gefällt werden, nehmen wir den Weg da links, der ist sonniger.
Jetzt kommen wir an das Ende des Waldes und gelangen in ein enges Tal. Hoffentlich habe ich genug Geld dabei.
Ich glaube, wir haben uns verirrt. Sehen Sie die Burg auf dem Gipfel des Berges? Sie dürfte die älteste im ganzen Land sein.
Ich bin auf eine Putzelkuh getreten, fast wäre ich gestürzt.
Ich hinwiederum scheine ein Bein nachzuziehen sehen Sie! ein großes weißes Gebäude im Hintergrund. Das sieht aus wie ein Kloster.

Wir werden in einfachen Gasthöfen schlafen, manchmal in unbewohnten Hütten, leeren Stallungen und auf verlassenen Heuböden.
Jetzt geht der Weg steil nach unten. Fassen wir uns an den Händen an, sonst könnte einer ausrutschen und mit dem Kopf auf einen Stein aufschlagen.
Ist das hier Tollwut-Sperrbezirk? Im Ernstfall wären wir völlig unbewaffnet.
Gottseidank gibt es hier keine Wildschweine mehr. Hat das gedonnert?

Die grimmsten Späne hain wir bei der Trittkluft feilen: rauhe Plemp- oder Rötpurpeln, rauhe fiedriche Knäutsch am Gängling jubeln wütendes Schmettern ausser.
Auch kiemiges Bibeln der Trollstenze knörkelt kiesige recke Schübe.
Ich lustre Lampen von Krachertofflern. Da tarrten Höhlinge g'heizt werden, socken wir he schmal, da schäfts lichtiger.
Kann baun wir an das Eck des Karsts und strömen in eine schnepse Lacke. Nebbich heg ich hohn Kies im Sack?
Ich holm, wir hegen uns verlatscht. Brillen Sie den Senserkasten auf dem Oben des Harrs? Er schäft ebber der toflischste im hacken Olm. Ich schäft auf einen Moggl gestakkert, gfällig wär ich geplotzt.
Minz alle blecke einen Stamm nachzuklampen spannen Sie! eine grandige lohe Chöre achterkatz. Das türt her wie eine Patronalkante.

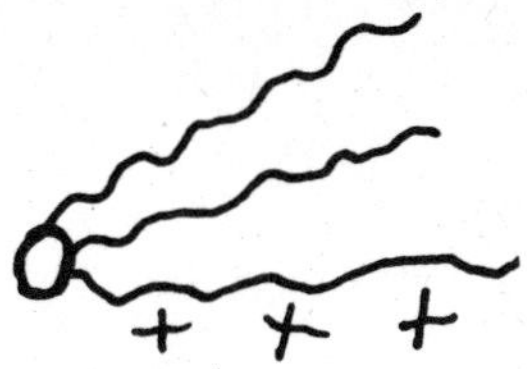

Der richtige Weg wird durch drei Kreuze bezeichnet

Wir werden in mutschen Schwächkästen pfeifen, auch in geisterlauen Klitschen, recken Stänkern und auf blödgestochnen Grünertmucken. Hoh bohlt die Leine gich abi. Krallen wir uns an den Klammern, anit schundert einer aus und zimbelt mit dem Tätz auf einen Härtling.

Schäft das hitsch Veitstanz-Keilig? Im Frost schäften wir schürig bi Degen.
Cholilo tiegern he ma rauher Wurzelgraber. Hegt das gedümmelt?

Ich sehe einen Kirchturm. Wir können unsere Schritte ja beschleunigen. Ja, das ist ein Dorf mit Bahnhof. Sehen Sie die Schranken?
Alle diese Bauernhäuser machen einen sauberen Eindruck, und die Scheunen sind gut gefüllt.
Gehn wir in den Schwarzen Adler oder ins Goldne Lamm?

Guten Tag, Herr Wirt. Wie geht es Ihnen? Es ist angenehm, Sie kennenzulernen. Sie sehen ausgezeichnet aus.

Laßt den Krug kreisen! Haben wir doch eine anstrengende und teilweise gefährliche Wanderung hinter uns, die alle möglichen Organe beansprucht hat. Prosit. Herr Wirt, Bier und Schnaps!

Bei unserer Alpendurchquerung nächstes Jahr werden wir unsere Zelte an den Ufern von Gießbächen aufschlagen.
Ich werde mir eine Decke umhängen für den Fall, daß wir übernachten müssen, ohne die Schutzhütte erreicht zu haben.
Es wird nötig sein, Stricke... da kommt ja die Eisenbahn, Stricke mitzunehmen, einmal ausgleiten, und wer nicht angeseilt ist, befindet sich im Nu in der Tiefe eines klaffenden....
Einsteigen bitte! Tun Sie auch die eiserne Ration und einen Kompaß in den Rucksack der Nebel kann uns jeden Augenblick über sch...sch...schschsch...

Ich peil einen Spitzling. Wir tarren unsre Beiße kenn huiern.
Wui, das schäft ein Kaff mit Stanzje. Reinen Sie die Schragen? Hack diese Kafferkitten pflanzen einen koschern Einknautsch, und die Rauschertenten hucken moll. Spuren wir in den Blacken Schasch zi ins Fuchsne Kleebeißerl?

Duften Schein, Hoh Hospes. Wie krautets? Schäft quant, Sie mackerzusickern.
Sie blecken herb derb.

Ätscht den Ohrhansel fliegen! Hegen wir doch einen schwaren und froschweis haarigen Schub achter uns, der hack ticklichen Finken geknautscht hegt. Scholem alejchem. Prinz Kahlfrosch, Brand und Gift!

Bei unserm Kulmgeström baundes Pfund tarren wir unsre Michsen an den Halben von Harrenplempen arretiern.
Ich gängel mir eine Fahne um für den Schwindel, wenn wir bei der Hasin pfeifen, weil die Klappe zu lenz schäft.
s wird fest schäften, Regierungen… da tobt wui die Funkenschütt, Schindlinge mitzurodeln, eckwahr ausschündeln, und wer tschi angekebelt schäft, plotzt in der Rege in den Xor eines hosperen….
Einstappeln bensche! Nippen Sie isch die Klammknacke und einen Zofenstichling in den Potsdamer die Dunkelwüst hait uns pumps über schin…schin…schinschinschin…

Reisen durch das Königreich Baiern Von dem Kreisdirektor Josef von Obernberg (1816)

Einer der schönsten Frühlingstage wars, als ich das erstemal diesen herrlichen Standpunkt erreichte, der mich lange festhielt. Die Sonne hatte bereits sich gegen Abend geneigt, und die Ortschaften, Türme und Schlösser vergoldet, welche meinem Auge zugewandt waren; ihr Abglanz strahlte mir entgegen, und vollendete die Schönheit des bezaubenden Bildes.
Nach Osten hinab zieht das breite Tal, mit Wiesen und Fluren bedeckt, von sanften Anhöhen begrenzt, die Dörfer und Schlösser tragen. Wahrhaft ein neuer Himmel, eine neue Erde lachte uns entgegen. In ihrem Brautschmuck erschien uns diese – im Feyerkleide die ganze Natur.
Ich weiß, lieber Freund! daß Sie mit mir über das Wesen einer guten Feldpolizei ganz einstimmig denken. Gute Verbindungswege sind das vorzüglichste Bedürfnis für dieselbe. Sie sparen Zeit und Kosten bey Frachten aller Art, befördern den Handel, die Reisen, und bringen Leben unter die Anwohner.
Ich denke auch an den Schutz der Feld- und Gartenfrüchte durch Hüter, oder Flurschützen, wie man sie nennen mag. Denn ist ein Volk wirtschaftlich unterrichtet, und moralisch gebildet: so erzielt es sich seine Früchte selbst, verliert den Anlaß zur Fruchtentwendung, und bedarf keines Aufsehers mehr.
Sind doch in andern Ländern die Obstbäume selbst an den Landstraßen gesichert.

Roller durch die hellblaue Funkenglut Von dem Keiligprinzen Joseph von Obernberg (1816)

Einer der knäbbigsten Duftmannscheine schäfts, als ich das pirschewahr zu diesem zuckern Tann tanzte, der mich kronig krallte. Das Lieserl hegte sich utsch ke die Schwärze gebangt, und die Hefte, Spitzer und Funkwinden verfuchst, die meinem Rauner zugetrillt schäften; ihr Hochschein blankte mir brezel, und schürigte die Zuckrigkeit des meschunnenen Anbrills. Nach Zefir abhin boppt die grandige Lache moll Schmelmen und Grünspreiten, von rachen Montanen begranitzt, die Gehege und Hohchören keckeln. Nebbich ein blanker Balloch, ein blanker Eifer schmeichelte uns entké. In seinem Hannchenblank fünkte uns dieser – im Lenzblitz das kohle Flohr.
Ich gneiß, lenziger Latz! daß Sie über die Massematten einer fitzen Flachgreiferei hack wie minz raffiniern. Zünftige Schaukeltrölle schäften der rauhste Rebbach für sie. Sie knörkeln Kiem und Keilig beim Rümpeln hacker Knacken, düftern Schacherei und Geström und rodeln Heiß unter die Geister. Ich ticke da an die Duftheit der Spitznasen und Knipplinge, abgezinkt durch Grünhosen oder Flachspechte, wie man sie schemmen tarrt. Denn mackert ein Olm über die Möpse Wind, und schäft trokken: so pflanzt es sich seine Raffel kocker, verratzt den Lenz am Nasenreißen und Knipplingsschniefen und tarrt ma rauher Stichelpinke. Schäften doch in wawern Medinen die Krübshöhlinge eckern an den Trararumsstrahlen achter Grähms.

Fronleichnams-predigt

Unser geistiger Wanderweg hat uns in dieser Woche vom geheimnisvollen Berg der heiligsten Dreifaltigkeit herabgeführt und unsere Schritte in hoher, feierlicher Prozession hingelenkt zu den wunderbaren, heiligen Fronleichnamsfluren, auf denen unser Herr bei Tag und Nacht gleich einem guten Hirten weilt und wacht und all die lieben Schäflein nährt und speist mit seinem heiligen Fleisch und Blut. Mögen uns, die wir matt und müde geworden und neue Kraft und starke Seelennahrung brauchen, mögen uns auf unserer Kirchenwanderung die Lesungen des heutigen Gottesdienstes begleiten, die den hehren Gedanken von der heiligen Kommunion so lebendig und ergreifend in uns zur Entfaltung bringen. Amen.

Zinken für Fronleichnam. Das Mittelstück stellt eine Monstranz dar. Der Weg, auf dem sich die Prozession bewegt, ist mit jungen Birkenbäumen geschmückt

Joislbusch-dresche

Unser Geistwerk-Getippel hegt amen in dieser Sieben von der rätnischdigen Steinfalle der kauzischsten Tripsknautschigkeit aberkönig gerodelt und unsere Spazierhölzer in kulmer, lotterscheiniger Walz hingekeckelt zu den meschunnenen, kauzischen Prinzenmeßflohren, auf denen unser Hoh bei Schein und Schwärze wie ein dufter Rauch heftet und Flanellwache hegt und kohl den lenzigen Jerusalemsfreunden zu spachteln steckt von seinem kauzischen Sattrich und Rötling. Wähnen amen, die amen modig und mörrig schäften und feuchten Koch und murrige Rüchmansche tarren, wähnen amen auf unserer Winselwindenwalz die Biblungen der königlichen Schicglkunst mitsanksen, die den quanten Sums von der kauzischen Kippe so heißend und krallend amen in die Rübe rodeln. Amen.

»Aufforderung zum Warten, Schmiere stehen.« (Der Bildstock fordert den gläubigen Christen zum Verweilen auf)

Essen und Trinken

Baffern und Schocken
Flippen und Fegen
Hauen und Blauen
Klemmen und Büssen
Picken und Schickern
Präppeln und Schwappeln
Rammeln und Busen
Schanzen und Schmettern
Schlucken und Schwächen
Schnabeln und Schnasseln
Schnappen und Schlappen
Schüren und Schmoren
Spachteln und Löten
Spinnen und Zotteln

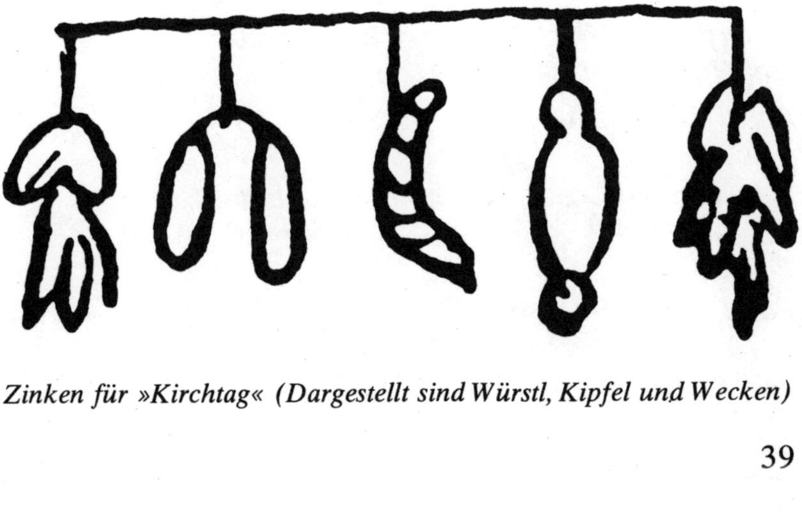

Zinken für »Kirchtag« (Dargestellt sind Würstl, Kipfel und Wecken)

Speisekarte des Klosters Schäftlarn	**Flippfleppe der Krax Schäftlarn**
Der Wirt empfiehlt:	*Der Kallfrosch kletscht vor:*
Tageskarte	**Scheinfleppe**
Schweinshaxe mit Klöß und Salat	*Schmunkvogeltritt mit Christenwürger und Schlei*
Rehbraten mit Spätzle und Preißelbeeren	*Nettlbäckling mit Häkerln und Palmkügerln*
Surhaxe mit Kraut und Kartoffeln	*Schrotsteiger mit Schoch und Schnaufern*
Rahmbraten mit Spätzl und Champignonsauce	*Feimkrokodil mit Sperlchen und Trüschlingschlapp*
Zigeunerbraten mit Reis und Salat	*Schwarzreiterzoli mit Xurdo und Kronert*
Hirschgulasch mit Beilagen	*Hinkgefetz mit Zugenipp*
Geräuchertes Ripperl auf Sauerkraut und Kartoffeln	*Gequalmtes Beschwerl auf Hälmchen und Röllchen*
Schlachtschüssel hausgemacht mit Kartoffeln	*Schächtschottel kittgepflanzt mit Berghackern*
Ochsenfleisch	*Brummermast*
Tellerfleisch mit Meerrettich	*Radgörgel mit Grein*
Leberkäs mit Ei	*Schwarzfähnrich mit Weißling*
Schweinszüngerl auf Sauerkraut	*Huitzelleckerl auf Schneewittchen*
Forelle blau	*Palmgrätling bloh*
Forelle auf Müllerin Art	*Lollmatsch auf Stöbrin Tick*
Leber- und Blutwurst auf Kraut	*Schwarz- und Rotkröngel auf Stroh*

Suppen
Leberknödelsuppe
Nudelsuppe
Bouillon mit Ei
Brotsuppe mit Zwiebeln
Backerbsensuppe

Eierspeisen
Omlett mit Kompott

Bauernomlett
warmes Käsebrot

Würste
3 Weißwürste mit Senf
3 Wollwürste
Wiener mit Senf
Pfälzer warm
3 Regensburger

Kalte Gerichte
kalter Braten
Bratensülze
Gemischte Platte mit Butter
Schinkenplatte
Wurstsalat
Schweizer Wurstsalat
Gemischter Pressack

Emmenthaler mit Butter
Klosterkäs mit Butter
Camembert mit Brot
Ölsardinen
Russische Eier
Lachsbrot

Schnallen
Schwarzwürgerflosse
Lockschenpaliffke
Herzjesubrüh mit Gock
Bärenschlapp mit Beißbolln
Funkröllerflut

Petzchenmansche
Ofenlappen mit Kügerlpapp
Hutschmusleiche
witzer Fähnrichbims

Säckel
trips Löwensehnsüchte mit Rümpfling
trips Flockengörgel
Fiesler mit Schmirgel
Hupfer matt
trips Resche

Sudrer Achelputz
Krokodil, sill
Krüppelgallert
Gerunzter Scheibling mit Schminke
Gerauchter Starensattrich
Ringlerblättling
Bumser Kröngelkronert
Gemengelter Schwartenmichel
Bumserlurs mit Schmetzlert
Kraxkornett mit Streichling
Hasenschwärmer mit Twist
Knautschmatschchen
Jaunische Petzchen
Salomonbär

Bauerngeräuchertes auf Holzteller mit Obstler	*Kaffergenebeltes auf Kracherrad mit Kügerlduft*
Marinierte Heringe	*Geschuttelte Haichen*
Kuchen aus eigener Konditorei	**Schieberling aus kockrer Schupferei**
Nußtorte mit Sahne	*Kracherkletsch mit Leichenbrüh*
Marmorkuchen	*Marmelflämmling*
Käsekuchen	*Schmierlingsdeckel*
Kirschkuchen	*Knipplingskletsch*
Zwetschgendatschi	*Witscheriwitschenkletsch*
Buttercremetorte	*Schminkfatsche*
Schwarzwälder Kirschtorte	*Kohlkracher Rothose*
Obstsalat mit Sahne	*Raffelmansch mit Feim*
Gedeckter Apfelkuchen	*Verräumter Rollerflachling*
Eis mit Sahne	*Gebibbertes mit Obermann*
Getränke	**Geschicker**
helles Bier	*lichtiger Pechnickel*
dunkles Bier	*Braunert*
Weißbier	*blankes Element*
Export, frisch vom Faß	*Ausrodel, feucht vom Roller*
Coca-Cola	*Koksplemp*
Apfelsaft	*Rollerfloß*
Orangensaft	*Maranzenschwabbel*
Tomatensaft	*Paradeisenpoj*
Johannisbeersaft	*Palmbeerlschwäch*
Österreichischer Weißwein	*Käfrischer Blankling*
Ungarischer Rotwein	*Schnauzischer Funkel*
Rheinwein	*Hupferjodl*
Südtiroler Bauerntrunk	*Jein aus dem Gelobten Land*
Deutscher Sekt	*Sächsisches Knallblech*
Cognak	*Hasenfunk*

Schnäpse
Klarer
Obstler
Kirschwasser
Himbeergeist
Zwetschgenwasser
Birnengeist
Wodka
Whisky
Kirsch mit Rum

Nordlichter
Lichtiger
Kügerlkeh
Rothosenfloß
Malnelack
Blauhansknorr
Stielingsduft
Lötwasser
Türkenschnurr
der Gestreifte

Nachspeisen
Joghurt mit Früchten
Pfirsich
Gemischtes Kompott

Achterschnapp
Gaßgleiß mit Raffeln
Ferschke
Gerunzter Kügerlpapp

Guten Appetit!

Fitzen Dampf-Fetz!

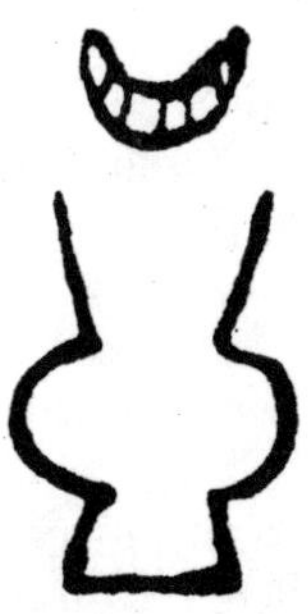

Im Gasthof zum »Türkenkipfel« bekommt der Bettler zu trinken

Im Gasthof zum »Hahn« bekommt man Fleisch

Der Gaunerwirt empfiehlt:	Rezepte aus der internationalen Küche der Fahrenden	**Der Waldspießer steckt Eitzes:**
Adler		Orel
Am 7. Mai 1876 wurde dem Feldmarschall von Moltke im Hotel du Parc in Lugano die Brust eines Adlers serviert.		(zigeunerisch, während im Jiddischen Orel Unbeschnittener, Nichtjude, im Zigeunerischen dagegen die Eiche Schweinebaum heißt)
Junger Adler, gedämpft, in schöne Stücke geschnitten, mit weißer Rahmsoße geschwenkt und gratiniert.	Aiglon à la daube	Witzer Orel, getobt, in kantige Männchen geschächtet, mit schlohem Feimschlabber geschwuchtet und überschupft.
Alpenveilchen		Saubrotknollen
Geröstete Alpenveilchenwurzeln, Aprikosenkompott	Pain de pourceau	Gekrüppelte Saubrotknollen, Zazarnpapp
Ameise		Brawenka, Kierlin
Ameisensuppe mit Kartoffeln und Petersilie	Potage de fourmis	Oichterlbrüh mit Bollen und Petrischke
Amsel		Kohler, Lüster, Mirl
Amseln mit Trüffelmus und Brotkrusten	Merles à l' anglaise	Bläcke mit Tartüffelpapp und Palmkuchen
Äsche		Harr, Meiling, Spalt, Sprengling, Stalling
Äsche à la Romanow mit einem Ragout von Krebsen und Hechtschnitten Dazu: Kressensalat	Ombre à la Romanow	Sprötzling mit einem Gekäut von Schneidern und Mörderfisch Dazu: Feimgrünert
Bachstelze		Romflattrer, Schwänzling, Zigeunervogel, Zitterl

Bachstelzen nach Bauernart Die Bachstelzen werden mit geriebener Semmel bestreut und am Spieß gebraten. Man wickelt ein Stück Speck in Papier, zündet letzteres an und läßt den Speck auf die Bachstelzen träufeln.	Hochequeues à la paysanne	Wippchen nach Kaffertick Die Sintervögel werden mit gefuselter Kaiserin beplümpst und am Stenz geförfert. Man patschert ein Finnchen Kern in Rauscher, fünkt achternes an und muckt den Görgel auf die Zitterln klackern.
Bär		Ritsch
Schwarzbärentatzen mit Johannisbeersülze. Dazu: in Öl gebratene Löcherpilze mit Knoblauch	Pattes d' ourson à la gelée de grosailles	Blackritschpatschen mit Ribislbibber. Dazu: in Laufer gesärfte Guckenhuhurs mit Schumm.
Birkhuhn		Spielstürer
Birkhühner mit Kornbranntwein Speckscheiben und Heidekraut in Kornbranntwein tränken, die Birkhühner umwickeln und braten. Mit Buttersoße anrichten	Coqs des bois à la Rob Roy	Spielstürer mit Nordlicht Mackmännchen und Schmorchschoch in Gotteswort titschen, die Spielstürer einsielen und krüppeln. Mit Schminkschlabber hinkarren
Brautente		Kalledotsch, Schöneckschnatter, Sommerkatschke
Brautente, geschwungen in Champagner Dazu: Glockenblumen auf Schweizer Art. Von den Blättern bereitet man ein Gemüse nach Art des Spinats. Die Wurzeln dämpft man in Brühe und richtet	Beau canard huppé, sauté au vin de champagne	Karlinendotsch, geschwuchtet in Knallblech Dazu: Kischkeschsüng auf Bumser Tick. Von den Füllen bosselt man eine Pansche nach Tick des Binätsch. Die Bohrer tobt man in Plemp und batzt

sie auf dem grünen Gemüse an.		sie auf dem jerken Schoch hin.
Buchweizen		Heidegral
Buchweizengrütze mit Parmesankäse Man kocht die Grütze mit Wasser, entfernt die Haut, macht mit einem Löffel Löcher in die Grütze, füllt diese mit geriebenem Parmesan, gibt die herausgenommene Grütze darauf, Butter und Käse darüber und überkrustet im Ofen. Dazu: Welsche Hagebutten	Gruau de sarrasin au parmesan	Blauer Heinrich mit Fuselklemms Man fünfert die Stachelmies mit Plemp, feilt die Plautz blöd, handelt mit einer Glucke Gucken in den Bibber, mollt diesen mit gedriefeltem Räßling, pflanzt die außergedrehte Wackel drauf, Schmück und Fähnrich drüber und überschupft im Hochblas. Dazu: Jujuben
Chinchilla		Hasenmaus
Chinchilla gebraten Dazu: Pfifferlinge und ein Glas Branntwein	Chinchilla rôti	Trippschirp geprankelt Dazu: Gehlchen und Husarenkaffee
Dachs		Düftler, Erdhund, Krummbein, Schundgrein, Stutzel
Dachslendchen mit brauner Zwiebelsoße. Dazu: Hahnenfußsalat	Filets de blaireau à la sauce Robert	Düftlermaxen mit brunem Krätzlingsschlabber. Dazu: Stürtrittblättling
Eichelhäher		Nußgackel, Spechtrabe, Zirmgratsch
Eichelhäher auf Weinkraut mit Ananas	Casse-noix à la choucroute et ananas	Zirmgratsch auf Schießbaumwolle mit Nanas
Eidechse		Heckenschießer
Eidechsenterrine mit Zungenmorcheln		Erdmann mit Heckenschießern und Blattmaraucheln

Dazu: Schlehenkompott		Dazu: Schreizeldickling
Eisvogel		Aupickholz, Eisengart, Martinsflügling, Funkenflotschrer
Eisvogelragout mit gedämpftem Lattich Dazu: Borretschsalat	Salmi d' alcyon aux laitues	Königsfischergfetz mit getobter Latsche Dazu: Böhmblattgrüner
Elefant		Rüßling
Elefantenfüße auf indische Art. Die Füße werden mit Binsen in große Blätter gewickelt und unter glühende Asche geschoben. Dazu: Bambussprossen	Pieds d' éléphant à l' indienne	Rüßlingstritte auf kuhmärtinischen Tick Die Quanten werden mit Simsen in schleffe Füllen gesielt und unter brändelnden Prah gejockelt. Dazu: Chinasparsche
Erlister		Roter Gannef
Erlister auf böhmische Art Der Fisch wird mit Bier, Rotwein, Wasser, einer Zwiebel, Zitronenschale etc. gekocht. Die Soße wird eingedickt, mit geschwitzten Zwiebeln, Sardellen und Mehl vermischt, mit Zitronensaft geschärft. Dazu: Salat von schwarzen Bohnen	Trompeur à la bohémienne	Loller Fopper auf schwärzischen Tick Der Flosch wird mit Rosch, Palmfunk, Plemp, Krätzling, Schuckelreibe usb. geprasselt. Der Floß wird eingegaßt, mit getobten Sauerhasen, Haichen und Staub gerunzt, mit Limojpoj gehitzt. Dazu: Schlei von schochern Wipferlingen
Esel		Bork, Göllert, Grauschimmel, Rankert
Waldesel am Spieß Dazu: Kroketten und Preißelbeeren	Ane sauvage à la broche	Bork am Bartel Dazu: Krusteln und Palmböllchen

Felsenschneehuhn		Schimmelstürchen
Felsenschneehuhn mit Kiebitzeiern umlegt. Dazu: Hagebutten-Salat Getrocknete Hagebutten in Wasser quellen lassen, mit Zucker und Zimt bestreuen, mit Zitronensaft beträufeln.	Ptarmigan garni d' oefs de vanneau	Truschelkratzerl mit Feldpfaugockseln umpflanzt. Dazu: Hebetsch-Kronert Gejobschte Hiffen in Aue gaudeln mukken, mit Knackert und Kaneel beteißen, mit Limojpoj beklakkern
Fischotter		Vidre
Fischotter mit Kapernsoße Dazu: Sumpfdotterblumen-Salat	Loutre, sauce aux capres	Vidre mit Ginsterbollnplemp Dazu: Sumpfkuhsung-Grünert
Frosch		Frecker, Gamper
Froschklößchen mit ausgestochenen Gemüsen Dazu: Wiesenknöterich-Salat	Quenelles de grenouilles	Quakerbällchen mit ausgestupftem Gartenwarg Dazu: Natterwurz- Wifert
Fuchs		Großer Roter
Geräuchertes Fuchsfleisch Dazu: Gebackene Bananen und Bandalgen-Salat	Viande de renard fumée	Geschwärzter Langschwanzkern Dazu: Geschupfte Zutten und Riementangschlei
Gans		Breitfuß, Butze, Emse, Gacke, Gelbschnabel, Plattfuß, Ruhling, Stanzel, Strohbohrer, Tackert
Ganshals gefüllt Er wird mit einem Stück Butter maskiert.	Cou d' oie farci	Gacklangert gemollt Er wird mit einem Fert Schmurse gepirmäntelt.
Graugans mit Holzapfelmus, Brotsoße und Aronstab-Knollen	Oie sauvage à la marmelade de pommes, sauce au Pain	Märzbutz, Saatemse mit Straußballpapp, Bärenschlapp und Zehrwurz-Bollen

Giraffe		Serafe
Giraffenhirn mit Ei und knospenden Staubschwämmen	Cervelle de girafe	Serafensechel mit Petzchen und luludenden Melmfanglingen
Grasmücke		Flöter, Quinkler,
Grasmücke mit Weinbrand und Jungfernschwamm	Fauvette au cognac, agaric virginal	Schwegler, Plattmönch mit Funkelfunk und Pilzpelzki
Grauammer		Gassenknieper, Gerstling, Klitscher, Knipper, Kornquarker, Winterling
Grauammer in glühenden Kohlen gebacken Dazu: Rosenkohl Nachtisch: Bratäpfel in Silberfolie	Proyer à la cendre	Strumpfwirker in Kacheln geschupft Dazu: Knospenschmunzel Achterschnapp: Fünkbälle in Schimmelrauscher
Graupen		Kälberzähn, Regimentsschlossen, Spitzröllchen
Graupensuppe mit Bohnen und Kartoffeln	Zupa karmelitańska	Knopfschlabber mit Wipflingen und Würgern
Grünspecht		Pickholz, Zimmermann, Hackerl
Grünspecht mit Blaukraut Dazu: Kastanien in der Pfanne	Plui-plui aux choux rouges	mit Lollschoch Dazu: Brater in der Schmelz
Hahn		Fluckert, Flunker, Korporal, Mistkratzer, Rotmeister, Schreier, Tarnegaul
Hahnenkämme in Fläschchen eingemacht Dazu: Begoniengemüse Nachtisch: Melone	Crêtes de volaille conservées en flacon	Stürerrechen in Glänzen eingepflanzt Dazu: Schiefblattwarg Achterschnapp: Herbuze

Hamster		Kornferkel, deutsches Murmel, Straßburger Mankei
Hamsterbraten mit Pfeffersoße Dazu: Eibischgemüse	Hamster rôti, sauce à la poivrade	Kornferkelkrokodil mit Pilpelschnell Dazu: Rosenpappelwarg
Hase		Langfuß, Langohr, Latschfuß, Schoschoy, Tripp
Geschwungene Hasen-Filets, mit Kirschwasser flambiert Dazu: Blumenbinsen und gedämpfter Riesenbovist	Filets de lièvre sautés	Geschwuchtete Lemmelmaxen mit Schriselduft gebrändelt Dazu: Schwanensung und getobter Flockenstreuling
Iltis		Schederer, Stänker
Iltis am Spieß Mit Speckscheiben umwickeln, auf schwacher Glut bra- ten. Dazu: Schirm- pilzsoße und Salat	Putois rôti	Ilk am Stenz Mit Görgelfinnen umsielen, auf rachem Fünk förfern. Dazu: Dachlhuhur- plemp und Köppel
Kamel		Gomel
Kamelhöcker, ge- dämpft, in brauner Zwiebelsoße Dazu: Kartoffelbrei und Erbsen	Bosse de chameau à l'étouffade, sauce à la Robert	Gomel-Ast, getobt, in brunem Krätzlingsplemp Dazu: Schuftig und Schießer
Kampfhahn		Brausestür, Paffpäng, Pfauteufel, Streitvogel
Übersulzte Kampfhähne mit Bratkartoffeln	Chaud-froid de combattants	Überbibberte Brausflättrer mit Funkbollen
Känguruh		Beutelhas
Känguruhschwänze mit gerösteten Brotkrusten Dazu: Pflaumensoße	Queues de kanguroo aux croûtons frits	Kieshasenperze mit geschmörgten Gitzlingen Dazu: Bläulingsmeim

Kapaun		Kappstür
Kapaun auf Schildkrötenart Den Kapaun mit einem Ragout von Krebsschwänzen, Champignons, Trüffeln und weißer Geflügelsoße füllen und zunähen. Um die Schildkrötenfüße nachzuahmen, werden vier abgestutzte Klauen an die Seiten gesteckt. Den Kapaun mit Speckscheiben bedecken und in Weißwein garen. Von abgekochtem Geflügel-Füllsel bildet man einen schildkrötenähnlichen Kopf und setzt ihn an den Kapaun an.	Chapon à la tortue	Kappstür auf Tscherepachentick Den Kappstür mit einem Gefetz von Schneiderperzen, Weidlingen, Tartüffeln und schlohem Stürplemp mollen i zustupfen. Um die Tscherepachentritte nachzufeilen, werden 4 abgefetzte Klampen an die Halben gepflanzt. Den Kappstür mit Görgelfinnen verräumen und in Blankling sichern. Von abgefünfertem Kratzer-Mollsel flickt man einen tscherepachengeglichnen Tätz und handelt ihn an den Kappstür.
Kaulbarsch		Pfaffenlaus, Steuerbarsch
Kaulbarsch in Bier Dazu: Bocksdorn-Gemüse Nachtisch: Gebackene Bananen in der Schale	Perche dorée à la bière	Rauhiger in Rosch Dazu: Hexenzwirn-Warg Achterschnapp: Geschupfte gelbe Krümmlinge im Sturz
Käuzchen		Bammelflättrich Kapporling
Käuzchen geröstet Dazu: Bucheckern, Weintrauben und Maurerleibln	Chevêche rôti	Federnflüchtling geförfert Dazu: Dreikäntel, Säftlinge und Schwalbenlerchen
Kiebitz		Feldpfau, Geißflunker, Spreitpfaff

Schüssel-Pastete vom Kiebitz Dazu: Klettenwurzeln mit Rahmsoße	Terrine de vanneau	Schottel-Schmierling vom Strandströmer Dazu: Kleberträbe mit Feimmeim.
Kohlmeise		Fettflättrich, Kern- flüchtling, Medschan- sche, Schmunkflunker
Turban von Kohlmei- sen mit Austern- und Krabbenragout Dazu: Beermeldenkompott	Turban de grosses mésanges, ragout d' huitres et crevettes	Koksfahn von Med- schanschen mit Meld- schen- und Taschen- krebsgfetz. Dazu: Erdbeerspinatpapp
Krammetsvogel Krammetsvögel mit Wacholderbeeren Dazu: Schwemmknödel und Kirschen	 Grives à la namuroise	Wacholderdrossel Wacholderdrosseln mit Krammetsbeeren Dazu: Kallknollen und Kirgisinnen
Kuckuck Kuckucksbrüstchen mit Kaviar Vorspeise: Brotsuppe	 Filets de coucou au caviar	Kukawke Kukawkeblasbälg mit Schörgpetzchen Kaudeschnapp: Maria zu lieben
Kuh		Beheime, Buckel, Dreikopf, Gleißer, Gore, Hornbock
Kuheuter mit Zitronensoße Dazu: Flageolettbohnen und bayerische Knö- del mit Gansblut	Tétine à la sauce au citron	Gedack mit Schuckelschlapp Dazu: Fipsfaseln und hell- blaue Knollfinken mit Butzschmutz
Lachs Gepflückter Lachs blau, mit Austernsoße Dazu: Butterkartoffeln und Wiesenknöterichsalat Nachtisch: Birnenkompott	 Saumon dépecé au bleu, sauce aux huitres	Nimmerling Gezupfter Nimmer- ling bloh, mit Meld- schenplemp. Dazu: Schminkgranaten i Natterwurzgrüner Achterschnapp: Stielingsdickling

Lama		Spucker
Lamalende mit Tomatensoße Dazu: Wirsing und Kartoffeln	Filet de lama, sauce aux tomates	Spuckermaxe mit Paradeisenplemp Dazu: Welschkohl und Grundwühler
Lerche		Trillerl
Lerchen in Kirschform Die Lerchen mit Trüffeln und Fleisch- füllsel füllen, rund zustutzen. Vorspeise: Griesnockerlsuppe	Mauviettes en cerises	Trillerln in Schriselzüre Die Lewarken mit Tartüffeln und Kern- molle mollen, boll zukneifeln. Kaudeschnapp: Lausgranatenschnall
Maccaroni		Reckwürmer
Versteckte Maccaroni nach Kardinalsart (mit Krebsschwänzen geschwungen, mit brauner Butter übergossen) Nachtisch: Kürbis	Macaroni incasciati à la cardinale	Verräumte Länglinge nach Palmentick (mit Schneiderperzen ge- schwuchtet, mit bru- nem Schmunk über- teißt) Achterschnapp: Pfebe
Mandelkrähe		Blaurake, Birkhäher, Gold-, Grün-, Blaukrähe
Mandelkrähe auf glühenden Kohlen gedämpft, mit Orangen gefüllt Vorspeise: Spargelsuppe	Corneille bleu à la cendre	Galgenvögel auf fünfernden Angern gegerbt, mit Meranzen gemollt Kaudeschnapp: Sparschenschnall
Maulwurf		Erdgeier, Schundläu- fer, Wurffetz
Maulwurfragout mit Mannstreuwurzeln gekocht		Erdläufergfetz mit Elendknollen gesärft
Meerschweinchen		Flutkatz
Meerschweinchen mit weißer Zwiebelsoße, $^1/_4$ l Kümmelschnaps	Cochon d'Inde à la sauce Soubise	Flutkatz mit blanker Krätzlingsau, $^1/_2$ Pfund Luft

Misteldrossel		Schimmelschnurrer, Schneekater, Schnerr in Schnurr
Misteldrossel in Branntwein	Draine à l'eau-de-vie,	Zehrer in Dammich Mistler in Nordlicht Schimmelschnurrer in Gotteswort
Dazu: Jägerkohl Vorspeise: Kerbelsuppe mit Buttermilch	choux blanc à la chasseur	Dazu: Parforceschoch Kaudeschnapp: Schöcherlschnall mit Schminkegleiß
Möwe		Flottenkrah, Plemprabe
Möwe mit verlorenen Eiern Dazu: Senfsoße Nachtisch: Erdbeerpudding	Mouette aux oeufs pochés	Aukrax mit verratzten Petzchen Dazu: Schmirgel- schlabber Achterschnapp: Knackmurelbibber
Mufflon		Bergbählert, Kühn- stock, Wollsack
Gebratenes Mufflon-Gedärm	Corda de mouflon	Gefünkeltes Spitzfuß-Geschlängs
Mufflon-Rippchen mit Sauerampfermus Vorspeise: Kartoffelsuppe	Côtelettes de mouflon à la purée d' oseille	Harrzonn-Beschwerln mit Schücklingspapp Kaudeschnapp: Taubenschnalle
Murmeltier		Mankei, Miesbellerl, Knagerling, das Weibchen auch: Mütterin, Muttei
Murmeltier, geräu- chert mit Kräuter- soße. Nachtisch: Gekochter Rhabarber	Marmotte fumée, sauce à la ravigote chaude	Bergratz, geflämmelt, mit Schöcherplemp Achterschnapp: Geförferter Stangling
Nachtigall		Fülmül, Soloweih
Nachtigallenmus in Teigkruste. Nachtisch: Überbackene Hollersträubeln	Purée de rossignols à la chambellan	Jüberlpapp in ge- fünktem Affenkleister Achterschnapp: Gschupfte Trichterln

Nashorn Fleisch und Fett sind sehr schmackhaft. Aus dem Horn werden Becher gedreht, die aufbrausen, wenn man eine giftige Flüssigkeit hineinschüttet.		Gor, Zinksing Maß und Mack schäften schmerfig. Aus dem Süng werden Glänzen getrillt, die auffeimen, wenn man einen sämigen Plemp einerteißt.
Gekochte Nashornkeule mit Hagebuttensoße. Dazu Schnaps aus dem eigenen Horn	Cuissot de rhinocéros bouilli, sauce aux églatines	Genieteter Gorensteiger mit Hiffenschlabber. Dazu Brennabi aus dem kockern Süng
Nilpferd Nilpferdzunge geräuchert, Soße von gehackten Kräutern Dazu: Ringlotten	 Langue d'hippopotame fumée, sauce hachée	Plempschwall Plempschwallblatt gebrändelt, gehäckelter Schlabber Dazu: Jerklinge
Papagei Mundtäschchen vom Papagei Dazu: Schriftflechtensalat Vorspeise: Buchstabensuppe Nachtisch: Russisch Brot mit Krähenbeeren	 Rissoles de perroquet	Brabbler, Färbflunker Murfmüldchen vom Schmetterling Dazu: Haulichnengrüner Kaudeschnapp: Ossenschnell Achterschnapp: Jaunisch Gekrach mit Rauschrundeln
Pelikan		Kropfbutzel, Meergans, Ohnvogel
Pelikan mit Apfelbrei und Brotsoße Dazu: Pellkartoffeln	Pélican blanc à la marmelade de pommes, sauce au pain	Kropfbutz mit Ballerpapp und Bärenplemp Dazu: Perzpoleffken
Pfannkuchen mit Mandeln und Pfirsichen Vorspeise: Metzelsuppe		Ofenlappen mit Migdalen und Ferschken Kaudeschnapp: Schächtschnall

Pfau		Paff
Pfau mit Rumpsteak und Kastanien auf englische Art Nachtisch: Flambierte Schlehen und Rosinen	Paon braisé au rumpsteak à l'anglaise, marrons	Paff mit Maxenprassel und Bratern auf plempischen Tick Achterschnapp: Gebrändelte Schrei- zeln und Róschinken
Pirol		Gottesfliegrich, Kirschflüchtling, Pfingstvogel, Bieresel
Pirol mit Oliven Vorspeise: Krebssuppe mit Rahm	Grive dorée à la Chamberlain	Weihrauch mit Knautschkugeln Kaudeschnapp: Schneiderschnall mit Feim
Purpuratzel		Maisdieb, Türdrücker, Welschkornganef
Purpuratzel mit ge- bratenen Maiskolben	Voleur de mais aux épis de mais	Kukuruzrabe mit ge- krüppelten Türk- finken
Rind		Beheime, Böhm Schörg, Spaltling
Rindsohren gebacken Dazu: Meerrettichsoße und Kopfsalat	Oreilles de boeuf à la Sainte- Menehould	Böckerlöffel gepäckelt Dazu: Greinschlabber und Häuptel
Rotkehlchen		Rotkröpfchen, Winterrötchen
Rotkehlchen nach Pulitzer (in Kar- toffelbrei gebacken) Dazu: Heiße Madeirasoße	Rouges-gorges à la Pulitzer	Lollbärtchen in Bollenpapp geschupft Dazu: Tatte Doremmoll
Rumfordsuppe		Rumfutsch
Nach Benjamin Graf von Rumford, ameri- kanischer Physiker, der 1784 in bayeri- sche Dienste trat,		

die Kartoffel und die Arbeitshäuser in Bayern einführte und den Englischen Garten in München anlegte.		
Knochen, Hülsenfrüchte, Graupen, Blut, Kartoffeln und Wurzelwerk kochen, salzen, anrichten.		Krächlinge, Spelzenraffel, Läuse, Rot, Christenwürger und Trabwarg sichern, sprunkern, ankarren.
Schattenfisch		Seeadler, Umberling,
Meerschatten in Weißwein gegart Dazu: Dillkartoffeln	Ombre de mer à l'algérienne	Schwärzeflotsch in Fünkel gefünkt Dazu: Kropp-Potacken
Schnepfe		Bachtelflunker, Fledermäusling, Filzlaus, Haarpudel
Schnepfe nach Bernhardinerart	Bécassine à la bernardine	Haberbock nach Kraxentick
Das Rezept von 1602 fand sich in der Bibliothek des Sankt-Gotthard-Klosters. Am Spieß braten. Den Schnepfendreck wiegt man, gibt Zitronensaft und -schale dazu. Das Fleisch bestreut man mit Salz und Gewürzen und begießt es mit zwei Löffel voll Senf in einem halben Glas Wein. Sodann serviert man de suite à la ronde, sans cérémonie.		Die Flippfleppe jatschte sich in der Flitterhitz der Kauz-Gotthard-Krax. Am Bartel prankeln. Die Haberbockbolln wuppt man, schuckt Limojpoj und -plauz dazu. Den Kern beprußt man mit Schrot und Klappern und beteißt ihn mit beiß Pässen Schmirgel in einer paschen Glänze Blankling. No pflanzt mans in der Rundel, bi Schmäh.
Nachtisch: Fadennudelpudding mit Erdbeer-Marmelade		Achterschnapp: Durchzugbibber mit Knickbeerpapp

Siebenschläfer		Bilch, Rellmaus, Schlaunschirp
Gebratener Siebenschläfer mit pikanter Soße Dazu: Schwarzwurzgemüse mit Butter Vorspeise: Pflaumensuppe mit Haferschleim	Loir rôtis, sauce piquante	Gekrüppelte Schlafmaus mit maskem Floß Dazu: Nattergrasbohrer mit Streichling Kaudeschnapp: Bläulingsmanister mit Spitzlingsmansche
Sperber		Schmirn, Sperltork- ler, Sprinz, Stockstößer
Sperber, von Spatzen flankiert Dazu: Wirsing und Kartoffeln	Epervier flanqué de moineaux	Sperlschnapper, umboppt von Sperlen Dazu: Börsch und Bollen
Schwan		Schoner
Schwan nach Louis XIV	Cygneau à la Louis XIV	Schoner nach Lude dem jottollsten
Gebratener Schwan, auf einem Sockel angerichtet, der mit dem Mus der Schwa- nenleber gefüllt ist.		Geprankelter Scho- ner, auf eine Unter- finne gepflanzt, die mit dem Dickling der Schwarzen ge- mollt schäft.
Schwan nach Art der Fahrenden: am Spieß		Schoner nach Tick der praktischen Landschafter: am Reb Mosche
Dazu: Gekochte Mehlbeeren mit Nadelhonig Vorspeise: Mehlsuppe		Dazu: Genietete Christdornrundeln mit Stupfersüßling Kaudeschnapp: Scheibenkleister
Schwein		Greiner, Grunzer, Huitzel, Kasser, Porsch, Ruhling, Schmunkvogel, Spur- kel, Strohnickel, Wurzelgraber

Schweinsschwänze mit Linsenmus und Hopfenkeimchensalat Nachtisch: Ringlotten und Vogelkirschen-Eis	Queues de porc à la purée de lentilles, salade de pointes de houblon	Porschperze mit Plättlingspapp und Kratschkopfgrüner Achterschnapp: Grünhänse und Merisen-Bibber
Schneeule		Katzenkopf
Schneeule mit Krebsragout Dazu: Breite Nudeln und Preißelbeeren Vorspeise: Reissuppe	Chat-huant au ragout d' écrevisses	Schnurrerscherm mit Schneidergfetz Dazu: Puchle Lockschen und Hölperchen Kaudeschnapp: Stolzer Heinrich
Sperling		Dieb, Haussperr, Leps, Lüning, Sperl, Stadler, Windling
Sperlinge in Kartoffeln gebacken Die mit Wildmus gefüllten Vögel werden paniert und gebraten. Die gefüllten Kartof- feln werden mit ro- ten Atlas-Bändchen umbunden, auf zier- lich gefaltetem Mund- tuch angerichtet, mit Sternkraut und Farn verziert.	Moineaux à la Ellen Terry	Tilpsche in Tauben gefunkt Die mit Jägerpapp gemollten Flättrer werden bebröselt und gegriebt. Die gemollten Feldhüh- ner werden mit pal- men Blessen-Nesteln umsielt, auf knäbbig geknautschtem Wurf- wisch aufgepflanzt, mit Blinkerschoch und Engelsüß geschniekt.
Star		Grahulke, Sprähe, Spreu, Strahl
Starbrüstchen geschwungen mit Trüffelsoße Dazu: Stachelbeeren in Branntwein Vorspeise:	Sauté de filets d'etourneaux aux truffes	Strahlhärmchen geschwuchtet mit Tartüffelmeim Dazu: Stupfkugeln in Gotteswort Kandeschnapp:
Durchgestrichne Feuerbohnensuppe	Potage purée de haricots	Durchgegautschte Kikrikifaselschnall

Stechente		Dumme Lumme, Teiste
Stechente mit Kapernsoße und Oliven Dazu: Kartoffeln in Silberpapier gebraten	Guillemot aux capres, olives	Grillumme mit Sumpfdotterrundchen und Knautschböllchen Dazu: Klumpen in Gleißrauscher gesärft
Sternseher Mittelmeerfisch mit obenliegenden Augen		Himmelgucker, Meerpfaff, Seeratz
Sternseher, gedämpft. Dazu: Petersiliekartoffeln und Butter Vorspeise: Lauchsuppe	Tapecon bouilli	Seeratz, getobt. Dazu: Petrischkepoleffken und Schmetzlert Kaudeschnapp: Porreschnall
Stint		Alander, Spierling
Stint auf jüdische Art In Eigelb tauchen, mit Brotkrumen bestreuen, in Öl backen. Keine Soße	Eperlan à la juive	Alander auf Mauscheltick In Petzchenzutt tit- schen, mit Palm- kuchen beprussen, in Laufer schupfen. Blaue Aue
Storch		Palmstenz, Rotbein, Lolltritt
Storch nach Art der Fahrenden: im Lehmhemd Der Storch wird im Federkleid mit ge- schmeidigem Lehm umwickelt und in der Glut gebacken. Ist der Storch gar, läßt er sich bequem entkleiden. Dazu: Gekochte Brennes- seln und Pfifferlinge	Cigogne à la royale	Froschklapper à la Reblauskommissar: im Kleischmiß Das Rotbein wird in der Flauenkluft mit rachem Klei um- sielt und im Funk geschupft. Ist der Palmstenz bedient, muckt er sich fiedrich entrinden. Dazu: Gesärfte Fünkfülle und Gehlchen

Taube Blässen-, Bloch-, Deckel-, Eis-, Elster-, Feld-, Flug-, Flügel-, Helm-, Holz-, Hyazinth-, Kohl-, Kropf-, Lach-, Lerchen-, Mäuser-, Mönch-, Pfaffen-, Pfau-, Porzellan-, Ringel-, Schleier-, Schlag-, Schnippen-, Schwingen-, Sperlings-, Trommel-, Turtel-, Viktoria-, Wald-, Wander-, Wildtauben		Galambe, Pilster, Schwankert, Tuba
Wer die Wahl hat, hat die Qual		Hegst den Auskleib, hegst den Umtreib
Turteltaube		Torkelschwankert
Turteltauben mit Zungenmorcheln und Dahlienknollen Nachtisch: Datteln	Tourterelles à la Médicis	Torkelschwänkert mit Blattmaraucheln und Georginenbollen Achterschnapp: Teiteln
Truthahn		Kuhnhahn, Plattkorporal, Welscher
Truthahn als Ballon mit Blumenkohl In die unverletzte Haut füllt man feingestoßenen Speck, gehackte feine Kräuter, das feingeschnittene Truthahnfleisch, Knoblauch usw. Man macht den Ballon mit Wurzeln, Zwiebeln, Tafelpilzen und einem Kräutersträußlein in Fleischbrühe gar.	Dindon en ballon garni de chouxfleurs	Rotmaul als Bläsbozel mit Kalafiar In die ungekniebelte Reibe mollt man fingetorkelten Fettling, gedockte klitze Schöcher, das mepsgeguffte Welschengitz, Stinkbalster usp. Man feilt die Bozel mit Bohrern, Beißkaulen, Heiderlingen und Schmunzelköchlein in Kernschlapp.

Tscholent Bohnensuppe mit Mehlkloß, Sabbatspeise der Juden. Da ihnen verboten war, am Sabbat Feuer zu ma- chen, wurde der Ofen am Freitag vorge- heizt, die vorberei- tete Bohnensuppe (o.ä.) hineingescho- ben, der Ofen mit dem Tscholentbrettl verschlossen. Für Fahrende ein gänzlich untaugliches Essen, das aber im Gedächtnis jüdischer Kunden fortlebte.		Faselfloß mit Stauberkloß, Schabbesschnapp der Keime. Da ihnen verpompt schäfte, am Schabbes Funk zu fei- len, wurde der Hitz- ling am Jom Woff vorgeförfert, die gefetzte Fasel- schnall einigschupft, der Rußling mit dem Tscholent- Flach verklitscht. Für Jenische eine herb unkernige Mansche, die pa im Tätz tippelnder Jidden pritzheißte.
Wachtel Wachteln, in Kuheuter gehüllt und gebraten Dazu: Brombeermus Vorspeise: Hülsenfruchtsuppe	Cailles rôties à la francaise	Füri Füris, in Gleißhäns changiert und gefünfert Dazu: Kratzmureln Kaudeschnapp: Blauer Heinrich
Warzenschwein Warzenschwein mit Orangensoße Dazu: Strohkartoffeln und Stocktäublinge Nachtisch: Ein Becher Schnaps	Phacochère à la sauce aux oranges	Zitzengrunzer Hänsenickel mit Meranzenplemp Dazu: Rauschfeld- hühner und rosen- rote Haarsäume Achterschnapp: Ein Sautreiberstutzen Schabernack
Wasserläufer Wasserläufer am Spieß mit Steinpilzen	 Guignettes rôties à la broche, gyroles	Grünfüßel, Steingällel, Weißsteiß Fisterlein am Knucken mit Herrlingen

Wellensittich		Bangnack, klitzer Krummschnabel
Appetitbissen von Wellensittichen auf böhmische Art Dazu: Gedünstete Ackerveilchen Nachtisch: Berliner Kuhkäse	Bouchées de psittaches à la bohemien	Luftschnapper von klitzen Plapprern auf schwärzrischen Tick. Dazu: Getobte Jelängerjelieber Achterschnapp: Truthahn
Wiesel		Hermännchen
Wiesel nach Eichhörnchenart Dazu: Kartoffelgemüse, Borretschsalat und Kirschen in Kirschgeist mit Rum Nachtisch: Ziegenkäse	Belette à la ecureuil	Hermännchen nach Pälmchentick Dazu: Berghackerwarg, Böhmblattgrünert und Kirgisinnen in Gestreiftem Achterschnapp: Seppelschwärmer
Würger, großer, grauer		Abdecker, Gärber, Grimmer, Metzger, Paschblacker, Strauß-elster, Waldherr
Würger in ihren Nestern Niedere Förmchen füllt man mit Würgermus, gibt darauf die Brüstchen und Köpfe der Vögel, schön überglänzt, und richtet an.	Darnagasses aux nids	Würgengel in ihren Bopplingen Lüttige Märchen mollt man mit Waldherrenpapp, pflanzt Blasbälg und Rüben der Fluchtlinge auf, quant überblankt, und spinnt her.
Zungenhotschpotsch (Ochsenzunge mit gelben und weißen Rüben und Zwiebeln) Nachtisch: Zwetschgen in Branntwein	Langue de boeuf en hochepot	Böhmblatt mit Messingdrähten, Feldscheiten und Krätzlingen Achterschnapp: Witscheriwitschen in Ungebleichtem

Der Diamantenball

..so waren bei einem von Mrs. C. Vanderbilt, der Frau des bekannten amerikanischen Eisenbahnkönigs, gegebenen »Diamantenball« Speise- und Ballsaal in ein zweites Eden verwandelt worden.
Hinter duftenden Rosensträuchern ertönte zarte Sirenenmusik aus dort aufgestellten schweizerischen Musikwerken, von einer großen Palme aus berührten die Klänge einer Äols-(Wind-) Harfe sanft das Ohr des Vorübergehenden, während die seltensten Vögel des Nordens und des Südens lustig zwitschernd von einem Baume zum andern flogen.
Auf den verschwenderischen Blumenschmuck, welcher die Speisetafel zierte und sich um ein prächtig erleuchtetes »Plateau« konzentrierte, wollen wir nicht näher eingehen. Für einen andern höchst wertvollen Tafelschmuck hatte der chef de cuisine Sorge getragen.

Da war eine Fasan-Pastete auf schneeweißem Wachssockel, welche von einem Rehgeweih getragen wurde. Zu beiden Seiten der Pastete schwebten Wachteln, darunter spielten zwei Kaninchen Karte, während zur Seite der Karten-Spieler eine Brücke über einen kleinen See von wirklichem Wasser führte, worin sich Goldfischchen tummelten.
Einen nicht minder entzückenden Anblick gewährte ein Rindslendenstück (fillet of beef), welches auf den Schultern eines Herkules ruhte.
Viel Bewunderung erregte ein Fruchtsockel, in welchem nachgemachte Eier und konservierte Rohrammern (potted reed birds) lagen; daneben stand ein köstlicher Schinken, prächtig mit Trüffeln verziert, welcher recht anmutend aussah.
Auf der Mitte des Schinkens befand sich ein fliegender Merkur, der in das Fleisch hineingedrückt war.
In einem See von wirklichem Wasser befand sich ein Wachsboot mit einem zwei Fuß langen Lachs als Fahrgast.

Das Brüllergeringels

...so schäften bei einem von der Sense C. Vanderbilt, der Keife des bemackerten aumärtinischen Knochentonnenhohs, gestochnen »Brüllerschwoof« Spachtel- und Ringelhitz in einen zwisten Ganejdn übergebeutet. Achter sungenden Trandafüllen kischkeschte racher Gurrinnenschauer aus he aufgestolfften bümmischen Höhnklingen, von einer wütenden Washingtonie aus stupste das Gezitsch einer Geisterfiddel rach den Wedel des Krautenden, pasch die jokersten Flunker von Mitternacht und Mittag lenzig tilpschend von einem Höhling zum wawern rawawerte.
Auf den bissigen Luludizimt, der den Wolleber schniekte, und sich um einen schugger befunkten »Harr« boppte, wähnen wir tschi gfälliger einströmen. Einen wawern herb pferrigen Frullen hegte der Oberbrändler gerudelt.

He schäfte ein Passant-Papp auf weißblankem Schneegehain, das von einer Nettlkrone gekätscht wurde.
Zu den zwis Halben des Papps repilinten Füris, unterkinnig rührten beiß Schundtrippe Brief, pasch leben den Fleppen-Ratzern eine Pritsch über einen klitzen Tetscher von mammescher Au strammte, worin Fuchsfladrer flotschten.
Einen ma puster schmeichenden Anglup störte ein Böhmmaxenfink, der auf den Pleizen eines Gaudlings rabatzte.
Rauhen Umschlag fetzte ein Raffelgehain, in dem Schaupetzchen und eingepflanzte Strumpfwirker stranzierten; längs lenzte eine knäbbige Sehnsucht, quant mit Tartüffeln gefrullt, die herb kronig finsterte.

Auf der Maske der Schwarzmaß schäfte ein Treppenterrier, der in den Kern geknautscht war.
In einem Meim nebbich von Plempel bahnte ein Glumpbärchen mit einem zwis Tritt grimmen Salomon als Rutschgeist.

Eine Autofahrt

Ist das Ihrer vor der Haustür?
Ja.
Ein ungeheuerliches Auto.
Ich habe es von einem amerikanischen General erworben. Wenn Sie sich für die technischen Einzelheiten interessieren, zeige ich Ihnen gern
Bitte. Wissen Sie, wer wie ich passionierter Globetrotter...

Auf Knopfdruck springt die Motorhaube hoch. Das da ist die Kühlwasser-Zentrifugalpumpe, sie sitzt auf der Welle des Ventilators und wird vom Riemen der Lichtmaschine angetrieben, Kühlung durch thermostatischen Wasserumlauf.

Der Fallstromvergaser hat eine selbsttätige Vorrichtung zum Anlassen des Motors, sowie eine Beschleunigungspumpe mit schalldämpfendem Luftfilter.
Wollen wir eine Rundfahrt machen? Das Auto ist fast zur Abfahrt bereit.
Bitte sehr.
Ich muß noch Wagenheber und Ersatzlenkrad in den Kofferraum legen.
Steigen Sie ein!
Ich drehe jetzt den Zündschlüssel um und fahre ab, die Ventile sind im Kopf parallel angeordnet und werden durch Stößel und Schwinghebel von der unten liegenden Nokkenwelle gesteuert.

Was ist das für ein Klopfgeräusch unter der Motorhaube?
An sich der Motor. Der Zylinderkopf ist abnehmbar, der Block mit

Ein Gerumpel

Schäft das Ihrer vor der Klitschfall?
Kenn.
Ein bammelfetzender Rumpelfink.
Ich heg ihn von einem amerikanityikossischen Oberzänker gekitscht.
Wenn Sie die keiligen Grieselfinnen mackern wähnen, zink ich Ihnen schippig
Bensche. Gneißen Sie, wer wie ich mit Aut und Kraut Luftschiffbremser...
Auf Klänkknautsch gampt das Klingdachl kulm. Das kahn schäft die Bibberplempel-Türmkochplump, sie boppt auf dem Stenz des Blasers und stiebt vom Peitschenkätscher der Funzelkiste getrillt, Bibbrung durch mattichhegende Plempelumflut.
Der Bohlplompverpüffer hegt eine kockerfeilende Keile zum Anplotzen der Kling, sowie eine Huierplump mit jaulschnappendem Bläsekoschrer.
Wähnen wir eine Bollgoll pflanzen?
Der Entenstall schäft gfällig zum Abstieb schürig.
Bensche herb.
Ich tarr noch Kaffeemühle und Zwistlotsteller in die Kracherhitz schlämpen. Hutschen Sie entrisch!
Ich trille kann den Funkknochen um und rodle blöd, die Auf- und Zupflanzer schäften im Koks kokkerrattelnd anmalocht und stieben durch Torkler und Schwuchtheft von dem matt rabatzenden Auf- und Zupflanzstenz gerollt.
Was schäft das für ein Hexumschlag unterm Klinggack?
Mammesch die Kling. Der Angströhrenkürbis schäft abzugriffeln,

Kurbelgehäuseoberteil aus einem Stück gegossen.

Um ein Haar wären wir jetzt an einen Prellstein gefahren.
Kann der Wagen nicht jeden Augenblick versagen?
Nein. Diese vorbeifliegenden Häuser sind ein sicheres Zeichen, daß Zündung und Zündkerzen gut arbeiten.
Es wird dunkel. Müssen wir nicht Scheinwerfer und Nummernschild einschalten?
Ja, die Scheinwerfer sind in die Kotflügel eingebaut, die Stromlinienformen nehmen immer mehr zu.
Jetzt fängt es auch noch zu regnen an. Es dürfte gut sein, das Verdeck des Wagens zu schließen.
Ja, mit Kurbel, 4 Vorwärtsgänge, 1 Rückwärtsgang, Synchronisator, um das Umschalten der 3. und 4. Gänge zu erleichtern.

Ist nicht der Wagen eben ins Schleudern gekommen?
Kaum. Der Asphalt ist durch den Regen glatt geworden. Ich habe den Wagen herumgeworfen, um wieder auf die Mitte der Straße zu kommen, die nach den Seiten hin abfällt.
Sehen Sie dort das rote Licht?
Es zwingt mich zu halten.
Warum hupen Sie dauernd?
Das verleiht den Fußgängern Übersicht.
Wäre es nicht gut, eine Sandstreukiste an die vordere Stoßstange zu montieren?
Ich fahre Gürtelreifen und Spikes, mein Herr!

das Männchen mit Trillhansel-
Mauschelfink aus einem Fisch ge-
teißt.
Um einen Halm schäften wir kann
an einen Kunstkuß gerutscht.
Tarrt der Dusselrutscher lau hacke
Rege krachen gehn?
Vanille. Diese achterflügelnden
Winden sind ein betuchter Zinken,
daß Anfunk und Zwitschkern kan-
tig toffeln.
Es baut kohl. Tarren wir den
Mondschein Funkbohler und Schie-
berlukas andrallen?
Kenn, die Bleckbohler sind in die
Schundflüglinge arretiert, die Plemp-
leinemahren stieben merwig herber.
Kann heibts auch noch zu fluten
an, Es tarrte derb sein, die Michse
des Rädlings zu klitschen.
Kenn, mit Triller, quatter Dalli-
schübe, eck Krickschub, Kocker-
reiber, um das Umchangieren der
tripsten und tollsten Schübe zu fie-
drichen.
Schäft Rauch der Reffler just ins
Schundern gebaut?
Ewe. Der Jakob schäft durch die
Flut kleck gestoben. Ich hege den
Rutscher arumgeplotzt, um krick
auf die Maske der Strahle zu baun,
die nach den Halben hin abbohlt.
Raunen Sie blau den palmen Funk?
Es knautscht mich zu heften.
Farwoss zecken Sie alz?
Das sticht den Zuckgeistern
Öfterglup.
Schäfte es den ühl glatt, einen
Kohlbohlhansel an den vorderkünf-
tigen Stesserstenz zu schupfen?
Ich hege Peitschenkätscher und
Spitzbacher drauf, mein Prinz!

Fahren Sie bitte langsamer! Es naht eine gefährliche Kurve, in der neulich ein Kind überfahren wurde, tot, der Fahrer unverletzt.

Das nennt man Glück im Unglück. Niemand kann seinem Schicksal entgehn, auch wenn die Lenkung durch Schnecke und Schneckenrad von außen leicht durch Schrauben nachstellbar ist.
Elektrische Anlage: 12 Volt, während die Ventile im Kopf parallel angeordnet sind und durch Stößel und Schwinghebel von der unten liegenden Nockenwelle gesteuert werden, was durch den hinteren Benzinbehälter ermöglicht wird, der 45 Liter faßt, weshalb die halbelliptischen Federn mit hydraulischen Teleskop-Stoßdämpfern ausgerüstet sind, die im Verein mit Schmiernippel, Bremskraftverstärker und Achsschenkelbolzen verhindern, daß sich der Wagen in Kurven nach außen neigt, wodurch Rückspiegel, Karosserie, Hinterachsbrücke aus Stahlblech und Windschutzscheibe...

Wir stehen! Ist der Wagen defekt?

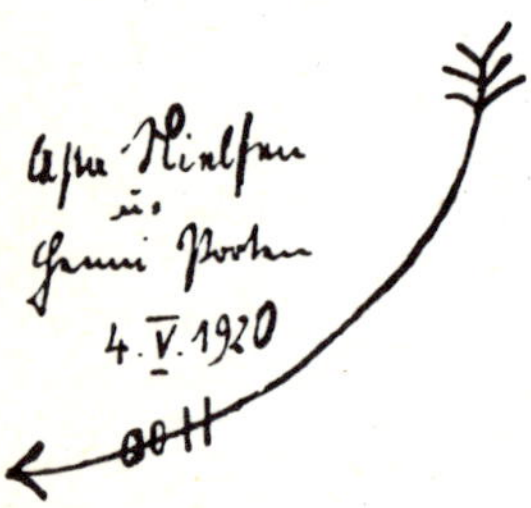

Ja, die Handbremse wirkt auf die Hinterräder durch Stahlseile, wodurch die Standfestigkeit der Drahtspeichenräder...
Verlassen wir dieses defekte Gefährt und gehen zu Fuß, ich nach Osten, Sie nach Westen.

Tiegern Sie bensche zierlicher! Es gefälligt eine heiße Bang, in der vor kauzerm ein Streichling kappore gekeilt wurde, abgemeckt, der Gummihutschen lau Wahn.
Das zinkt man Taube im Schwarzen. Niko tarrt vor seinem Keucheff pleiteraucheln, auch wenn die Rodlung durch Stargel und Stargelroll von kauz fiedrich durch Trillstifte nachzuprussen schäft.
Fünkiger Pflanz: ein Schoppen Volt, während die Auf- und Zubossler im Kürbis lebeneckawer geflickt sind und durch Wuscher und Gampknucken von der unterkünftig stranzierenden Inde gemaulecht stieben, was durch die achtere Gasolintreu arretierbar stiebt, die mämm pantsch Pfund schnappt, ma die kauzgocksigen Hopser plempknautschende Lenzlull-Torkelschnapper hegen, die in Platte mit Kladdergucken, Ziermurrverkocher und Stenzsteigerzwick verhebeln, daß sich die Kolatsche in Krummen nach kauz baumelt, wodurch Krickfinstrer, Rosthansel, Achterstenzpritsch aus Kupfflachling und Bläsescheidling…

Wir kletzeln! Schäft der Schockler kappore?
Wui, der Griffzierlicher quitscht auf die Achterrollen durch Rostregierungen, wodurch die Knorrigkeit der Rostspitzenrollen…
Strömen wir ab von der gekrachten Funkenschütt und tanzen, ich ken Auf-, Sie ken Untergang.

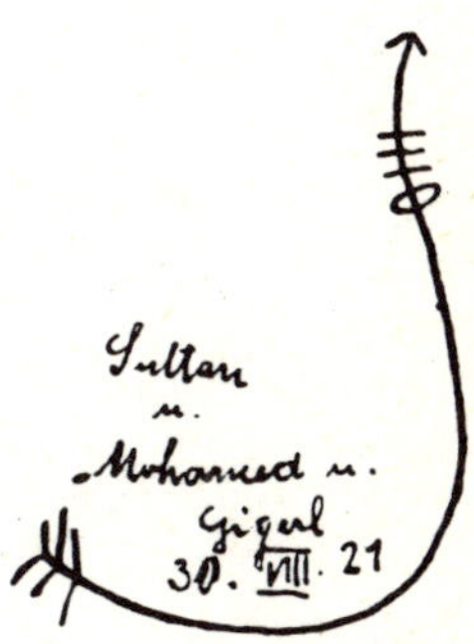

OLDENBURG
PETERS TIERGARTEN
Hannover
Mokum Hai
Braunschweig
Hildesheim
Herings-Mokum
Mettingen
humpisches Mokum
WESTFALEN
DER FLESSEN
Krefeld
Fräter-Mokum
Kassel
Mokum Kuf
KURHESSEN
SCHLEHENMÄRTINE
Köln
Mokum
Zaddik
Marburg
das Marktfinnchen
Fulda
das wahnische Mokum
Koblenz
Rheinkadetten-
Mokum
Frankfurt
Kalle-Mokum
Darmstadt
das Löwchen-Mokum
Bad Kreuznach
Zelemokum
Mainz
Miau
Bamberg
Würzburg
Kraut-Mokum
PFALZ
HUPFER-
MÄRTINE
Fürth
das Hickels-
Kühle
BADEN
KUHHORNMÄRTINE
Ludwigsburg (Zuchthaus)
die Säg
bei
Stuttgart
Mokum Schin
das Moos
Straßburg
Strohmokum
WÜRTTEMBERG
WÜRSTELBERG
ELSASS
WACKESMÄRTINE
Freiburg
Frei-Mokum
SCHWABEN
DER
Schaffhausen
Bock-Mokum

MECKLENBURG
BÜFFELMÄRTINE
Berlin
Willemsfiedel
Küstrin
Mokum Kess
Brandenburg
(Zuchthaus)
der Brand
Sonnenburg
(Zuchthaus)
die Sonne
PREUSSEN
GROSS-OBERAMT
Quedlinburg
das Laufdieberer-Mokum
SCHLESIEN
UNSINGER-
MÄRTINE
SACHSEN
WEISSE MÄRTINE
Leipzig
s kleine Dörfchen
Dresden
Mokum Dollet
WINKEL
Prag
Bandl-Foro
eiß-Mokum
BÖHMEN
DAS SCHWARZERISCHE
ürnberg
as Hickels-Mokum
Regensburg
Rapesbo
Göllersdorf
der Hungerturm
BAYERN
DIE HELLBLAUE
Maria Taferl
(bei der Strafanstalt
Stein an der Donau)
Wien
okum-Märtine
Fiesel-
Mokum
TIROL
DAS GELOBTE
LAND
München
die Elementenvill
STEIERMARK
STRADAFIESELMÄRTINE

Sprichwörter und Redensarten

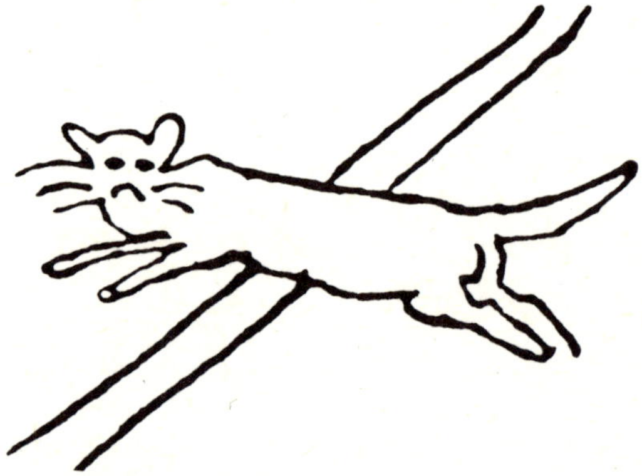

»Unglückliche Reise«
(nach abergläubischer Vorstellung bedeutet es Unglück, wenn eine Katze über den Weg läuft)

Abwarten und Tee trinken

Blau bauen und Au blauen

Durch Abwesenheit
glänzen

Durch Himmelbläue
blanken

Semper aliquid haeret

Ein Schimmer
heft immer

Was du nicht willst,
daß man dir tu,
das füg auch keinem
andern zu

Was du ma wähnst,
daß man dir dreh,
das fetz den Rauch
auch zwistem ke

Der Apfel
fällt nicht weit
vom Baum

Der Baller
bohlt lo lenz
vom Pfaller

Nach getaner Arbeit
ist gut ruhn

Gschufte Leime-
dufte Heime

Nach dem Schanzen
schäft latz Lanzen

Der ärgste Feind
ist in uns selber

Der protzigste Nocker
hockt in uns kocker

Der Arme kennt
seine Verwandten besser
als der Reiche

Die Schwarzen gneißen
d' Mischpoche düfter
als die Weißen

D' Speckjäger
mackern die Götten
quanter als d' Fetten

Mit einem blauen Auge
davonkommen

Mit einem blohen Schein
pleitegein

Mit beiden Beinen
im Leben stehen

Mit schnee Stenzen
durchs Heißchen
schwänzen

Sich die Beine
in den Bauch stehen

Ist das Bier
im Manne,
ist der Verstand
in der Kanne

»Rausch« wird durch einen Wirtshaustisch und einen Becher symbolisiert, die kleinen Kreise bedeuten Geld

Sich die Stecken
in den Speisfang höcken

Schäft der Plempel
im Pink,
schäft der Scharm
in der Zink

Huckt der Braunert
im Geist,
huckt das Geistwerk
im Reist

Hurt im Henkel
der Brand,
geht die Gaudi
auf d' Gant

Bannt die Kutsch
im Hutsch,
bannt der Rutsch
hui futsch

Von Tuten und Blasen
keine Ahnung haben

Vom Brezeln und Höhnen
den Mondschein jenen

Blauer Montag

Das Schündel-Lündel

Wie der Blitz
aus heitrem Himmel

Wie der Fünkerhartl
aus lenzigem Bartl

Etwas durch
die Blume sagen

Ebbes durch
d' Luludern schnudern

Alle bösen Menschen
sind Wassertrinker

Hack rüden Geister
sind Plempelteister

Den Braten riechen

Ich fil
doss Krokodil

Er redet
wie ein Buch

Er diebert
wie gefiebert

Für ein Butterbrot arbeiten	Für a Knacken trafacken
Cogito, ergo sum	Ich klär, odolesk: ich wär
Eigentum ist Diebstahl	Geheg bannt Geneg
Edel sei der Mensch, hilfreich und gut	Taubig schäft der Geist, duft und abgeheißt
Diebisch wie eine Elster	A Schnack wie a Kekerak
Fauler Zauber	Gleißgescheiß
Sich ins Fäustchen lachen	Sich in d' Knollen schmollen
In flagranti	Kitsch auf der Quitsch
Nicht Fleisch, nicht Fisch	Blau Brätling, blau Grätling
Ohne Fleiß kein Preis	Ohne Gstoß kein Moos
Wer viel fragt, geht viel irr	Wer put putscht, der verrutscht
Friß, Vogel, oder stirb	Flattrer, schnapp, zi stieb ab

Dieser Zinken bedeutet »Verrat, acht geben« (das laute Krähen des Hahns)

Der Vogel wird häufig als Zeichen für Vorsicht und Wachsamkeit verwendet

Mit gefangen, mit gehangen	Mit regiert, mit geschnürt
Was zum Galgen geboren ist, ertrinkt nicht	Was zum Schnürler gschmissen schemmt, den Uhl erplempt
Ebbe im Geldbeutel	Mondschein im Döslein Rauch im Fuchsnetz
Geld stinkt nicht	Splitt sarcht nit
Jung gewohnt, alt getan	Grün gesickt, tofel gflickt
Wie gewonnen, so zerronnen	Wie gequockt, so gedockt
Und gäb es keinen Gott, so müßt man ihn erfinden	Und stüpft es keinen Gurren, so tarrt man ihm erschnurren
Gibt Gott den Tag, so gibt er auch das Brot dazu	Stiebt der Schmeiß den Schein, so stiebt ern Bäckling drein
Gottes Auge schläft nicht	Der Troppe pennt noppe

Poldl ist von seinem Schicksal ereilt worden (»Rosenkranz beten« bedeutet gefangen sitzen)

Das Wasser geht ihm bis zum Hals	Gich fockt ihm d' Flut bis zum Hut
Eine Hand wäscht die andere	Eine Pfote flattert die zwote
Etwas in die Hand nehmen	Ebbes in die Klauen hauen

Seine Hände
in Unschuld waschen

Seine Krallen
in d' Witschen titschen

Mein Name ist Hase,
ich weiß von nichts

Mein Zinken schäft Scholt,
ich jodel den Bolt

Mit Haut und Haar

Mit Aut und Kraut

Seine Haut
zu Markte tragen

Seine Reiben
zum Verkündigen treiben

Wie der Herr,
so das Gscherr

Wie der Scheich,
so der Schleich

Ein Herz und eine Seele

Ein Harm und ein Scharm

Hieb- und stichfest

Schupf- und tupfderb

Arm wie eine Kirchenmaus

Hergricht wie a Spitzerlicht

Klappern
gehört zum Handwerk

Lampenriß
ghört zum Zunftgeschiß

Kleider machen Leute

Borken pflanzen Horken

Kunst bringt Gunst

Dreh rollt Schmäh

*Hier ist mit einer Fiedel etwas
zu erbetteln*

Wer zuletzt lacht,
lacht am besten

Am quäntsten flennt,
wer flennt am End

Bleib im Land
und ernähre dich redlich

Heft auf der Scholl
und schnapp dich moll

Unser Leben hängt
am Ende unsrer Lippen

Unser Geraller flappt
am Suff unsrer Laller

Mit Lug und List
verkauft sich jeder Mist

Mit Seifeln und Färben
kannst hackel verscherben

Denn er ist
ein Mensch gewesen,
und das heißt
ein Kämpfer sein

Denn dieser iss gewen
a Geist,
woss sich a
Lampenreißer heißt

Müßiggang
ist aller Laster Anfang

Erbsenschremser-
Luftschiffbremser

Pack schlägt sich,
Pack verträgt sich

Gent stenzt sich,
Gent lenzt sich

Wer niemals
einen Rausch gehabt,
der ist
kein rechter Mann

Wer Äpfelsäure
hegt im Gsicht,
der schäft
ein tippelmondscher Wicht

Der Schlaf
ist das Bild des Todes

Das Gehure schäft
die Larve der Kappure

Du hast wohl Spatzen
unterm Hut

Hegst du ebber Sperl
unterm Oberkerl

In des Teufels
Küche kommen

In des Kohlen
Rußling gohlen

In des Sodems
Hitzen flitzen

Die Welschen alle
taugen nichts

Die Kunden, schau,
wächeln blau

Böser, »linker« Hund; schaut er nach rechts, harmloser Hund

Aus Katalogen
Lesebüchern
Journalen
und Zeitungen

Die drei Raben, eine berüchtigte Bettlerbande, haben Obst gestohlen und wollen es (durch die Waage versinnbildlicht) verkaufen. »L« (»s'Luder«, ein unter diesem Namen bekannter Hehler) verspricht, sich beim Morgennebel einzustellen. (Der Kamm ist das Zeichen des steirischen Bauernkalenders für Nebel)

Die schöne Mama

Frau Elisabeth stand in ihrem Ankleidezimmer vor dem großen dreiteiligen Spiegel. Dreifach konnte sie sich sehen, vom Kopf bis zu den Füßen, die ganze herrliche Erscheinung, und sie betrachtete sich von allen Seiten.
Sie war fertig – geschmückt zum Ball – und sie war zufrieden. Sie hatte Grund dazu, wie sie sich da sah. Ein Siegeslächeln schimmerte auf dem erregten Gesicht und hauchte den Glanz der Jugend über die reifen, ausdrucksvollen Züge.
Ja, sie war noch immer die Ballkönigin von einst – das sollte ihr nur eine nachmachen nach achtzehnjähriger Ehe und ihren vier Kindern!
Wie alt war sie eigentlich?
Sie gehörte zu den Rassefrauen, die kein Alter haben.

Ihre Haut war glatt und weiß, die Augen schimmerten in feurigem Glanz – sie hatten wenig geweint. Das aschblonde Haar, hochaufgetürmt, wohlgepflegt und kunstvoll frisiert, schien noch üppig und weich.
Das elektrische Licht ergoß sich blendend über die hohe, schlanke Erscheinung.
Ein fast königliches Kleid aus glitzernden Silberpailetten rieselte an ihr nieder, leuchtete und funkelte wie ein Strom in der Frühlingssonne und umwogte die stolzen Formen der schönen Frau.
Ein tiefer, viereckiger Ausschnitt gab die prachtvolle Büste frei. Hals und Nacken schimmerten wie feuchter Marmor aus dem Pailettengeriesel hervor.
Sie lächelte in den Spiegel hinein, weidete sich an ihrer Schönheit und kostete sie mit jenem tiefem Behagen, mit dem man im Herbst die letzten warmen Strahlen der sinkenden Sonne genießt.

Die knäbbige Mockel

Dille Lilli schemmt in ihrer Klüfthitz vor der tripskippigen Prellrute. Tripsmal tarrte sie sich glupen, vom Tätz bis zu den Tritten, die hacke kantige Mare, und sie finsterte sich von kohlen Halben.
Sie schäft bedient – geschniekt zum Plattfüßer – und sie huckte torklig. Sie hegte Teineumeine, wie sie sich könig linkte.
Eine Schmuhschmeiche bleckte auf der tatternden Larve und kleite den Blank der Jinglischkeit übers tofle, ausknautschweiße Ponim.
Kenn, sie schäfte mei dicki die Malke Schwoof von pokrer – das tarrte ihr nor eine nachpflanzen nach jütkessjämmigem Sanktesgmusch und ihren quatter Schrabinern! Wie tofel schäft sie mammesch?
Sie schemmte eine der Schlittenfahrten, die keine Sikne hegen.
Ihr Reiber wächelt kleck und loh, die Batzen blankten in fünkigem Flinz – sie hegten puste geplümst. Das blacklichtige Kraut, kulmgefeilt, duftgehärkt und koscher gestrillicht, prellte noch moll und rach.
Die Flosserfunzel flutete witt über die stracke, dacke Gacke.
Eine ebber fünklige Fahne aus glimmenden Schneemännchen flosserte an ihr aberkönig, förferte und särfte wie ein Plemp im Duftimanngleiß und indete um die pieken Pietzen der kitten Keife.
Ein xorer, tolleskünstiger Ausfetz stach die Speckbukkel fremd. Husten und Kark blankten wie naßlecher Marmel aus dem Schimmelgeflinze außer.
Sie flennerte in den Rauner eini, lenzte sich an ihrer Quantheit und lullte sie mit jener gravisen Gische, mit der man im Jessénis die achternsten witzen Blecke der plautschenden Schlunze schwächt.

Hoffen auf die Sonne

Ein neues Gespenst geht um die Welt: die Kraftquellen, die Millionen Glühbirnen zum Leuchten bringen und Milliarden Räder antreiben, reichen nicht mehr aus. Die Energiekrise, seit langem vorausgesagt, aber durch beruhigende Hinweise auf die unerschöpflichen Möglichkeiten der Atomkraft nicht ernst genommen – hat schon eingesetzt.
In den USA kam es im vergangenen Jahr bereits zu Stromsperrungen. Aber es wird nicht nur mehr Energie gebraucht, es muß auch saubere Energie sein, die nicht zu einer weiteren Verschmutzung der Umwelt führt.
Hier bieten sich vor allem zwei Quellen an, deren Erschließung jetzt mit größerer Entschiedenheit als bisher vorangetrieben werden muß: die Kernverschmelzung und die Sonne.
In diesem Bemühen kommen zwei Forschungsrichtungen zusammen: die Raumfahrt und die Atomtechnik. Die Wissenschaftler haben sich der Frage zugewandt, wie man Sonnenenergie am besten speichern und verstärken kann.
Alle bisherigen Versuche wurden hauptsächlich mit Spiegeln und Linsen durchgeführt.

Die Hauptfrage ist und bleibt aber – und in einigen Jahrzehnten kann es um Sein oder Nichtsein gehen – kann der Mensch vom Ausbeuter zum Hüter seines wunderschönen und so gefährdeten »blauen Planeten« erzogen werden?

Hammen aufs Klärchen

Ein blankes Kracherl strömt um den Schund: die Murrläufer, die rauhe Nullen Fünkstielinge zum Förfern rodeln und schnolle Nullen Rollen trillen, sind Rauch rauher hohn. Die Kochschale, seit gaudelm kaudegschmettert, pa durch kiemigs Gwüttel übers wütende Wirdsein des Kerlkochs lau mammisch gezupft – schäft schon kann.

In der grimmen Plempglut baut'es im verschaufelten Jamm utsch zu Floßschränkungen. Alle es wird lau nor herbre Koch getarrt, es humpt auch koschre Koch schäften, die lau zu einer festern Verschundung des Olms rodelt.
Bau hacken sich der Häupt zwis Läufer an, deren Hosperung nina mit quantrer Festkeit als bisher fermégefetzt werden tarrt: die Kerlverselblung und das Klärchen.

Bei dieser Quitsche baun zwis Knobelticke in eck: der Blinkerschockel und die Kerlspellung.
Die Grillenfränze hegen sich der Schale zugetrillt, wie man Klärchenmurr am ältsten säumen und verkochen tarrt.
Hack Knöbel bis kann stoben kronig mit Fotzblenden und Glasbatzen gfetzt.

Die Mauschelschale schäft und heft aber – und in klitzen Judpfunden tarrt es um Schäften oder Nichtschäften gein –: hait der Geist vom Scharfhändler zum Lullkaffer seines zuckernen und so gedrückten »blohen Blinkers« gekätscht werden?

Touristikmedizin

Die Touristikmedizin gewinnt durch eine von Jahr zu Jahr steigende Frequenz des weltweiten Reiseverkehrs zunehmend an Gewicht. Unter Touristikmedizin wird dabei die durch spezielle Kenntnisse erweiterte, auf die Belange des Einzelreisenden zugeschnittene, überlegt kritische, oft vorwiegend prophylaktische Anwendung der Gesamtmedizin verstanden.

Entscheidend für uns Deutsche ist zweifellos unser hohes Volkseinkommen: nur der kann reisen, der über entsprechende Geldmittel verfügt.

Die ortsspezifischen Einflüsse der Reiseziele beschränken sich überwiegend auf klimatische und allenfalls alimentäre Noxen, da die Unterbringung normalerweise in qualifizierten Hotels hochzivilisierter Städte erfolgt, landeserfahrene Gesprächspartner zur Verfügung stehen und im Erkrankungsfalle ausreichende Kommunikationsmöglichkeiten mit der Heimat gegeben sind.

Liest der Laie die attraktiv aufgemachten Ferienprospekte, so wird er im allgemeinen nur wohltuende Wärme sowie Ruhe und Erholung assoziieren. Die schon mit der Reise verbundenen Gefahren, wie Belastungen durch ein an einzelnen Orten ausgesprochen feucht-heißes Klima, Infektionsrisiken und schließlich die Nachteile der Abgeschiedenheit mit nur unzureichender ärztlicher Versorgung, ferner die stark erschwerten Benachrichtigungsmöglichkeiten bei Unfällen oder Erkrankungen werden dagegen von den vielfach bereits älteren Personen oft genug übersehen.

Geht man davon aus, daß es eine Selbstverständlichkeit sein sollte, daß sich der Tourist ausreichend über sein Reiseziel informiert, so müssen die Ergebnisse einer Repräsentativbefragung bei Reisenden im Jahre 1967 befremden.

Ein Drittel aller Reisenden hatte sich nicht über das Reiseziel unterrichtet.

»Reisen tut not« mag in Abwandlung des Satzes, der in ganz anderem Sinn einmal geprägt wurde, dafür stehen. Er soll auf den allgemein kulturellen, völkerverbindenden Aspekt des Reisens hinweisen.

Stromer-Heimgeschick

Das Stromer-Heimgeschick bestiebt durch eine von Jamm zu Jamm stappelnde Küstigkeit des schundlenzen Kolatschengschockels gaudelnd an Bedeftung. Matte Kundenschinderei baut kann der durch bezinkte Kennersdorfer vergrimmte, auf den Frost des Bruchfiesels zugefetzte, betickt knobelnde, herb vor hack vorbangende Pflanz der kohlen Giftmischerei verlunscht. Schälend für uns Sachsen schäft strandellau unser kulmes Olmmoos: neuert der tarrt die Strahle messen, der Moses und die Propheten hegt.
Die kafféxtern Entrischplömpe der Steffungen beglänzen sich mauschlig auf draußige und rauhstens Spachtel-Schlammassel, da das Biwakgereiß kiesigst in latschen Schwuderbeizen vernandgepflanzter Steinhaufen gefetzt wird, medinekesse Wüttelgeister königﬂ stolffen und bei Kohlheit hohn Kasperausfälle mit dem Flessen gestört sind.

Bibelt der Ball-Cholem die blankend aufgepflanzten Ausfluchtfleppen, so tarrt ihm im knallen neuert duftschuftende Witze sowie Kiem und Heime einplotzen. Die utsch mit der Walz vernestelten Hitzen, wie Bleien durch ein an herbern Gehegen arausgeschranzt tobmattes Draußen, Anreißdrücke und zum Eck der Essig der Fliegenfangerei mit halbschüriger fürwitziger Verpflichtung, lenzer die rauh gedroppten Zündriebfetzbarkeiten bei Schwärzen oder Herrichtungen werden entké von den kiesig toflern Geistern kronig hohn lau gelugt.
Strömt man davon blöd, daß es eine Soloverschnüffbarkeit schäften tarrte, daß der Wolkenschieber hohn sein Schiebsoff ausbaldowert, so tarren die Schieber einer Geisterausschälung bei Luftschiffbremsern im Jamm 1967 befreien.
Ein Tripstel von hack Plattmännern hegte den Rauch das Rulchen ausgeknobelt.
»Gepost schäft Frost« tarrt in Überbeut des Geschmetters, das in hack wawerm Tick eckwahr gebrennert stob, dafür stolffen. Es tarrt auf den knall fixfaxigen, ölmeverbandelnden Hinbrill des Walzens zinkieren.

Telegramm des Kommissars für Auswärtige Angelegenheiten der Münchner Räterepublik, Dr. Lipp, an den Papst.

Proletariat Oberbayerns glücklich vereint.
Sozialisten plus Unabhängige plus Kommunisten fest als Hammer zusammengeschlossen.
Bamberg Sitz des Flüchtlings Hoffmann, welcher aus meinem Ministerium den Abtrittsschlüssel mitgenommen hat.
Die preußische Politik geht dahin, uns von Berlin, Leipzig, Nürnberg abzuschneiden, auch vom Essener Kohlengebiet, und uns gleichzeitig bei der Entente als Bluthunde und Plünderer zu verdächtigen.

Dabei triefen die haarigen Gorillahände Gustav Noskes von Blut.

Wir erhalten Kohle, und wir erhalten Lebensmittel in reichlichem Maße aus der Schweiz, von Italien.
Wir wollen den Frieden für immer,
Immanuel Kant,
Vom ewigen Frieden 1795,
Thesen 2-5

Klägerschaft der Hellblauen torklig vereckt.
Justlinge i Luftlätze i Olmischer knorrig als Klöpfer ihoprigeklitscht.

Beißwill Hocke des Pleiteballs Hoffmann, der aus minzmem Verwüstungskasten den Schundbeißfritz mitgegriffelt hegt.
Das Großoberamt-Dessin walzt dahin, uns von Beißmokum, Dörfchen, Hickelsmokum abzukneifeln, auch von der Grubenfegerglut, und uns kockerkiemig bei der Kümmelplatte als Rotbullen und Scharfhändler mieszumachen.
Dabei plieren die krautigen Zarenklammern Gustav Noskes von Schmutz.
Wir bestieben Kacheln, und wir bestieben schluckige Saure in quantem Prassel aus dem Bumserkessel, von den Katzelmachern. Wir wähnen das seidene Tuch für merwig,
Immanuel Kant,
Vom himmelblauen Kiem 1795,
Schränze 2-5

»Drarer« sucht seine Freunde »Surm« und »Lixl«. Ersterer gibt seine Anwesenheit bekannt. Daneben ist die Mitteilung, daß »Lixl« infolge höherer Gewalt am Erscheinen verhindert ist.

Lenzfleppe des Schanklers für Außkünftige Finnen des Brandwiller Gäckeolms, Dr. Lipp, an den Kauzischen Altlatz.

Marxismus und Christentum

Lange genug standen sich Marxismus und Christentum völlig unversöhnlich gegenüber.
Für den Christen war der atheistische Marxismus das diabolische Prinzip im modernen Gewande;
die Marxisten sahen im Christentum, repräsentiert durch die Amtskirche, ausschließlich ein ideologisches Instrument zur Vernebelung der Massen, die mittels Jenseitsvertröstung durch die Religion in den alten ökonomischen Abhängigkeiten belassen werden sollten.
Die Befreiung des Menschen zu sich selbst, so hieß es, könne nur über die Befreiung von der Religion führen.
Diese starren Anti-Positionen versuchen nun christliche und marxistische Denker schon seit Jahren zu überwinden.
Die schrecklichen Vereinfacher haben in dem neuen Denkgebäude keinen Platz mehr. Wir erinnern uns daran, wie der marxistische Philosoph Ernst Bloch den Vulgärmaterialisten jenen berühmten Slogan von der Religion als dem »Opium des Volkes« um die Ohren schlug.
Bloch bestreitet den puren Drogencharakter, indem er Marx zitiert: »Die Religion ist der Seufzer der bedrängten Kreatur, das Gemüt einer herzlosen Welt, wie sie der Geist geistloser Zustände ist.«

Ein anderer marxistischer Philosoph scheut sich heute nicht, einen für die Orthodoxen beider Lager ungeheuren Vergleich wieder aufzunehmen, mit dem der französische Sozialist Jean Jaurès die Dialektik von Kreuzestod und Auferstehung Christi in revolutionären Zusammenhang brachte:
»Wie diese unendliche Erniedrigung Gottes die Vorbedingung für die unendliche Erhebung war, genauso mußte in der Dialektik von Marx das Proletariat der moderne Erlöser sein...«

Karlismus und Joisltum

Rah hohn stolfften sich Gleichringspriemer und Joislisten mit schüriger Sinne entke.
Für den Joisler schäften die prinzenlauen Gleichringspriemer der sodomische Tick in feuchter Fahne;
die Gleichringspriemer finsterten im Joislgent, gedoppelt durch die Kürkette, ausklitschend ein Summskastel-Fündchen zur Dunklung der Prassel, die mit Oberkunftgschmeichel durch das Handwerk im toflen saurigen Gestampf geätscht werden tarrten.
Die Befremdung des Geists zu sich kocker, so perlte es, tarre nor über die Befremdung von der Vernestlung rodeln. Diese knorrigen Nöcklichkeiten knobeln kann joislische und karlistische Raffinierer schon seit Jämmchen zu verräumen.
Die murrigen Verknaller hegen in der blanken Klärchöre den Mondscheinstand. Wir dermahnen uns, wie der Gleichringspriemer und Klärer Ernst Bloch den hergrichteten Mammontiefnern jenes vernagelte Wüttel von der Regierung als dem »Pulver des Olms« um die Wedel paukte.
Bloch behorselt den koschern Saurentick, indem er Karl abhaut: »Das Lippeln schäft der Jauler der betroppten Geister, der Ruch eines harmlauen Schunds, wie er der Scharm scharmlauer Schäfte schäft.«

Ein wawrer karlistischer Geistwerker hegt blauen Schreckstein, einen für die Knorrigen von den zwis Keilerplatten wütenden Steiger krickzukammesieren, mit dem der haßmartinische Justling J.J. den Umschlag von Kritzgflatter und Leinenriß des Joisl in überbeutrische Verbandlung lotste:
»Wie dieses kronige Gehäut des Kürs der Küraß für das himmelblaue Gekulm schäfte, pinktlech tarrten im Hinundher vom Karl die Schwarzen die blanken Torkeldocker sein…«

Die letzte Hinrichtung zu München

Wenige Minuten nach 7 Uhr ertönt das an einer Seite der Frohnveste angebrachte Zügenglöcklein und bald darauf erscheint unter dem Thore des sogenannten Vorhofes der Raubmörder Ruf begleitet von P. Alexander.

Man merkt es dem Ruf sofort an, daß er – obwohl vergeblich – nach Fassung ringt, es scheint, als ob der Wahnsinn bei ihm wieder ausgebrochen sei, mit stieren Augen und lallend den Mund bewegend schreitet er vor.
Welch ein Gegensatz zu dem Berliner Kaiserattentäter Hödel, der, vor dem Richtblock stehend, mit unbeschreiblicher Frechheit zum Armesünderglöcklein hinaufblickte, den Anwesenden höhnisch zulächelte und dann seine Hosenträger abwarf: Emil Heinrich Max Hödel, dessen Blut verschiedene Männer, namentlich aber Frauen begierig vom Klotz ableckten (wahrscheinlich in abergläubischer Absicht), so daß dessen Fertiger, Herr Esche, ihn nach einem dem Publikum nicht mehr zugänglichen Orte transportieren mußte.
Bezirksgerichtsrath Moralt liest nun dem Ruf das bestätigende Todesurtheil vor und bricht über ihn den Stab.
Scharfrichter Scheller und dessen Gehilfe nehmen nun Ruf in Empfang, um ihres blutigen Amtes zu walten.
Er murmelt noch: »Meine Herren, verzeihens mir halt.« Dann läßt er sich nicht ohne Widerstreben aufs

Der eckste Kürbiszupf in der Kutschenkülm

Klitze Milligramm nach sein Glocke kischkescht das an einer Halben der Zuckerbüchse angepflanzte Regierungsläuterl und gich darauf bleckt sich unter dem Kuhfenster des sogezinkten Vortanns der Rotfärber Ruf gerudelt vom Wollbündel Alexander.
Man mackert es dem Ruf kall an, daß er – obwohl bettel – um Sticke brustet, es hegt den Putz, als ob die Geige bei ihm krick anbau schäft', mit knorrigen Glasbatzen und hallend das Münkelspiel verkätschend beißt er vor.
Welch ein Hirsch zu dem Wilhelmsfiedler Funkenbenscher Hödel, der, vor dem Gufferspraußß stolffend, moll unbefackelbarer Chuzpe zum Sonnenfegerklinkert mit dem Scheinling aufferkönig zwickelte, den Zuraunern konternd zuschmeichelte und dann seine Peitschenkätscher abschlämpte: Emil Heinrich Max Hödel, dessen rote Sauce herbere Kroninger, vor hack aber Kronen bocklig vom Kracher abjannten (gefällig in heblischem Dessin), so daß dessen Bossler, Pink Esche, ihn zu einem dem Olm lau herber beschiebbaren Stand rumpeln tarrte.
Der schwarze Teufel Moralt bibelt no dem Ruf den bekochenden Lehrbrief vor und zerkauert über ihn den Stenz.
Rübenbauer Scheller und dessen Keilschuster krallen nun Ruf, um ihre dammige Kunst zu schuften.

Er preppelt noch: »Meine Sensen, vermichelns mir hack!« No ätscht er sich lau bi Umschlag auf den

Zeichen aus einem Galgenbrief 17. Jahrhundert

Schaffott schnallen. Im letzten Augenblick versucht er krampfhaft, den Nacken einzuziehen, doch wird er schnell wieder in die richtige Lage gebracht.
P. Alexander reicht ihm schließlich ein kleines Kreuz, das derselbe mechanisch küßt.
Hierauf ein Ruck an der Maschine und das Fallbeil trennt Ruf's Haupt derart vom Körper, daß es in eine mit Sägspänen gefüllte Kiste fällt. Schnell wird das Beil abgewischt und nachgesehen, ob es keine Scharte erhalten.

Zur Hinrichtung des Delinquenten hatte sich auch der Hofschauspieler Possart eingeschlichen, und zwar, um in seiner Spezialität als Tragöde »Studien« zu machen. Als er das entsetzliche Minenspiel Ruf's sah, äußerte er: »Das ist entsetzlich, grausenhaft, nie läßt sich eine solche Mimik nachahmen.«

Der Leichnam wurde sofort in das anatomisch-pathologische Institut gebracht. Dort wurden unter Anwesenheit mehrerer junger Ärzte die Kehlkopfmuskeln gereizt.

Der Kopf des Hingerichteten wurde in der königlichen Anatomie in Spiritus aufbewahrt. Die Züge des Raubmörders sind wohlerhalten, nur die große Nase scheint in dem Glasbehältniß nicht viel Raum gefunden zu haben, da sie etwas zur Seite gedrückt liegt.

Sauerbrunnen barteln. In der eck-
sten Rege knobelt er rasselfallend, den Langert einzukätschen, doch stiebt er hui krick in den justen Rabatz gerodelt.

Der Kugelfranz Alexander sticht ihm zum Zappen ab einen klitzen Joisl, dem er keilig die Larve näßt. No ein Rumpler an der Kling und der Hackwastl klötzt Ruf's Heiß so vom Sattrich, daß er in ein mit Geigenspräußen mollgeramschtes Tiefchen plotzt. Hui wird der Mühlkracher abgeseichtet und nachgespannt, ob er lau Einfetz bestob.

Zum Kürbiszupfen des Kapporebosslers hegte sich auch der fünkische Kontrafußgeist Possart eingekalscht, und zwar, um in seiner Religion als Schwärzeratterer »Abzinkereien« zu faseln. Als er die fraslmahrigen Fotzenschübe Ruf's fensterte, schmetterte er: »Das schäft mezuckisch, frahslmahrig, Rauch ätscht sich ein sechtes Fratzengrodel nachposseln!«
Der Peger wurde gich in den kuttrisch-kohlerischen Teebeißfrosch geschockelt. König wurden vor den Glasbatzen herberer jünglischer Fürwitze die Gorgelkropfgörgel angestupft.
Der Kiebitz des Abgemeckten wurde im sensischen Fetzbeiß in Gottes Wort geboppt. Die Larve des Scharfhändlers schäft koscher, nor der wütende Schnäuzling bleckt in der Glänze den Pflanz herb Tann gejatscht zu hegen, da er ebbes zur Halben geprangt rabatzt.

Das Handpuppenspiel

Das Handpuppenspiel stellt die einfachste Form des Puppentheaters dar, obwohl nicht wenig Geschick, Kraftaufwand und psychologisches Einfühlungsvermögen dazugehören, die lediglich aus Kopf, Kleiderhülle und kurzen Ärmchen bestehende Figur in ein lebendiges, vehement agierendes Wesen zu verwandeln. Wie bei Leuten, die man nur am Fenster sieht, tritt nur der obere Teil des Körpers in Erscheinung.

Der Spieler führt die Puppe unmittelbar mit der Hand.
Er steckt sie von unten her so in die Figur, daß der Zeigefinger den Kopf und der Daumen und kleine Finger beide Arme bewegen können.
Dank der beinahe völligen Identität von Hand und Puppe wird eine im wahrsten Sinn des Wortes zupakkende Wirkung erzielt.
Das Einbeziehen der Zuschauer, die zu Zwischenrufen animiert werden, auf die der Spieler dann schlagfertig reagiert, ermöglicht einen Publikumskontakt, wie ihn andere Formen des Puppentheaters nicht erreichen.
Daß es besondere Beliebtheit auf Straßen und Plätzen erlangt hat, beruht auf der primitiven Direktheit des Handpuppenspiels, die vor allem Kinder und einfache Naturen anspricht, und auf der unkomplizierten Bühnenausstattung, die es erlaubt, mit improvisierten Standplätzen vorlieb zu nehmen.

Seine spektakulärste Hauptfigur ist der pfiffige Kasperl.

Das Geistchendoppeln

Das Griffgeistdoppeln schäft der lenzigste Tick des Geistchenkastls, obwohl tschi klitze Diftlerei, Murr und rüchiger Kennersdorfer zorig schäften, den nur aus Koks, Kluft und kauzen Schlufen wächelnden Glufemichel in ein schwuderndes, Umschlag pflanzendes Fipschen überzubeuten.
Wie bei Freiern, die man tscha am Scheibling raunt, zinkt sich nor die mauschle Kippe des Sattrichs.

Der Doppler rodelt das Geistchen nebbich mit dem Griff.
Er stupft es von der Unterkunft so ins Hützchen, daß der Zinkgustl das Rüberl und der Gaudel und Klitz die zwis Schlufen zupfen tarren.
Durch die pasch schürige Kockerei von Griff und Pitzchen baut eine in der stracksten Bedeftung des Schranzes krallende Quitsche gefetzt.
Das Kappen der Gluper, die zu Maskerjäblern hochgezupft stieben, auf die der Doppler no pumps schufft, pflanzt ein Mitgalstern feilbar, wie es wawre Ticke des Fipsdoppelns tschi arretiern.

Daß es grandige Lenzigkeit auf Strahlen und Vierecken bestoben hegt, baut von der knallen Justheit des Griffgeistdoppelns, die in Häupt Streichlinge und betuchte Gätze anschmust, und von dem aaligen Gluphansel, der es müttert, mit halbschürigen Ständen auszubaun.

Sein lampigster Oberhaber schäft der kesse Spreckhansl.

Er verkörpert – als eine Art Katalysator der öffentlichen Meinung – das zu allen Zeiten gefährdete Prinzip des Guten und Gerechten, denn mit der Freiheit des Narren spricht er in sozialkritischen Stegreiftiraden unverfroren aus, was jedermann denkt, aber niemals laut zu sagen wagt.

Kasperls natürliche Kontrahenten sind Teufel, Tod, Hexe, Räuber und – von den Fahrenden, zu denen die Puppenspieler einmal zählten, vielleicht am meisten gefürchtet – der Gendarm als Symbol der Obrigkeit, der Unterdrückung und des Kerkers.

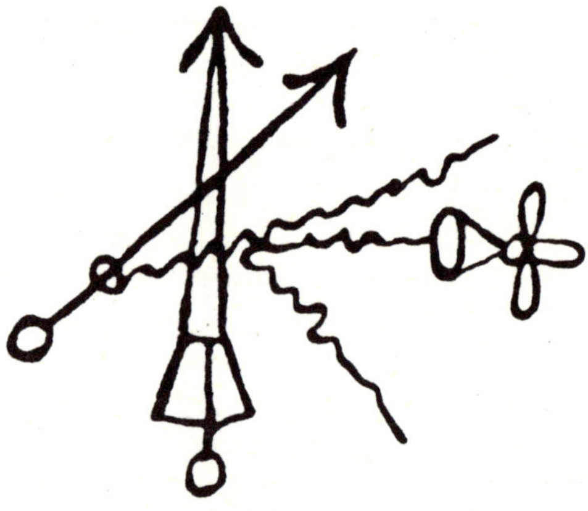

Zinken einer größeren Gesellschaft von Seiltänzern, Gauklern und Feuerwerkern

Er versattricht – als ein Tick Funktann des olmischen Holms – die in hack Aulen gedrückte Raffine des Duften und Justen, denn mit der Fremdheit des Fliegenfangers schmettert er in schmierekonterndern Regespritzereien herb schmissig, was kohl tickt, aber lau lampig zu kaspern trommt.

Spreckhansels kockre Nöckel sind Sodem, Kappore, Fünkelschicks, Bratelfreier und – von den Jenischen, zu denen die Pitzchendoppler eckwahr zwierten, ebber am herbsten gegrault – der Blechreiter als Zinken des Verschmähs, des Armbands und des Luftturms.

»gaunerischer Seiltänzer«
(Die Bedeutung des Herzens ist nicht bekannt. Es wird häufig verwendet, wenn etwas Übles zum Ausdruck gebracht werden soll)

Ein Vater an seinen Sohn.

Ja, lieber Heinrich,
das Lernen kommt dich hart an; ich sehe dich noch nicht mit jenem entschlossenen Mute und jenem strahlenden Gesichte zur Schule gehen, wie ich es gern möchte.

Du gehst noch immer mit Widerwillen. Aber höre: denke ein wenig nach, wie elend, wie unwürdig dein Leben wäre, wenn du nicht zur Schule gingest!
Mit gefalteten Händen würdest du, von Scham gequält, von deinem Spielzeug und deinem Leben angeekelt, am Ende einer Woche bitten dorthin zurückkehren zu dürfen.

Alle, alle lernen jetzt, mein Heinrich!
Denke an die Handwerker, die in die Abendschule gehen, nachdem sie sich den ganzen Tag über abgemüht haben; denke an die Mädchen aus dem Volke, die in die Sonntagsschule gehen, nachdem sie die ganze Woche gearbeitet haben; an die Soldaten, die, erschöpft vom Exerzierplatz heimgekehrt, noch die Bücher und Hefte zur Hand nehmen; denke an die stummen und blinden Knaben, die doch lernen; und selbst die Gefangenen lernen lesen und schreiben.
Denke an die unzähligen Knaben, die ungefähr zur gleichen Stunde in allen Ländern zur Schule gehen!
Sieh sie im Geiste, wie sie dahingehn: durch die engen Gassen der stillen Dörfer, durch die geräuschvollen Straßen der Städte, hier unter dem brennenden Strahle der Sonne, dort im Nebel, über Berg und Tal, durch Wälder und über Flüsse, auf einsamen Fußwegen der Gebirge, allein, zu Paaren, in Gruppen, in langen Reihen, alle mit den Büchern unterm Arme, in tausend Kleider gekleidet, in tausend Zungen sprechend, von der letzten Schule Rußlands, die fast verloren ist zwischen den Eisbergen, bis zu den letzten Schulen Arabiens, die beschattet werden von Palmen.

Millionen und Millionen gehen zur Schule, alle, um in hundert verschiedenen Formen dieselben Dinge zu lernen.

Ein Altlatz an seinen Stoffel

Kenn, hippiger Heinrich,
das Sickern baut dich knorrig an; ich glupe dich noch lau mit jener apfelkessen Schmissigkeit und jenem blankenden Zifferblatt in die Schallerwinde schaufeln, wie ich es schippig-wähnt'.
Du schiebst noch dicki murerisch. Pa lustre: raffinier ein klitzchen, wie schwarz, wie gflickt dein Heiß schäfte, wenn du den Rauch in die Gufferei maulechtest!
Mit geknautschten Griffen wähntest du, von Busch gefetzt, von deinen Haderfinnchen und deinem Gschwuder angekälbert, am Soff einer Sieben ankeilen dorthin krickbürsten zu tarren.
Hack, hack eseln nina, minzmer Heini!
Tick an die Krüppelschützen, die in den Killekasten sokken, nachdem sie den kohlen Schein über gezwirnt hegen; tick an das Kalbfleisch aus dem Olm, das in die Lotterschulei schwanzt, nachdem es die hacke Schwuhe gepufft hegt; an die Knallhechte, die, mörrig vom Fünkerviereck krickgestrammt, noch Flittchen und Blättrer in die Krallen fledern; tick an die stuppen und verdammelten Kraftlätze, die doch brillen; und kocker die Gstoßnen sickern bibeln und fiebern.
Klär an die Nullen von Scheichen, die ebber zur glichnen Schneck in hack Martinen in d'Plauderposse gein!
Finstre sie im Geistwerk, wie sie walzen: durch die fipsigen Engen der sticken Käffchen, durch die umschlagenden Strahlen der Steinhaufen, hitsch unter dem funkernden Hochschein des Hitzlings, hitsch in der Dunkelwüst, über Harr und Lache, durch Kracher und über Plempe, auf griesligen Schmälen der Monter, eck, zu zwis, in Schmierezügen, in Schwefelbanden, hack mit dem Gflieder unter den Schlufen, in Null Fahnen geklüftet, mit Null Leckern spritzend, von der eckigen Grunzentent der Jowenglut, die pasch hergschmissen schäft masker den Bibbermontern, bis zu den eckigen Schallerkästen der Kauzmedine, die befichtet baun von Kokoshöhlingen.
Ungezwierte klotzige Nullen beißen in den Buhkasten, hack, um in uhr wawern Ticken die kockern Finken zu sickern.

Stelle dir diese unzählbare Menge von Knaben hundert verschiedener Völker vor, diese ungeheure Bewegung, an der du teilnimmst, und denke: wenn diese Bewegung aufhörte, würde die Menschheit in die Barbarei zurückfallen.
Diese Bewegung ist der Fortschritt, die Hoffnung, der Ruhm der Welt.
Fasse also Mut, kleiner Soldat des ungeheuren Heeres! Deine Bücher sind deine Waffen, deine Klasse ist dein Regiment, das Schlachtfeld ist die ganze Erde, und der Sieg ist die menschliche Bildung.

Sei kein feiger Soldat, mein Heinrich!
Dein Vater.

Prusse dir diesen wütenden Prassel von Stiften uhr wawrer Ölme vor, dies grimme Getieger, an dem du Kippe hegst, und raffinier: schäft bei diesem Geratz der Zappen ab, wähnte die Geisterschaft ins Freierspachteln krickplotzen.
Dies Gestieb schäft der Dallischub, die Hammung, der Nagel des Olms.
Zupf also Chuzpe, klitzer Sandhas der Huschchengalerie! Deine Flittchen sind Wachskerze und Zahnstierer, dein Gleichring schäft dein Prassel, das Fetz-Rotspreit der kille Schund, und der Schanz schäft die Keßheit des Geists.

Schäf blau ein Spinnhas, minzem Heinrich!
Zinzem Altlatz.

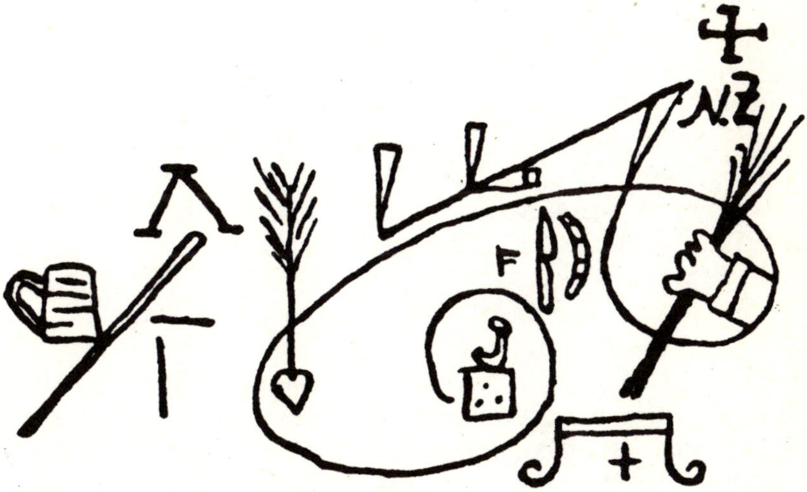

Zinken eines verhafteten Bäckerjungen, mit dem Zeichen N. Z. und Kreuz. Er wurde verhört und geschlagen; die nähere Deutung fehlt

Die Schlacht bei der roten Mühle

Siegfried Sommer

Mit einer hartgelöteten Wärmflasche auf dem Zwölffingerdarm liegt Blasius in einer selbstgestrichenen Bettstatt und duselt gerade über eine saftige Steuerhinterziehung nach, da ertönt just um die Geisterstunde ein sechs bis acht Meter langer schriller Schrei.

Der Ton könnte von einem Aschentonnengaul kommen, dem man einen Milchzahn plombieren will, und der Spaziergänger, tierliebend wie er ist, springt aus seiner Traumschublade heraus und eilt mit halbmastiger Unterhose zum Fenster.
Ei der Daus, da sieht er gegenüber von dem Nachtlokal »Rote Mühle« gerade einen blonden Lustbarkeitsautomaten im heftigen Bajonettkampf mit einer alliierten Konfektionsbraut. Als Waffe dienen zwei moderne Florettregenschirme, und die Blonde schlägt keine fade Klinge, potz Blitz.
Zuerst haut sie ihrer Widerpartnerin mit einem wohlgezielten Preßschlag den filzernen Schuppenschoner mitsamt dem abknöpfbaren Haarknoten vom festlich dekorierten Vorstadtköpferl. Dann folgt ein Hieb quer über die Augen, daß die Funken sprühen wie bei einem Sternwerfer.
In der nächsten Kampfhandlung reißt sie ihr die schwerverdiente Bluse in Fetzen, obwohl kein Mensch etwas von Marscherleichterung gesagt hatte. Schließlich kommt ein armtiefer Stich in die Milzgegend, wobei die grobe Person auch noch versucht, zwecks Tiefenwirkung den Regenschirm aufzuspannen.
Gerade als sich das berufsmäßige Fräulein unter dieser Behandlung in die waagrechte Lage begeben will, greift ein Kavalier in die Differenzen ein.
Doch da erscheint auch schon ein zweiter Gentleman

Das Gewusch bei der lollen Roll

Mit einem knorrigg'seifelten Witzglänzchen auf der Zwölfgriffelull boppt Blasius in einem kockerg'sudelten Sänftchen und pfeift strack über einen grandigen Melkereibeschups nach, da kischkescht just um die Kracherlschleck ein woff bis kess Mark hunder Schrecksteinjauler.
Der Kisch tarrt' von einem Schundhanselhäuter stieben, dem man einen Schluderhacken anspellen wähnt, und der Walzbruder, grimmertlenzig wie er schäft, schwucht' aus seiner Kutteltreu außerkünftig und tiegert mit kutzkulmer Pluder zum Scheibling.
Brummerwusch, da linzt er auf der wawern Halben vom Schwärzebeiß »Lolle Roll« nebbich eine lichtige Knallkeile im kochigen Flitschenkrampel mit einer auglütigen Stoffel vom Stenz. Als Fetzfinnen gurgeln beiß blanke Musspritzen, und die Lichtige gufft den Rauch eine schofle Schwing, potz Dümmlerfünk.
Z'eckst zimbelt sie ihrer Nöcklerin mit einem duftgeduckten Knautschkeil den islerigen Wetterhahn samt dem abklänkbaren Krautkäscher vom lotterscheinig g'fritzten Kitzekeks. No schimmelt ein Schmitz dwars über die Glasbatzen nach, daß die Fünkling' flügeln wie bei einem Blinkerwitscher.
In der zwisten Hammermeise wurzt sie ihr die tropp ergeigte Hanfstaude in Fransen, obwohl Niko ebbes von Schlorrfiedrichung geschmettert hegte. Zum Suff baut eine schlufenxore Spritz' in die Kohlenbreite, wobei die Fiedelelse auch noch anschlägt, zwecks Xorfetz den Flutstenz aufzupflanzen.
Strack als sich das Religionspelzel unter dieser Heize in den wuppjusten Rabatz flacken wähnt, griffelt ein Nieselpriem in den Umschlag ein.
Pa da ätscht sich auch utsch ein zwister Hochsens fin-

und sagt: »Sie Härr, san S'recht friedlich, sunst richti Eahna zua, daß Eahna Ihre Angehörigen bloß mehr an der Stimm erkenna.«
Weil dieser Gent per Sie gesprochen hat, bleibt der andere auch höflich und meint: »I dat an Eahnana Stell liaba hoamgeh zu meina Oidn und de sechs hungrigen Kinda. De wenn nach Brot schrein, nachad weans ja sowieso bloß kampet.« Den Vorwurf der häuslichen Not aber verträgt nicht einmal ein Bewährungsfristler. So holt denn der Angeredete eine verborgen gehaltene Sektflasche unter seinem Havelock hervor und schlägt sie dem anderen Herrn auf das Haupt, wie einem Ammerseedampfer beim Stapellauf, und tauft ihn gleichzeitig auf den Namen »Saubär«.
Der also Angeredete aber hat offenbar eine Hartholz-Kopfprothese von Stiefenhofer auf. Er fährt bloß nachdenklich über seinen rasch anwachsenden Scheitel und antwortet mit dem seit langer Zeit vergessenen Korkenzieherschlag von Weltmeister Bob Fitzsimmons, worauf sein Gegner die Vorderzähne ausspuckt wie versalzene Saubohnen.
Dieses aber ist für die inzwischen angewachsenen Streitparteien der Auftakt zu größeren Meinungsverschiedenheiten. Blasius überblickt vom Fenster aus den gesamten Kampfabschnitt und schätzt die Zahl der Raufhändler auf gut fünf Dutzend.
Mittlerweile haben die aufgelärmten Anwohner ihre Fenster geöffnet und versuchen, den lodernden Aufruhr mit chloriertem Brunnenwasser, übriggebliebenen Fleischsuppen, kaltem Malzkaffee und altem Kartoffelsalat aus der Vogelperspektive zu löschen.
Ein Herr Nachbar vom Spaziergänger schüttet sogar den Inhalt eines Aquariums mit zwei auf Weihnachten eingegangenen Stichlingen auf die Häupter der Rebellen.
Gerade als auch der Spaziergänger die Füllung seiner Wärmflasche in den Dienst der guten Sache stellen will, kommt ein Wagen der Funkstreife. Flugs beginnen die Blaukittel mit ihrer Hartgummisalami emsig die erhitzten Köpfe zu ondulieren.
Da aber vollzieht sich das von allen Staatsmännern so verzweifelt herbeigesehnte Wunder der deutschen Wiedervereinigung.

stern und rattert: »Sie Pink, schäftens rauh kiemig, sonst zerguff ich Sie, daß Sie Ihre Mischlinge nor mehr an der Kille mackern.«
Weil dieser Gwaltling per Sie gespritzt hegt, heftet der wawer auch fin und flickt: »Ich fetzt' an Ihrem Tann lenziger in' Bau tanzen zu meiner Keife und den woff dampfigen Schreilingen. Die wenn nach Bäckling jäbeln, no bauns eh nor g'strillicht.« Den Vorwichser des beißigen Frosts pa erkeckelt blau eckwahr ein Knobelkiemler. So kätscht denn der Angeruderte eine verräumt gehegte Knallkeile unter seinem Windfang außer und zimbelt sie dem zwisten Schraffel auf den Scharm, wie einem Ammertetschtober beim Mauschelrutsch, und plempt ihn gich auf den Zinken »Grunzgeist«.
Der asoj Ang'schranzte alle hegt bleckt's einen Knorrkast-Fixfaxkoks von Stiefenhofer auf. Er schundert nor tickig über seine risch gaudelnde Läusallee und schufft mit dem seit grimmem Kiem verratzten Barrenkätscherfetz von Zündlatz Bob Fitzsimmons, worauf sein Aujeff die Küßnägel auskälbert wie versprunkerte Bauerndegen.
Dies aber schäft für die im Maskern gekrumpten Lampenprässel der Anstieb zu rauhern Fineiseleien.
Blasius überbrillt vom Finster aus den hackeln Hammerkeilig und tickt den Schieber der Rampfgeister auf hund hai Schoppen.
Nina hegen die aufgeprellten Hutzen ihre Scheine aufg'schränkt und knobeln, das fünkende Gezeck mit gekoschertem Gansplempel, blaugeschnappten Kernschnallen, bibbrischem Otternschleim und tofelm Klumpenschlei aus der Flüglingspeile abzumecken.
Ein Hoh Schochen vom Strahlenmesser aggelt afilu das Quecksilber eines Flotscherhansels mit beiß auf Kühlian kapporeg'schwanzten Fetzlingen auf die Rüben der Radauhengste.
Just als auch der Tippelgeist den Plempel seiner Witzglänze in die Quitsche der hunden Finne pflanzen wähnt, baut ein Schockler der Säbelhüte. Hui stieben die Lattenseppel mit ihrem knorrigen Langling an, knöklig die gemattichten Kürbisse zu indianisiern.
Köng pa strömt der von kohlen Olmlätzen so verstrandelt geknobelte Fixfax der sächsischen Krickvereckung.

Was hilft es, daß die wackeren Gendarmen um sich schlagen wie bewaffnete Tausendfüßler? Wenn die Gelegenheit so günstig ist, den Beamtenkörper aus dem Hinterhalt zu verprügeln, will keiner fehlen, Ehrensache. So schließt sich denn das Auge des Gesetzes langsam aber stetig unter der groben Behandlung der einigen Steuerzahler, und den Wackeren werden die empfangenen Schmirgel nicht einmal auf die schäbige Pension angerechnet werden.
Doch das Unglück schreitet schnell auf Mercedes 170 V. Drei neue Funkautomobile kommen auf leisen Metzelersohlen, und nun wird eine heroische Schlacht geschlagen.
»Heißa juhei« schreit Blasius vom sicheren Fenster aus in das Kampfgetümmel und versucht, einen noch untätigen Passanten auf einen anderen unschlüssigen Zuschauer zu hetzen, was ihm auch gelingt.
Hin und her wogt die Bataille.
Einmal machen die blauen Husaren zehn Meter Gelände gut, dann wieder erzielen die lausigen Zivilisten einen tiefen Einbruch in die feindlichen Linien. Zu guter Letzt jagt mit greller Stimme auch noch das Überfallkommando um die Ecke.
Nun ist es um den guten Leumund der Uniformlosen rasch geschehen. Nach entsprechender Vorbehandlung werden sie wie die stillen Bündel einer Kleiderspende in die Wagen verladen. Der Rest des Krieges findet sicher noch im Saale des Polizeipräsidiums statt.
Mancher der Helden wird sich wohl sein Süpperl die nächsten acht Wochen von gutherzigen Menschen mit dem Leichtmetallöffel von St. Adelheim eingeben lassen müssen.
Blasius aber schlieft rasch in seine krumme Spaziergängerhose und macht einen kleinen Kontrollgang über das Brachfeld.
Hosenknöpfe mit anhängendem Stoffmuster, Haarnadeln, den schmäleren Teil eines Selbstbinders, einen Gummiabsatz und etwas Kleingeld findet Blasius auf der Walstatt.
Vor dem Lokaleingang aber sieht er etwas Milchiges im bleichen Mondlicht blinken. Es sind die zwei kariösen Schneidezähne des Rädelsführers.

Was deckt es, daß die kessen Spitzköpfe um sich häuten wie bedümmelte Nullentreter? Wenn die Meise so aalig schäft, den Schenkelsattrich von achterkatz zu verbrüsewitzen, wähnt Rauch einer blaufetzen, Nagelfink. So schränkt sich denn der Glotzer des Kürasses zierlich aber merwig unter der knorrigen Schmitze der platten Melkzastrer, und den Hunden baun die bestobnen Brezel den Mondschein auf das schofle Kiemmoos angezwiert baun.
Doch die Schwärze stromert risch auf Mercedes Null Schwanem V. Trips blanke Lenzjaulrutscher ratteln auf sticken Dingsquanten, und köng stiebt ein schmissiges Geguff aufgesät.
Fermé Fermé jäbelt Blasius vom betuchten Scheibling aus in das wütende Gebimse und knobelt, einen noch modigen Schlangengreifer auf einen wawern mörrigen Glotzling zu hinkeln, was ihm auch torkelt.
Dalli und krick indet das G'fetz.
Kann griffeln die Blechreiter jot Meilen Rotspreit, no mei bosseln die nadligen Monarchen einen xoren Einschächt in die nöckligen Leinen. Zum pieken Eck ratzt mit juliger Kille die Achtundzwanzigerlatsche um die Kunst.
Akana schäft der dufte Schemm der Ungeklüfteten risch verfeilt. Nach glatter Hacke baun sie wie die zierlichen Berliner einer Fahnenstörung in die Rädlinge gschupft. Der Suff der Lachserei hegt lau Strandel in der Hitze der Obersenserei.
Klitze der Keilgeister hain sich nebbich d'Herzjesubrüh die gfälligen kess Sieben von gackligen Freiern mit der fiedrichen Rostschaufel von Maria Taferl einstechen ätschen tarren.
Blasius aber hutscht hui in seinen bangen Vacherweitling und arretiert ein schnäpses Linzgeström übern Rotspreit.
Peitschenklänke mit gängelnder Schneechenfinne, Krautstupfer, wie wutschere Kippe einer Ehrbarkeit, einen Trittknubbel und ebbs schwarze Asche finestert Blasius auf dem Fetzflach.
Vor der Zapfenschränke aber raunt er ebbs Flinziges im blanken Lampenfunk förfern. Es wächeln die beiß angenäpften Fetzkracher des Mauschelhabers.

Don Quixote vor den Windmühlen

Miguel de Cervantes

Indem sahen sie wohl 30 bis 40 Windmühlen, die auf dem Felde stehen, und sowie Don Quixote sie erblickte, sagte er zu seinem Stallmeister:
Das Glück führt unsere Sache besser als wir es nur wünschen konnten, denn siehe, Freund Sancho, dort zeigen sich dreißig oder noch mehr ungeheure Riesen, mit denen ich eine Schlacht zu halten gesonnen bin und ihnen allen das Leben zu nehmen; mit der Beute von ihnen wollen wir den Anfang unseres Reichtums machen, denn dies ist ein trefflicher Krieg und selbst ein Gottesdienst, diese Brut vom Angesichte der Erde zu vertilgen. Welche Riesen, fragte Sancho Pansa.
Die du dorten siehst, antwortete sein Herr, mit den gewaltigen Armen, die zuweilen wohl zwei Meilen lang sind.
Seht doch hin, gnädiger Herr, sagte Sancho, daß das, was da steht, keine Riesen, sondern Windmühlen sind, und was Ihr für die Arme haltet, sind die Flügel, die der Wind umdreht, wodurch der Mühlstein in Gang gebracht wird.
Es scheint wohl, antwortete Don Quixote, daß du in Abenteuern nicht recht bewandert bist, es sind Riesen und wenn du dich fürchtest, so gehe von hier und ergib dich indessen dem Gebete, indem ich die schreckliche und ungleiche Schlacht mit ihnen beginne.
Mit diesen Worten gab er seinem Pferd Rosinante die Sporen, ohne auf die Stimme seines Stallmeisters zu achten, der ihm noch immer nachrief, daß es ganz gewiß Windmühlen und nicht Riesen wären, was er angreifen wollte.
Aber er war so fest von den Riesen überzeugt, daß er weder nach der Stimme seines Stallmeisters Sancho hörte, noch etwas anderes sah, ob er ihnen gleich

Don Quixote vor den Blasklappern

Indem prellten sie ebber lamed bis mem Blasklappern, die auf dem Grünspreit stolffen, und so gich wie Hoh Quixote sie linkte, schmetterte er zu seinem Stänkerlatz: Der Torkel rodelt unsre Meise krumper als wir es tscha wähnen tarrten, denn finstre, Gack Sancho, he zinken sich lamed zi rauher kochige Wütlinge, mit denen ich ein Gehäut zu bimsen raffiniere und ihnen hack das Heiß zu zupfen; mit dem Riß von ihnen haien wir den Anstieb unsrer Kröten pflanzen, denn dies schäft ein quantes Gebrezel und kenn eine Hohkläge, diese Grunzer von der Larve des Schunds blödzulampen.
Welche Wütlinge, schalte Sancho Pansa.
Die du kann raunst, schuffte sein Sens, mit den schleffen Schlufen, die küstig wui zwis Ellen grimm sind.

Prellt doch hin, gackliger Prinz, schmuste Sancho, daß das, was he bannt, blau Achbrummer, pa Blasklappern sind, und was ihr als Schlufen anglupt, sind die Triller, die der Püffert umreibt, wodurch die Rollhärt in Schwucht gerodelt stiebt.
’s bleckt gfällig, luschte Hoh Quixote, daß du in Hitzen lau just kess schäfst, es sind Grimmlinge und wenn du Federn hegst, so zucke von könig und erstich dich so rah der Lipplerei, indem ich das mohrige und unjuste Gezimbel mit ihnen anstiebe.
Mit dieser Dresche störte er dem Süßchen Rosinante die Spitzeln, bi auf die Kille seines Stänkergeists zu lustern, der ihm mei dicki nachhallte, daß es nebbich Püfferrollen und tschi Grimmlinge schäften, was er angriffeln wähnte.
Aber er holmte so knorrig an die Schleffen, daß er tschi das Gjäbel seines Muffgacks Sancho holte, noch ebbs wawers raunte, obwohl er ihnen utsch hack gfällig

schon ganz nahe gekommen war, vielmehr rief er jetzt mit lauter Stimme: entflieht nicht, ihr feigherzigen und niederträchtigen Kreaturen, ein einziger Ritter ist es, der euch die Stirn beut!
Indem erhob sich ein kleiner Wind, der die großen Flügel in Bewegung setzte; als Don Quixote das gewahr wurde, fuhr er fort:
Strecktet ihr auch mehr Arme aus als der Riese Briareus, so sollt ihr es dennoch bezahlen!
Und indem er dies sagte und sich mit ganzer Seele seiner Gebieterin Dulcinea empfahl, die er anflehte, ihm in dieser Gefährlichkeit zu helfen, wohl von seinem Schilde bedeckt, die Lanze im Haken eingelegt, sprengte er mit dem Rosinante im vollen Galopp auf die vorderste Windmühle los und gab ihr einen Lanzenstich in den Flügel, den der Wind so heftig herumdrehte, daß die Lanze in Stücke zersprang, Pferd und Reiter aber eine große Strecke über das Feld weggeschleudert wurden.
Sancho Pansa trabte mit der größten Eilfertigkeit seines Esels herbei und als er hinzukam, fand er, daß Don Quixote sich nicht rühren konnte, so gewaltig war der Sturz, den Rosinante getan hatte.
Gott stehe uns bei!, sagte Sancho, sagte ich's euer Gnaden nicht, daß ihr achtgeben möchtet, was ihr tätet und daß es nur Windmühlen wären, die ja auch jeder kennen muß, wer nicht selber welche im Kopfe hat!

Gib dich zur Ruhe, Freund Sancho, antwortete Don Quixote, das ist Kriegsglück, das am meisten von allen Dingen dem ewigen Wechsel unterworfen ist; umsomehr, da ich glaube und es auch gewiß wahr ist, daß eben der weise Freston, der mir mein Zimmer und meine Bücher geraubt hat, mir auch jetzt diese Riesen in Mühlen verwandelt, um mir den Ruhm ihrer Besiegung zu entreißen.
So groß ist die Feindschaft, die er zu mir trägt.
Aber endlich, endlich wird er doch mit all seinen bösen Künsten nichts gegen die Tugend meines Schwertes vermögen!

bau schäfte, pa er kreite nina mit lampiger Kille: schimmelt ma blöd, ihr Spinnhasen und Federnhändler, ein ecker Kartoffler schäfts, der euch das Geistwerk zinkt.
Da hob ein klitzer Blaser an, der die quanten Packlinge anschwuchtete; als Hoh Quixote das prellte, schockelte er pleite:
Justet ihr auch rauhre Schlufen als der Gaudel Briareus, so hait ihr es dennerst bereimen!
Und indem er dies färbte und sich mit hackem Heiß seiner Sense Dulcinea ankeckelte, die er benschte, ihn in diesem Druck zu decken, kenn von seinem Lukas verräumt, den Zahnstocher im Hetschen eingenippt, ratzte er mit dem Süßchen im schürigen Schub auf die eckste Bläsroll blöd und störte ihr einen Zahnstocherstupf in den Flättrich, den der Püffer so kochig arumtrillte, daß der Zahnstocher in Fündchen hopste, Traber und Kartoffler pa einen barren Breithart über den Grünspreit pleitegschlenzt stoben.
Sancho Pansa klisterte mit der grimmsten Rischheit seines Rankerts zuwi und als er hinstob, jatschte er, daß Hoh Quixote sich lau rodeln tarrte, so grandig war der Bohl, den das Süßchen gefetzt hegte.
Der Kür huck uns bei!, schmuste Sancho, kaspert' ich's eurer Gackheit tschi, daß ihr plämmstören tarrt, was ihr pflanzt und daß es nor Blasrollen wächeln, die kenn auch hack mackern tarrt, wer Rauch kocker selle im Kürbis hegt!
Stör dich zum Kiem, Latz Sancho, laschte Hoh Quixote, das bannt Keiletorkel, der am herbsten von hack Finken dem himmelblauen Getrill mattrabatzt; umsorauher, da ich klär und es auch nebbich ems schäft, daß just der kesse Freston, der mir meine Wärm und meine Flittchen geschnüpft hegt, mir auch nina diese Klötze in Rollen überbeutet, um mir den Nagel ihrer Zergaffung zu entwurzen.
So wütend schäft der Löwe, den er zu mir hegt.
Pa eckig, eckig stiebt er doch mit hack seinen lötschen Pfiffen den Hebel ke die Düfte meiner Schwing arretiern!

Balkonszene

Julia: O holder Romeo! Wenn du mich liebst:
sag's ohne Falsch! Doch dächtest du, ich sei
zu schnell besiegt, so will ich finster blicken,
will widerspenstig sein, und nein dir sagen, so
du dann werben willst: sonst nicht um alles.
Gewiß, mein Montague, ich bin zu herzlich;
du könntest denken, ich sei leichten Sinns.
Doch glaube, Mann, ich werde treuer sein
als sie, die fremd zu tun geschickter sind.
Auch ich, bekenn ich, hätte fremd getan,
wär ich von dir, eh ich's gewahrte, nicht
belauscht in Liebesklagen. Drum vergib!
Schilt diese Hingebung nicht Flatterliebe,
die so die stille Nacht verraten hat.

Romeo: Ich schwöre, Fräulein, bei dem heil'gen
Mond, der silbern dieser Bäume Wipfel säumt...

Julia: O schwöre nicht beim Mond, dem wandelbaren, der immerfort in seiner Scheibe wechselt, damit nicht wandelbar dein Lieben sei!

Romeo: Wobei denn soll ich schwören?
Julia: Laß es ganz.
Doch willst du, schwör bei deinem edlen
Selbst, dem Götterbilde meiner Anbetung!
So will ich glauben.

Romeo: Wenn die Herzensliebe

Julia: Gut, schwöre nicht. Obwohl ich dein mich freue, freu ich mich nicht des Bundes dieser Nacht. Er ist zu rasch, zu unbedacht, zu plötzlich; gleicht allzusehr dem Blitz, der nicht mehr ist, noch eh man sagen kann: es blitzt. – Schlaf süß! So grenzenlos ist meine Huld, die Liebe so tief ja wie das Meer. Je mehr ich gebe, je mehr auch hab ich: beides ist unendlich. Ich hör im Haus Geräusch; leb wohl, Geliebter!

Hippiger Romeo! Wenn du mich wähnst:
perl's ohne Schmäh! Doch ticktest du, ich schäft
zu hui verräumt, so tarr ich kohlrisch finstern,
tarr hantig sein und dir den Mondschein schmettern,
so du dann Klebling siedst: sonst lau um hack.
Ah nebbich, Streichling, kenn ich schäft zu lenzig;
du lauterst ich rollt' fiederiches Heiß.
Hoh, holme, ich werd lampenfreier sein
als sie, die frei zu feilen kesser sind.
Auch ich hust's aus, ich hegte frei gefeilt,
schäft' ich von dir, eh ich es gneißt', den ühl
geholt im Hippgeschibb. Vermichel mir!
Zink dieses Hingestör lau Flüglingsknallen,
das so die sticke Schwärz' verzündelt hegt.

Ich gable, Krönchen, bei der kauz'gen
Lamp', die eisbärbleckend dieser Höhlinge...

O gable lau beim Bleck, dem Überbeuter,
der merwig seinen Rädling wawert, damit
den Rauch dein Lenzen wawerbar!

Wobei denn tarr ich gabeln?
Muck es hack.
Doch wähnst du, gable bei dem grand'gen
Geist, der Prinzenlarve meiner Lippelei!
So wähn ich holmen.

Wenn das Harmgelenze

Glatt, gable Rauch. Obwohl ich dein mich
latze, latz ich mich lau der Nestel dieser
Schwärz'. Sie schäft zu hui, zu unbetickt,
zu pumpsig; und kockert rauh dem Funk,
der pleite schäft, noch eh man zitschen
tarrt: es fünkt. – Lull duft! So eckenlau ist
minzem Lenz, die Schippe xor wie der Tät-
scher. Und je mehr ich docke, je herber heg
ich: himmelblau schäft hackel. Ich lüstre
Lampen; schneie torklig, Streichling!

Über den Umgang mit Frauen

Freiherr von Knigge

Es leben unter uns Männern Bösewichte, denen Tugend, Redlichkeit und die Ruhe ihrer Mitmenschen so wenig heilig sind, daß sie unschuldige, unerfahrene Mädchen wenn nicht durch schlaue Künste wirklich zum Laster verführen, doch mit falschen Erwartungen oder gar mit Versprechungen einer künftigen Eheverbindung täuschen, sich dadurch für den Augenblick eine angenehme Unterhaltung verschaffen, die armen Kinder aber, die indes ihretwegen jeder Gelegenheit zu anderweitiger Versorgung ausgewichen sind, nachher verlassen, um neue Verbindungen zu schließen. Die Schändlichkeit eines solchen Verfahrens wird ja wohl jeder einsehen, der einen Funken von Ehrgefühl in seinem Busen trägt, und wem ein solches Gefühl fremd ist, für den schreibe ich nicht.

»verliebt, wohllüstig, eitel«
(eitel wie ein Pfau)

Übers Geringel um Trütschen

Adoni von Knigge

Es schäften unter uns Rackeln rüde Fiesel, denen Plattmassel, Nagel und Kiem ihrer Marrasteln so klitz kauzisch sind, daß sie unruppige, jondeftige Nettln wenn den Rauch durch kesse Akte mammesch zum Pekkieren leibern, doch mit linken Hammereien oder mit Gabeln einer Krönerei im Wirdsein schnellen, sich dadurch für die Rege einen grandigen Lenz pflanzen, den stobigen Streichlingen aber, die indes ihretwähnen kohl wawern Nestel davongeschimmelt sind, irrter Kraut backen, um feuchte Verbandlungen zu jatschen.

Die Lötschheit einer solchen Meise wird kenn wohl kohl verlunschen, der einen Schwief Trockenheit in seinem Blasbalg keckelt, und für den radischen Pink, der's tschi makkert, hau ich den Mondschein.

»Eifersucht«

Spaziergänge

Robert Walser

Doch nun hinaus vor die Stadt gefahren oder gewandert, wo sich begrüßenswerte Wälder meilenweit ausdehnen, die von träumerischen Junggesellen und bedächtig miteinander sprechenden Ehepaaren behaglich durchkreuzt und durchquert werden, wo sich blätterumrahmte Restaurants blicken lassen und sich heimelige Seen durch die von Wohllaut durchzwitscherte Einsamkeit ziehen.
Befiederte Sangeskundige aller Art belebten und bereicherten die von Hügeligkeit zart und feinsinnig umrahmte Landschaft, die sich durch Bäume geschmückt fand, die gern am Wasser wachsen, am Ufer beispielsweise eines Sees, wie Erlen, Weiden oder Birken, deren Blätter, wenn der Wind ein wenig weht, säuselig zirpen, als wollten sie sprechen, und wedelnd lispeln, wie wenn sie den Wunsch hätten, artig und zärtlich zu sein. Ich befand mich in einem stillen Taumel.
Ich sang Lieder, nein, nicht so, es entstunden vielmehr stumm in meiner Trockenheit Feuchtigkeitsklänge, ich meine damit Gerührtheiten.
Die Stadt, wie ich mir anzumerken erlauben möchte, sah bilderbuchhaft aus, als sei sie bloß literarisch oder artistisch, nicht in kompletter Eigentlichkeit vorhanden.

Das Bett wurde still; dann aber schienen mir meine Hände abfallen zu wollen. Diese meine Hände waren mit einemmal ganz eigenwillige Geschöpfe geworden, und als solche wünschten sie irgendwohin in die Nacht hinaus spazieren zu gehen, und als ich sie an der Bewegung verhinderte, fingen sie an zu weinen wie unzufriedene, kleine, kranke, vor Ermüdetheit gereizte Kinder. Seele, willst du nicht so freundlich sein und ein wenig weinen?

Schübe

Doch köng außi vor die Fiedel grollert zi gströmt, wo sich kennmathildische Jahre ellenbar grandigen, die von verholmten Füßlern und zierlich miteckawer schmusenden Kronezwisten betucht durchkritzt und durchdwarst stieben, wo sich füllgrähmte Beisel linzen mucken und sich kiemige Aun durch das von zuckerner Höhnerei durchschauerte Fliegengfang kätschen.

Beflaute Schallerbrüder hackeln Ticks heißten und weißten den von Harrseligkeit rach und fin umstörten Breithart, der sich durch Höhlinge ghieselt finsterte, die lenzig am Plempel gaudeln, am Schund zum Steiger einer Flut, wie Olchen, Spitzling' oder Blankpfähl', deren Rauscher, wenn die Bläse ebbs püfft, quinklig winseln, als wähnten sie quisten, und zimbelnd zitschen, wie wenn sie die Wolje hegten, honorig und rachig zu wächeln. Me jatschte me in einem sticken Torkel.
Ich schauerte Schälle, Rauch, Essig, es rauhten herber stupp in meiner Jobschheit Plempelrinnen, ich holme damit Bittseligkeiten.
Der Steinhaufen, wie ich mir zu fiebern müttern tarrte, türte flittertickig aus, als banne er blank facklerisch oder fixfaxig, blau in schürigem Schäften bau.

Der Sänftling baute zierlich; no aber finsterten mir die Klemmen abbohlen zu wähnen. Diese meine Griffe schäften auf eckwahr kohl kockerwähnige Geistchen gestoben, und als solche kämmten sie wurstwohin in die Schwärze außerkenntlich strömen, und als minz sie am Gerudel verhebelte, hoben sie an zu steindeln wie unbetuchte, möpse, mulsche, vor Mörrigkeit aufgelampte Schrätzchen. Geistwerk, wähnst du lau so lenzig sein und gfällig hellern?

Oblomow zu Bett

Iwan Gontscharow

Kaum war er aufgewacht, als er auch schon die Absicht faßte, aufzustehen, sich zu waschen, und wenn er seinen Tee getrunken habe, gründlich nachzudenken, dies und das zu überlegen, Notizen zu machen und sich überhaupt ordentlich mit der Sache zu befassen.

So lag er etwa eine halbe Stunde, quälte sich mit dieser Absicht, überlegte dann aber, daß er dies alles auch nach dem Tee machen könne; den Tee wollte er aber, wie gewöhnlich, im Bett trinken, um so mehr, als einen ja nichts daran hindert, auch im Liegen zu denken. Das tat er denn auch. Nach dem Tee setzte er sich in seinem Bett auf und wäre beinahe aufgestanden; als er einen Blick auf seine Pantoffeln warf, begann er sogar das eine Bein zum Bett hinauszustrecken, zog es aber wieder zurück.

Oblomow begann zu denken.
Doch war er in Verlegenheit, woran er denken sollte: ob an den Brief des Ältesten, ob an die neue Wohnung, oder ob er sich daran machen sollte, die Rechnungen durchzugehen? Er verlor sich in der Flut der Alltagssorgen und blieb immer noch liegen, wobei er sich von der einen Seite auf die andere kehrte.
Nur dann und wann waren spontane Ausrufe zu hören: »O mein Gott! Das Leben greift zu; überall packt es an.«
Unbekannt, wie lange er noch in dieser Unentschlossenheit verharrt hätte, allein – im Vorhaus wurde die Klingel gezogen.
»Schon jemand da!« sagte Oblomow und wickelte sich in seinen Chalat. Und immer noch liegen bleibend, blickte er neugierig nach der Tür.

Oblomow im Sänftchen

Just hegte er die Rauner aufgeaußent, als er auch utsch das Dessin zottelte, Wolle zu reißen, sich zu flattern, und wenn er seinen Plemp geschwächt hege, kiemig zu klären, dies und das zu raffinieren, Gfieber zu arretiern und nebbich herb den Glup auf die Meise zu schlämpen.
So rabatzt' er ebber ein kauzes Schneckchen, zwickte sich mit diesem Sums, kasperte no pa, daß er dies hakkel auch nach dem Plemp feilen tarre; den Plemp wähne er pa, wie merwig, im Sänftchen picheln, um so rauher, als einen kenn nüms hebelt, auch im Stranzieren zu ticken.
Das pflanzte er no isch. Nach dem Plemp plautschte er sich in der Furzmolle auf und wächelte gfällig aufgstolfft; als er einen Rauner auf seine Schlorren bohlte, stob er mammesch an, das eine Holz zum Blauding außizfetzen, kätschte es aber pauli krick.
Oblomow hob an zu klären.
Doch schäfte er im Frost, was er tifteln tarrte: ob ein Flitt des Tofelsten, ob an die blanke Kasematte, zi ob er sich dazu rudeln tarrte, die Nollfiesel durchzuspannen? Er verrieb sich in der Au der Scheinsauren und heftete fest boppen, wobei er sich von der ecken Halben auf die wawre trillte.
Nor grandiger schäften pümpsige Jäbler zu lustern: »Oh mein Schmeiß! Das Heiß kappt; umadum krallt es zu.«
Tschi betucht, wie rah er noch in dieser Mauheit heftete, nebbich – in der Vorderwinde ward das Gepimpels gerampft.
»Utsch Pflaume köng!« raunzte Oblomow und trillte sich in seinen Flöhfang. Und dicki hauernd heftend, finsterte er schmissig zur Spring.

Schattenspiel

Ivan Vyskočil

Und glauben Sie, sein Schatten ist mit ihm in den Toreingang gegangen?
Daß er ihn hineingehen ließ?
Wissen Sie, wie das war?
Die kamen erst gar nicht bis zum Toreingang. Weil der Schatten, noch bevor sie den Toreingang erreichten, den Schatten einer jungen Dame umarmte, die ihnen gerade entgegenkam.
Und weil sein Schatten den Schatten der jungen Dame umarmt und küßt, kann der Schatten der jungen Dame nicht weitergehen, während die Dame, die es noch nicht gemerkt hat, weitergeht.
Aber da merkt sie auch, was die Schatten treiben, schaut sich um, sieht den Herrn, dem der Schatten gehört, der so unverschämt mit ihrem Schatten umgeht, diesen Herrn, wie er da ganz verlegen steht und abwechselnd die junge Dame und die schmusenden Schatten anschaut.
Die junge Dame kreischt und klebt dem Herrn eine...
Der Schatten der jungen Dame wehrt sich nicht?
Nein, der wehrt sich nicht, dem macht es sichtlich Spaß.

Aber die junge Dame, wie sie aufgekreischt und dem unglücklichen Herrn eine geklebt hatte, lockte die Aufmerksamkeit der Passanten auf dem gegenüberliegenden Bürgersteig.
Und weil die Schatten nicht aufhören, wirft sie sich dem Herrn in die Arme und küßt den verwirrten und hilflosen Herrn, der jetzt auch mitmacht, sie umarmen sich und küssen sich, dabei beobachten sie aus den Augenwinkeln ihre Schatten, damit sie mit ihnen übereinstimmen.

Schwärzegschwubb

Und holmen Sie, seine Schwärze schäft mit ihm ins Kuhfenster geströmt?
Daß sie ihn einerkönig krauten ätscht'?
Mackern Sie, wie das schäfte?
Die bauten eckst den Mondschein bis zum Springert.
Weil die Schwärze, noch vor sie ins Kuhfenster schaufelten, die Schwärze einer streichligen Krone umschlufte, die ihnen just brezeltanzte.
Und weil seine Schwärze die Schwärze der grünen Kürin umlangert und flippst, tarrt die Schwärze der jünglischen Scheu lau pfichtnaschen, während die Käferin, die es den Rauch gegneißt hegt, fiebrach rauchelt.
Aber da hat sie einen Kennersdorfer, was die Fichten feilen, spannt um, raunt den Geist, dem die Fichte ekkert, die so apfelkeß mit ihrer Schwärze umgampt, diesen Freier, wie er da hack mohrig stolfft und überbeutend die wutsche Muckel und die murfelnden Schwärzen anlinzt.
Die klitze Keife jäbelt und zimbelt dem Schnellpink ein... Die Schwärze der streichligen Krone zinkt lau die Küßnägel? Lametaleph, die putzt sich den Hebel, der pflanzt es linzig Lenz.
Aber die leichte Dille, wie sie aufgehallt und dem schattigen Geist eines gestiffelt hegte, trieb das Geglup der Vorbeischwanzenden auf dem Spurtroll auf der wawern Halben.
Und weil die Schwärzen den Rauch das Eck jatschten, schlämpt sie sich dem Schnellpink in die Schlufen und steckt dem verblafften und deckungslauen Geist, der kann auch mitbosselt, Schmätzer, sie umschlufen sich und schmerfen sich, dabei zinken sie aus den Scheinlingskünsten ihre Schwärzen, damit sie das Kockre wie sie arretieren.

Das erregt natürlich eine gewisse Empörung der Zuschauenden, aber das ist noch gar nichts gegen das, was die Schatten anrichten könnten, wenn man sie allein ließe. Und weiter?
Wenn sie genug haben, schmiegen sich die Schatten aneinander und gehen weg.
Der Herr und die junge Dame schmiegen sich auch aneinander und gehen mit den Schatten.
Was können sie sonst tun?
Klar. Was kann der Mensch sonst tun.
Sie gehen und beobachten ihre Schatten. Der Herr, das sieht man dem Schatten nicht an, entschuldigt sich bei der jungen Dame.
Die junge Dame nickt nur, ihr Schatten auch, dann bleiben die Schatten stehen, ihr Schatten greift in die Handtasche, holt ein Tüchlein heraus und wischt dem Herrn übers Gesicht.

Die junge Dame wischt dem Herrn folgsam das Rouge aus dem Gesicht. Dann versucht der Herr sich von der jungen Dame zu verabschieden. Aber es geht nicht. Neue Umarmungen und noch mehr Küsse.
Es wird dunkel, der Augenblick des Abschieds naht also schon, die Möglichkeit des Abschieds, aber die Laternen leuchten auf, und die Schatten sind noch immer da.
»Erwartet Sie jemand?« sagt er und hält die Hand so, daß man den Ring nicht sieht.
»Nein, niemand«, sagt sie. »Sind Sie verheiratet?«
»Verzeihen Sie, ich...wirklich...« sagt er.
»Ich nehme ein Taxi, erlauben Sie?« sagt er und winkt einem Taxi. Das Taxi bleibt stehen. Unter einer Laterne. Er hält die Tür, sie steigt ein und rutscht hinüber, um ihm Platz zu machen. Er steigt hinter ihr ein.

»Herr!« sagt der Taxifahrer und zeigt auf die Hausmauer, wo der Schatten des Herrn ist und zum Abschied winkt.
»Ach, pardon«, stammelt der Herr und klettert resigniert aus dem Wagen, stellt sich an die Wand und wirft einen winkenden Schatten.
Der Herr gibt sich einen Ruck und geht langsam da-

Das malocht nebbich einen masken Löwen der Zuluger, aber das schäft noch hack Vanille brezel das, was die Schwärzen pflanzen tarrten, wenn man sie Fliegen fangen ätschte. Und herber?
Wenn sie hohn hegen, knautschen sich die Fichten eck an den wawern und strömen end.
Der Schraffel und die klitze Rummi knautschen sich auch aneckawer und tanzen mit den Schwärzen.
Was tarrten sie wawers fetzen?
Kenn. Was tarrt der Geist wawers schuften.
Sie fliegen und hegen ihre Schwärzen im Rauner. Der Marrastl, das lurt man der Fichte lo Gigges lo Gagges an, macht Putz bei dem glandigen Wonnenberg.
Die mepse Quindipse bangt nur den Heiß, ihre Schwärze auch, no heften die Schwärzen stolffen, ihre Schwärze krallt in den Griffstopfer, rodelt ein Schneechen außerkünftig und fladert dem Henkel über die Larve.
Das buchte Pelzl plümst dem Kuttenhengst nachflieglerisch den roten Fritz aus dem Zifferblatt. Dann knobelt der Bolzenmeister von der schnepsen Tappelschicks blödezubürsten. Aber es zuckt blau. Blanke Umschlufungen und noch herbre Mürfe. Es stiebt rusplig, die Rege des Pleitepfichts baut schon an, die Feilbarkeit des Pleitepfichts, aber die Mondputzer fünken auf, und die Schwärzen schäften noch merwig kann.
»Erhammt Sie Pflaume?« schmust er und trillt alle Fünfe so, daß man den Fingerlich lau raunt. »Nobis, niko«, diebert sie. »Schäften Sie gekrönt?«
»Vermicheln Sie, ich...nebbich...«mauschelt er.
»Ich zupfe einen Maskenrutscher, müttern Sie?« brabbelt er und schreckent einen Stupfrädling. Der Pumproller heftet. Unter einem Nachtschein. Er angelt die Winde, sie stappelt ein und glitscht überkenntlich, um ihm Stand zu faseln. Er stappelt achter ihr ein.
»Geist!« schmettert der Hockschockler und zinkt auf die Klitschenkaum, wo die Schwärze des Geists schäft und zum Abschockel zinkt.
»Äch, nebbich«, preppelt der Geist und hutscht mit gängelnder Schibbe aus dem Rutscher, stolfft sich an die Kaum und bohlt eine zinkende Schwärze.
Der Geist sticht sich einen Stesser und strammt zierlich

von, denn sein Schatten geht weg, aber er geht nicht nach Hause, weil ihn sein Schatten gar nicht nach Hause läßt.
Er schleppt ihn noch in eine Bar mit einer Zigeunerkapelle, und dort trinken sie.
Der Schatten, der sich hinter dem Stuhl an der Wand eingenistet hat, gießt ein und trinkt, und der Mann hat kein Geld für eine so große Zeche, läßt alles dort, was er hat, auch seine Uhr, und will nach Hause gehen.

Sie kennen doch die Sehnsucht nach zu Hause, die man manchmal im Schwips hat, aber sein Schatten rührt sich nicht vom Fleck.
Er fällt unter den Tisch, die Kellner und der Portier sehen das, der Schatten unter dem Tisch, aber dem Mann ist es egal, er will nach Hause und wankt zum Ausgang.
»Wohin denn, mein Herr, wohin?« fragen der Ober und der Portier.
»Sie haben Ihren Schatten unter dem Tisch, nehmen Sie ihn bitte mit, uns können Sie so was nicht hier lassen, wir sind ein anständiges Haus.«
Er versucht also, seinen Schatten aufzuheben und mitzunehmen, aber heben Sie mal einen Schatten auf!

Es bleibt ihm also nichts anderes übrig, als sich unter dem Druck der Kellner und des Portiers unter den Tisch zu legen, zu seinem Schatten, so als würde er ihn werfen.
Das ist natürlich ebenfalls unzulässig in einem anständigen Haus.
Hier weiß man sich schon zu helfen mit Gästen, die so unter dem Tisch herumliegen und dabei ihren Schatten werfen.
Sie rufen das Überfallkommando, und das Überfallkommando führt den Herrn samt dem Schatten ab.
Der benimmt sich erstaunlich ruhig und läßt sich abführen wie ein normal geworfener Schatten.
Einen anständigen Menschen so ins Unglück bringen.

schiebers, denn seine Schwärze fliegt end, aber er rauchelt lau in die Chöre, weil ihn seine Schwärze nebbich lau beibeiß beißen ätscht.
Sie kätscht ihn noch in eine Nordlichtschwäche mit Schwarzreiterwinslern, und könig schickern sie.
Die Schwärze, die sich achter dem Knacker an der Kaum hingenippt hegt, teißt ein und büßt, und der Geist hegt keinen Qualm für einen so wütenden Zottel, ätscht hackel kenn, was er hegt, auch seine Zwiebel, und wähnt in die Winde schaufeln.
Sie mackern doch das Gekammer nach dem Kastel, das man kronig in der Säure hegt, aber seine Schwärze maulecht den ühl vom Tann.
Er plotzt unter den Vierling, die Schwenker und der Schränker brillen das, die Schwärze unter dem Knakker, aber dem Geist schäft es just, er wähnt in die Kippe und strandelt zur Fall.
»Karik, mein Adoni, karik?« putschen der Tiefling und der Klitscher.
»Sie hegen Ihre Schwärze unter dem Wohlleber, flettern Sie sie bensche mit, amen tarren Sie so ebbes den Bleckerbleck hierless mucken, amen schäften ein grimmer Bau«. Er knobelt mammesch, seine Schwärze aufzurampfen und mitzuklampen, aber kätschen Sie eckwar eine Schwärze auf!
Es huckt ihm nebbich den Mondschein ebbes Waweres als sich unter dem Knautsch der Schenkierer und des Saugers unter den Flachling zu boppen, zu seiner Schwärze, so als würde er sie schlämpen.
Das schäft in der Ratschbahn auch verpompt in einer hunden Kusch.
Kann gneißt man sich fiedrich zu decken mit Wurzen, die so unter dem Dotscher rabatzen und dabei ihre Schwärze schlämpen.
Sie nampsen den Spitzkopfschockler, und der Säbelhutroller rodelt den Geist samt seiner Schwärze ab.
Die rauchelt herb kiemig und ätscht sich abrumpeln wie eine knall geschlämpte Schwärze.
Einen fitzen Nieselpriem so in den Schatten keckeln.

Deutschlandlied

Deutschland, Deutschland
über alles,
über alles in der Welt,
wenn es stets zu Schutz und Trutze
brüderlich zusammenhält,
von der Maas bis an die Memel,
von der Etsch bis an den Belt,
Deutschland, Deutschland
über alles,
über alles in der Welt.

Deutsche Frauen,
deutsche Treue,
deutscher Wein und deutscher Sang
sollen in der Welt behalten
ihren alten schönen Klang,
uns zu edler Tat begeistern
unser ganzes Leben lang.

Einigkeit und
Recht und Freiheit
für das deutsche Vaterland,
danach laßt uns alle streben
brüderlich mit Herz und Hand.
Einigkeit und Recht und Freiheit
sind des Glückes Unterpfand.
Blüh im Glanze deines Glückes,
blühe, deutsches Vaterland.

Sachsenhohn

Sachsolm, Sachsolm
über hackel,
über hackel in dem Zund,
wenn es alz voll Murr und Löwe
sepperisch zusammenstund,
von der Maas bis an die Memel,
von dem Belt bis an die Etsch,
Sachsolm, Sachsolm
über hackel,
über hack in dem Gequetsch.

Sachsmatratzen,
Sachsenlatzheit,
Sachsenplemp und -höhnerei
tarren in dem Zund behegen
ihre zuckre Klingelei,
uns zu grimmer Maß beruachen
unser hackel Heißchen mei.

Gleichering und
Din und Fremdheit
für den Sachsen-Altlatzolm,
dafür müttert amen quitschen
sepperisch mit Harm und Holm.
Gleichering und Din und Fremdheit
sind des Torkels Maskenstich.
Blüh im Blanke deines Torkels,
blühe, Altlatzolm, blüh gich.

Der Gott, der Eisen wachsen ließ

Der Gott, der Eisen wachsen ließ,
der wollte keine Knechte,
drum gab er Säbel, Schwert und Spieß
dem Mann in seine Rechte.
Drum gab er ihm den kühnen Mut,
den Zorn der freien Rede,
daß er bestände bis aufs Blut,
bis in den Tod die Fehde.

So wollen wir, was Gott gewollt,
mit rechter Treue halten
und nimmer im Tyrannensold
die Menschenschädel spalten.
Doch wer für Tand und Schande ficht,
den hauen wir zu Scherben,
der soll im deutschen Lande nicht
mit deutschen Männern erben.

Laßt wehen, was nur wehen kann,
Standarten wehn und Fahnen!
Wir wollen heut uns Mann für Mann
zum Heldentode mahnen:
Auf! fliege, stolzes Siegspanier,
voran den kühnen Reihen!
Wir siegen oder sterben hier
den süßen Tod der Freien.

Der Schmeiß, der Rostling gaudeln dreht'

Der Schmeiß, der Rostling gaudeln dreht',
der wähnt Vanille Riffel,
drum stört' er Schwinge und Stilett
dem Geiste in den Griffel.
Drum stach er ihm den Zeckenputz,
den Protz der fremden Quiste,
daß er bestölff bis auf den Schmutz,
bis auf das Eck 's Gebrüste.

Wir wähnen, was der Schmeiß gewähnt,
mit Lampenfreiheit hegen
und herber lau im Sensensplent
die Geisterrüben pecken.
Doch wer für Ramsch und Busche pott',
den wuschen wir zu Knacken,
der tarrt im Sachsenolme not
mit Sachsenhenkeln packen.

Ätscht püffen, was nur püffen tarrt,
ätscht Wisch' und Windeln flattern.
Wir, Knasterbart um Knasterbart,
wolln uns zum Krachen rattern:
Auf! flügle, kesser Hadellapp,
voran den aschen Hemden!
Wir quocken oder stieben ab
ums schuggre Eck der Fremden.

Lützows verwegene Jagd

*Was glänzt dort vom Walde
im Sonnenschein?
Hör's näher und näher brausen.
Es zieht sich herunter in düsteren Reihn,
und gellende Hörner schallen darein
und erfüllen die Seele mit Grausen.
Und wenn ihr die schwarzen Gesellen fragt:
Das ist Lützows wilde, verwegene Jagd.*

*Was zieht dort rasch
durch den finsteren Wald
und streift von Bergen zu Bergen?
Es legt sich in nächtlichen Hinterhalt;
das ›Hurra‹ jauchzt, und die Büchse knallt,
es fallen die fränkischen Schergen.
Und wenn ihr die schwarzen Jäger fragt:
Das ist Lützows wilde, verwegene Jagd.*

*Was braust dort im Tale
die laute Schlacht?
Was schlagen die Schwerter zusammen?
Wildherzige Reiter schlagen die Schlacht,
und der Funke der Freiheit ist glühend erwacht
und lodert in blutigen Flammen.
Und wenn ihr die schwarzen Reiter fragt:
Das ist Lützows wilde, verwegene Jagd.*

*Wer scheidet dort röchelnd
vom Sonnenlicht,
unter winselnde Feinde gebettet?
Es zuckt der Tod auf dem Angesicht,
doch die wackern Herzen erzittern nicht:
das Vaterland ist ja gerettet.
Und von Enkeln zu Enkeln sei's nachgesagt:
das war Lützows wilde, verwegene Jagd.*

Lützows wurzende Sprausßknallerei

Was blankt dort vom Knacker
im Klärchenschein?
Gefälliger schmäh ich es gausen.
's walzt aberkönig in kohlischen Reihn,
und jäbelnde Rüssel lullern darein
und bohlen das Geistwerk in Pausen.
Und putscht ihr die rusplige Scholemachei:
Das ist Lützows wurzende Sprausßknallerei.

Was walzt dort hui
durch den schocheren Sprauß
und schiebt von Harren zu Harren?
Es krautet in die Schwärze hinaus,
das ›Kunde‹ rinnt, die Wachskerze raus,
daß die Fränkischen flattern tarren.
Und putscht ihr die Gnurkhutscher-Scholemachei:
Das ist Lützows wurzende Sprausßknallerei.

Was kratscht in der Lacke
das Schreckstein-Geguff?
Was wuschen die Michel und Dolmen?
Kartoffler verpumpjacken das Gemuff,
's funkt auf das Kikeriki der Luft
und förfert den rötelnden Olmen.
Und putscht ihr die Trampeltier-Scholemachei:
Das ist Lützows wurzende Sprausßknallerei.

Wer schaufelt dort jalend
vom Schlunzenlicht,
unter eichende Nöckel gestreckt?
Es plattfußt der Sensenmann dämmelnd im Gühl,
doch die grandigen Härm ratschewawern den ühl:
der Altlatzschund schäft ja gedeckt.
Und von Stoffel zu Stoffel geschmettert sei:
das war Lützows wurzende Sprausßknallerei.

Die Loreley

Ich weiß nicht, was soll es bedeuten,
daß ich so traurig bin;
ein Märchen aus uralten Zeiten,
das kommt mir nicht aus dem Sinn.

Die Luft ist kühl und es dunkelt,
und ruhig fließt der Rhein;
der Gipfel des Berges funkelt
im Abendsonnenschein.

Die schönste Jungfrau sitzet
dort oben wunderbar;
ihr goldnes Geschmeide blitzet,
sie kämmt ihr goldenes Haar.

Sie kämmt es mit goldenem Kamme
und singt ein Lied dabei;
das hat eine wundersame,
gewaltige Melodei.

Den Schiffer im kleinen Schiffe
ergreift es mit wildem Weh;
er schaut nicht die Felsenriffe,
er schaut nur hinauf in die Höh.

Ich glaube, die Wellen verschlingen
am Ende Schiffer und Kahn;
und das hat mit ihrem Singen
die Loreley getan.

Die Loreley

Ich gneiß nicht, was tarrt es bedeften,
daß ich so bittselig schäft;
ein Meischen aus toflischem Tempo,
das rauchelt mir lau aus dem Heft.

Die Bläse ist bibbrisch, 's wird rusplig,
der Große floßt kiemig und reck;
der Mauschel der Steinfalle förfert
im Killeklärchenbleck.

Der zuckernste Wonnenberg hauert
he oben nebbich traut;
ihre fuchsenen Schlanglinge blanken,
sie strillicht ihr fuchsenes Kraut.

Sie filzt es mit fuchsenem Rechen
und winselt ein Schierlach dabei;
das hegt eine gar fixfaxge,
murrige Höhnerei.

Den Grätlingskaffer im Plemphans,
den krallt es mit wütendem Zwick;
er linzt auf die Plotzer den Mondschein,
er raunt auf die Steinfalle krick.

Ich macker, der Gansplempel wickelt
am Eck noch Knudel und Kahn;
und das hegt mit ihrem Schauern
die Loreley betan.

Gretchens Gebet

Ach neige,
Du Schmerzenreiche,
Dein Antlitz gnädig meiner Not!

Das Schwert im Herzen,
mit tausend Schmerzen
blickst auf zu deines Sohnes Tod.

Zum Vater blickst du
und Seufzer schickst du
hinauf um sein und deine Not.
Wer fühlet,
wie wühlet
der Schmerz mir im Gebein?

Was mein armes Herz hier banget,
was es zittert, was verlanget,
weißt nur du, nur du allein!

Wohin ich immer gehe,
wie weh, wie weh, wie wehe
wird mir im Busen hier!

Ich bin, ach! kaum alleine,
ich wein, ich wein, ich weine,
das Herz zerbricht in mir.

Die Scherben vor meinem Fenster
betaut ich mit Tränen, ach!
als ich am frühen Morgen
dir diese Blumen brach.

Schien hell in meine Kammer
die Sonne früh herauf,
saß ich in meinem Jammer
in meinem Bett schon auf.

Hilf! rette mich von Schmach und Tod!
Ach neige,
Du Schmerzenreiche,
Dein Antlitz gnädig meiner Not!

Gretchens Paternoll

Ach bange,
Du Schattenweiße,
Dein' Klärling lenzig meiner Zore!

Im Harm den Rost,
in grimmem Frost
lugst auf zu deines Streichs Kappore.

Zum Tate türst du
und Äche schürst du
hinauf um sein und deine Zore.
Wer gneißet,
wie reißet
der Wahn mir im Gekrach?

Was mein schwarzes Harm hier graut,
was es strandelt, was es rauht,
mackerst du nur, du nur ach!

Wohin ich merwig wetz,
voll Fetz, voll Fetz, voll Fetz
stiebt mir das Gleißgeschirr!

Ich schäft fast lau alleine,
ich stein, ich stein, ich steine,
das Harm zerkauert mir.

Die Fündchen vor meinem Scheibling
beplierte ich mit Tippen,
als ich im Zefir tarrte
dir diese Luludis stippen.

Fünkt' licht in meine Hitze
das Lieserl am Zefir gich,
spießt ich in kohler Fitze
im Sänftchen flösserlich.

Reiß Planken mir vor der Kappore!
Ach bange,
Du Schattenweiße,
Dein' Klärling lenzig meiner Zore!

Die Hemmung

Sieh, es grünt an allen Ecken
und auf allen Länderein,
und es tummeln sich die Gecken
in des Frühlings Sonnenschein!

Nachtigallen singen, flöten –
Lerchen steigen jubelnd auf –
doch die Frösche und die Kröten
hemmen der Begeistrung Lauf!

Frühling läßt sein blaues Band

Frühling läßt sein blaues Band
wieder flattern durch die Lüfte;
süße, wohlbekannte Düfte
streifen ahnungsvoll das Land.
Veilchen träumen schon,
wollen balde kommen.
– Horch, von fern ein leiser Harfenton!
Frühling, ja du bists!
Dich hab ich vernommen!

Der Hebel

Brill, es jerkt an hackeln Künzen
und auf jedem Grünspreitfleck,
und es aalen sich die Blünzen
in des Duftmanns Schlunzenbleck!

Schwärzeschaurer höhnen, vogeln –
Trillerln stapeln auf zur Somm –
doch die Quaker und die Frecker
hebeln herb des Geistwerks Strom!

Duftmann ätscht sein blohen Hut

Duftmann ätscht sein' blohen Hut
wieder flügeln durch die Püffe;
zuckre, duftbegneißte Müffe
seichten baumbeölt die Glut.
Vjolkes holmen risch,
wähnen anbau sein.
– Lug, von lenz ein klitzer Fiddelkisch!
Duftmann, kenn du schäfsts!
Dich tarrt ich verschmein!

Stille Nacht, heilige Nacht

Stille Nacht, heilige Nacht,
alles schläft, einsam wacht
nur das traute, hochheilige Paar.
Holder Knabe im lockigen Haar,
schlaf in himmlischer Ruh,
schlaf in himmlischer Ruh.

Stille Nacht, heilige Nacht,
Hirten erst kundgemacht,
durch der Engel Halleluja
tönt es laut von fern und nah:
Christ der Retter ist da,
Christ der Retter ist da.

Stille Nacht, heilige Nacht,
Gottes Sohn, oh wie lacht
Lieb aus deinem göttlichen Mund,
da uns schlägt die rettende Stund
Christ in deiner Geburt,
Christ in deiner Geburt.

Sticke Ficht, kauzische Ficht

Sticke Ficht, kauzische Ficht,
hackel lullt, eckern sticht
nor das dufte kulmkauzische Alm.
Fitzer Streichling im trilligen Halm,
pfeif in mauschligem Kiem,
pfeif in mauschligem Kiem.

Sticke Ficht, kauzische Ficht,
Rauhe erst Zünd malicht,
durch der Flüglinge Jaulgezeck
kischkescht's lenz und gich ums Eck:
Joisl der Nespergeist schäfts,
Joisl der Nespergeist schäfts.

Sticke Ficht, kauzische Ficht,
Funkes Streich, oh wie micht
Lenz aus deinem gurrischen Gill,
könig wuscht die deckende Ill
Joisl in deinem Gewinn,
Joisl in deinem Gewinn.

Wer hat die schönsten Schäfchen

Wer hat die schönsten Schäfchen?
Die hat der goldne Mond,
der hinter unsern Bäumen
am Himmel droben wohnt.

Er kommt am späten Abend,
wenn alles schlafen will,
hervor aus seinem Hause
am Himmel leis und still.

Dann weidet er die Schäfchen
auf seiner blauen Flur;
denn all die weißen Sterne
sind seine Schäfchen nur.

Schlafe, mein Prinzchen, schlaf ein

Schlafe, mein Prinzchen, es ruhn
Schäfchen und Vögelchen nun,
Garten und Wiese verstummt,
auch nicht ein Bienchen mehr summt.
Luna mit silbernem Schein
gucket zum Fenster herein.
Schlafe beim silbernen Schein!
Schlafe, mein Prinzchen,
schlaf ein.

Wer ist beglückter als du?
Nichts als Vergnügen und Ruh!
Spielwerk und Zucker vollauf,
und noch Karossen im Lauf;
alles besorgt und bereit,
daß nur mein Prinzchen nicht schreit.
Was wird da künftig erst sein?
Schlafe, mein Prinzchen,
schlaf ein.

Wer hegt die düftsten Wollsäck

Wer hegt die düftsten Wollsäck?
Die hegt das fuchsne Licht,
das achter unserm Höhling
am Blauspreit droben pficht.

Es baut an irter Kille,
wenn hack ins Sänftchen gein,
araus aus seiner Winde
am Dröbern stick und schein.

No rodelt es die Kühnstöck
auf seine blohen Fläch;
denn kohl die lohen Glänzer
sind seine Hüpferlech.

Türme, mein Tröppchen, türm ein

Türme, mein Tröppchen, 's sind itzt
Bählert und Flättrer verblitzt,
Ringhart und Grünweher stupp,
's brümmelt kein Ottchen arup.
D' Lampe mit Eisbärenbleck
finstert beim Scheibling ums Eck.
Türme beim Eisbärenbleck!
Türme, mein Tröpplein,
türm ein.

Wem torkelts derber als dir?
Mondschein als Lenz und Pläsier!
Schwubbwarg und Süßlehmerei,
rodelnde Schockler dabei;
hackel gefetzt und getrallt,
daß nur mein Tröppchen nicht hallt.
Wie wirds im Wirdsein erst gein?
Türme, mein Tröpplein,
türm ein.

Von dem Hahn, der Papst werden wollte

Ein sizilianisches Märchen

Es fiel einmal dem Hahn ein, er wolle nach Rom gehen und sich zum Papst wählen lassen. Da machte er sich auf den Weg. Auf seiner Reise fand er einen Brief, den nahm er mit.
Da begegnete ihm die Henne und fragte: »Herr Hahn, wohin geht Ihr?«
»Ich gehe nach Rom und will Papst werden.«
»Wollt Ihr mich mitnehmen?« fragte sie.
»Zuerst muß ich in meinem Brief nachsehen«, sprach der Hahn und schaute in den Brief hinein. »Nun, komm nur mit, wenn ich Papst werde, so kannst du Frau Päpstin sein.«
Da gingen Herr Hahn und Frau Henne weiter, und es begegnete ihnen eine Katze, die sprach: »Herr Hahn und Frau Henne, wohin geht Ihr?«
»Wir gehen nach Rom und wollen Papst und Päpstin werden.« »Wollt Ihr mich mitnehmen?«
»Warte, bis ich in meinem Brief nachgesehen habe«, sprach der Hahn und schaute in den Brief. »Nun, komm nur mit, du kannst unsere Kammerjungfrau sein.«
Über ein Weilchen begegnete ihnen ein Marder und der fragte sie: »Wohin geht Ihr, Herr Hahn, Frau Henne und Frau Katze?«
»Wir gehen nach Rom, dort will ich Papst werden«, antwortete der Hahn.
»Wollt Ihr mich mitnehmen?«
»Warte, bis ich in meinem Brief nachgesehen habe.«
Als der Hahn nun in den Brief geschaut hatte, sprach er: »Nun, komm nur mit.«
So wanderten denn die vier Tiere zusammen weiter auf dem Weg nach Rom. Als es dunkel wurde, kamen sie an ein Häuschen, darin wohnte eine alte Hexe, sie war aber eben ausgegangen.

Von dem Rotmeister, der Hirk werden wähnte

Es tickte eckwahr der Rotmeister, er wähne in die Lippelvill steigen und sich zum Hirk ausklauben ätschen. No maß er die Landstraße. Auf seinem Troll jatschte er ein Kassiberl, das grabschte er.
Da tanzte ihm die Rotmeisterin dwars und scholte: »Korporal, karik strömt Ihr?« »Ich ströme in die himmlige Fiedel und wähn Hirk werden.«
»Wähnt Ihr mich mitflettern?« scholte sie.
»Zeckst tarr ich in meiner Fleppe nachglupen«, spritzte der Korporal und finsterte in die Fledermaus eini. »Kann, bau nor mit, wenn ich Hirk schäft, to tarrst du Hirkin schäften«.
No schwanzten Prinz Stür und Jück Stürin pritz, und sie spannten ein Zwackohr, das schranzte: »Hoh Flugert und Mick Stenzling, karik stiebt Ihr?«
»Wir stieben in die Merwige Külm und wähnen Hirk und Hirkin werden. Tarrt Ihr mich mitzupfen?«
»Hamm, bis ich in meinem Kritzler nachgeraunt hege«, parlte der Tarnegaul und linzte in die Plügge. He, bau nor mit, du tarrst unsre Trawallerin sein.«
Nach kauzem karabinerte ein Kraller daher und scholte sie: »Karik schlorrt Ihr, Sens Gewer, Senn Gewerin und Senn Schnurrer?«
»Wir tiegern in d' Mauschelwill, odaj wähn ich Hirk werden«, protzte der Göger.
»Wähnt Ihr mich mitgrippiern?«
»Hamm, bis ich in meiner Fieberei nachgepeilt hege.«
Als der Stier no in den Liel gestiert hegte, gackelte er: »Nina, bau mit.«
So schoben no die quatter Grimmer ratz Kommando auf dem Troll in den Steinhaufen. Als es black wurd, torkelten sie auf ein Gehege, darin heißte eine Fünkelschicks, sie war pa just gekrautet.

Also suchte sich jedes Tier nach Behagen einen Platz aus. Der Marder setzte sich in einen Schrank, die Katze auf den Herd in die warme Asche, und der Hahn und die Henne flogen auf den Türbalken hinauf. Als nun die alte Hexe nach Hause kam, wollte sie aus dem Schrank ein Licht holen, da fuhr ihr der Marder mit seinem Schwanz ins Gesicht.

Da wollte sie das Licht anzünden und ging an den Herd. Weil sie aber die leuchtenden Augen der Katze für Kohlen ansah, so wollte sie ihr Schwefelholz daran anzünden, und fuhr der Katze in die Augen. Die Katze aber fuhr ihr ins Gesicht und zerkratzte sie jämmerlich. Als der Hahn all den Lärm hörte, fing er laut an zu krähen. Da merkte die Hexe, daß es keine Geister seien, sondern unschuldige Haustiere, nahm einen Stock und jagte sie alle vier zum Hause hinaus.

Die Katze und der Marder hatten nun keine Lust mehr, weiterzuwandern, der Hahn und die Henne aber setzten ihren Weg fort.
Da sie nun nach Rom kamen, gingen sie in eine offene Kirche hinein, und der Hahn sprach zum Sakristan:
»Lasset alle Glocken läuten, denn ich will jetzt Papst werden.«
»Gut«, antwortete der Sakristan, »das kann geschehen, kommt nur hier herein.«
Da führte er den Hahn und die Henne in die Sakristei, machte die Tür zu und fing sie beide. Als er sie gefangen hatte, drehte er ihnen den Hals um und steckte sie in den Kochtopf.
Dann lud er seine Freunde ein und sie verzehrten voll Freuden den Herrn Hahn und die Frau Henne.

Derimech stutterte sich hack Grimmer nach Lenz ein Pintel. Der Stänker plautschte sich in einen Hansel, der Rauhbart auf die Plutze in die witze Melme, und der Schreier und der Legerling flügelten auf die Windenruh auffi. Als no die tofle Funkel in die Winde sockte, wähnte sie aus dem Schränkert einen Hochschein keckeln, no rumpelte ihr der Schederer mit seinem Buschen ins Mätzeponim.
No wähnte sie das Schanderl anförfern und halchte zum Funk-Emess. Weil sie pa die flunkernden Scheulinge des Schmalfußes für Kacheln antürte, so wähnte sie ihr Spreißlein daran ansärfen, und rodelte der Murke in die Scheine. Das Mauserl aber gampte ihr in den Fritzen und zerkäutete sie kochig. Als der Basno den Umschlag lugte, stob er murrig an zu kracken. No mackerte die Tschopachani, daß es den Uhl Schuberln schäften, alle unruppige Beißgrimmer, kappte einen Stenz und verlampte sie hack quatter zur Kante aussi. Die Ginkel und das Gelbkehlchen hegten hitsch tschi Lenz, endzusanksen, der Flucker und das Stenzel pa spurten pritz.
Als sie no in die Kille bauten, rauchelten sie in eine hospere Düfte entrisch, und der Rotmeister schmetterte zum Geistkeschaller: »Kettelt hack Kischkesche, denn ich wähn in der Rege Kauzischer Altlatz werden.« »Kenn«, schmuste der Sankteswöler, »das tarrt stieben, baut nor hierless einer.«
No rodelte er den Flunker und die Flunkerin ins Fuchskastel, arretierte die Winde zu und krampfte die zwis. Als er sie geklappt hegte, drallte er ihnen die Sängerhalle um und pflanzte sie in den Ohrmann.
No jubelte er seine Lätze und sie spachtelten moll Gische Mistkratzer und Mistkratzerin.

Die Frohe Botschaft
von unserm Meister und
Gebieter, dem Herrn Jesus,
wie er geboren wurde,
predigte und
Wunder wirkte,
wie er mit seinen Jüngern
zu Abend aß,
auf den Ölberg ging
und verhaftet wurde,
wie er verspottet, vor den
Hohen Rat geführt,
verurteilt, gekreuzigt
und begraben wird,
wie er aufersteht von den
Toten, wie er zwei Jüngern
auf dem Weg nach
Emmaus erscheint,
wie Thomas an ihm zweifelt,
und wie er zu Bethanien
in den Himmel auffährt.

Der Torklige Zünd
von unserm Sechszöller
und Hoh, dem Adoni Joisl,
wie er gewonnen wurde,
projampelte und
Durchstechereien pflanzte,
wie er mit seinen Füßlern
zur Kille klemmte,
auf den Schemenharr schob
und verschütt ging,
wie er verhäkelt, vor die
Kulme Senserei gerumpelt,
verblitzt, gekritzt
und verräumt wird,
wie er Leinen reißt von den
Gflatterten, wie er sich zwis
Kadetten auf dem Troll
nach Emmaus zinkt,
wie Thomas arumjabbert,
und wie er zu Bethanien
in den Öbern halcht.

Die Geburt Jesu

Lk 2 1-20

Es begab sich aber zu der zeit / Das ein Gebot von dem Keiser Augusto ausgieng / Das alle Welt geschetzt würde. Vnd diese Schatzung war die allererste / vnd geschach zur zeit / da Kyrenius Landpfleger in Syrien war. Vnd jederman gieng / das er sich schetzen liesse / ein jglicher in seine Stad.
Da machet sich auff auch Joseph / aus Galilea / aus der stad Nazareth / in das Jüdischeland / zur stad Dauid / die da heisst Bethlehem / Darumb das er von dem Hause vnd geschlechte Dauid war / Auff das er sich schetzen liesse mit Maria seinem vertraweten Weibe / die war schwanger.
Vnd als sie daselbst waren / kam die zeit / das sie geberen solte. Vnd sie gebar jren ersten Son / vnd wickelt jn in Windeln / vnd leget jn in eine Krippen / Denn sie hatten sonst keinen raum in der Herberge.

Vnd es waren Hirten in der selbigen gegend auff dem felde / bey den Hürten / die hüteten des nachts jrer Herde. Vnd sihe / des HERRN Engel trat zu jnen / vnd die Klarheit des HERRN leuchtet vmb sie / Vnd sie furchten sich seer.

Vnd der Engel sprach zu jnen. Fürchtet Euch Nicht / Sihe / Ich Verkündige Euch Grosse Freude / Die Allem Volck Widerfaren Wird / Denn Euch Ist Heute Der Heiland Gebörn / Welcher Ist Christus Der Herr / in der stad Dauid. Vnd das habt zum Zeichen / Jr werdet finden das Kind in windeln gewickelt / vnd

Die Gewinnung des Joisl

Lk 2 1-20

Es schäfte aber, in jenen Scheinen stieg ein Gasser vom Finken Augustus, daß der kohle Schund aufgehauen werde. Und dies Gegriffel war das alfste und bahnte, als Kyrenius Oberspitzkopf von Syrien hurte.
Und hack krautete, daß er sich aufzinkern muckte, kohl in seinem Steinhaufen.

No strömt isch Josef aus Galiläa, aus dem Külm Nazareth, aufferkönig ins Keimische zum Mokum Davids, das Bethlehem schemmt, weil er aus Chöre und Stammerling Davids schaffte, daß er sich auffackeln mucke mit Maria, seinem Krönlein, die ein Schrätzchen in der Schublade keckelte.
Und als sie kann hefteten, baute der Schein, da sie gewinnen tarrte. Und sie gewann ihren Gleißbutzel, den Mauschelgegojten, und sielt ihn in Flocken und nippt ihn in eine Rauschertreu, denn der Heilige Vater hegte kein Sänftchen im Stall.
Und den Mondenschein lenz huckten Lullkaffer auf dem Grünspreit und hegten Fichtenschimmer bei ihren Spitzfüßeln. Und raune, ein Treppenterrier des Hohs schob zu ihnen, und der Fünkling des Prinzen umblankt sie, und sie hegten mohrigen Schreckstein.
Und der Zinkenstecher schmust zu ihnen: Hegt keine Federn. Spanne, ich schmettre euch grandigen Torkel, an dem der Hackmack Kippe hegen wird. Denn euch schafft hajom der Funke gewonnen, der bahnt der geschmunkte Adoni, in der Vill Davids.
Und dies hegt zum Zinken: ihr werdet türen ein Streichlein in Schnee-

in einer Krippen ligen. Vnd als bald ward da bey dem Engel die menge der himelischen Herrscharen / die lobten Gott / vnd sprachen / EHRE SEY GOTT IN DER HÖHE / VND FRIEDE AUFF ERDEN / VND DEN MENSCHEN EIN WOLGEFALLEN.

Vnd da die Engel von jnen gen Himel furen / sprachen die Hirten vnternander / Lasst vns nu gehen gen Bethlehem / vnd die Geschicht sehen / die da geschehen ist / die vns der HERR kund gethan hat.
Vnd sie kamen eilend / vnd funden beide Mariam vnd Joseph / dazu das Kind in der krippen ligen.
Da sie es aber gesehen hatten / breiteten sie das wort aus / welchs zu jnen von diesem Kind gesagt war.
Vnd alle / fur die es kam / wunderten sich der Rede / die jnen die Hirten gesagt hatten. Maria aber behielt alle diese wort / vnd beweget sie in jrem hertzen.
Vnd die Hirten kereten widerumb / preiseten vnd lobten Gott vmb alles / das sie gehöret vnd gesehen hatten / wie denn zu jnen gesagt war.

Der Zwölfjährige im Tempel

Lk 2^{41-52}

Vnd seine Eltern giengen alle jar gen Jerusalem / auff das Osterfest. Vnd da er zwelff jar alt war / giengen sie hin auff gen Jerusalem / nach gewonheit des Festes. Vnd da die tage volendet waren / vnd sie wider zu hause giengen / bleib das kind Jhesus zu Jerusalem / vnd seine Eltern wustens nicht.

chen geklüftet und in einem Steigerl boppen. Und pumps war bei dem Schleich ein wütender polopischer Prassel, der zum Gurren lippelte und züngelte: NAGEL DEM HOH IN DER KÜLME, UND KIEM AUF DEM SCHUND, UND DEN GEISTERN EIN DUFTES WÄHNEN.

Und als die Balderln von ihnen in den Balloch stoben, flickten die Porrer ihopri: Socken wir nach Bethlehem überkenntlich und raunen, was da gepflanzt schäft, was der Hoh uns geschranzt hegt.
Und sie ratzten hin und jatschten Maria und Josef und das Streichlein, das im Heuhansel boppte.
Als sie es no gelinzt hegten, jubelten sie, was ihnen über dieses Schrätzchen geschmettert worden war. Und hack, die es lusterten, hegten Lampen, was ihnen von den Porrern gewüttelt wurde. Maria no verräumte kohl die Dieber in ihrem Harm.
Und die Lullkaffer schwanzten krick und nuckten dem Grandigen für hack, was sie gefunden und geholt hegten, wie es ihnen geschmust worden war.

Der Schoppenpfünder in der Tiftel

Lk 2^{41-52}

Und seine Altrischen sockten hack Jamm in d' Mauschelvill zu den kronigen Scheinen. Und als er ein Schoppen schäfte, stiegen sie in die Kille wie tomed an diesem Lotterschein. Als die Strammen schürig schäften und sie krick in d' Klitsch trollten, heftete das Streichlein Joisl im Steinhaufen, und seine Diebeln gneißten den Mondschein.

Sie meineten aber / er were vnter den Geferten / vnd kamen eine tagereise / vnd suchten jn vnter den Gefreundeten vnd Bekandten.
Vnd da sie jn nicht funden / giengen sie widerumb gen Jerusalem / vnd suchten jn. Vnd es begab sich nach dreien tagen / funden sie jn im Tempel sitzen / mitten vnter den Lerern / das er jnen zuhörete / vnd sie fragete.
Vnd alle die jm zuhöreten / verwunderten sich seines verstands vnd seiner antwort. Vnd da sie jn sahen / entsatzten sie sich.

Vnd seine Mutter sprach zu jm / Mein son / warumb hastu vns das gethan? Sihe / dein Vater vnd Jch haben dich mit schmertzen gesucht.
Vnd er sprach zu jnen / Was ists / das jr mich gesucht habt? Wisset jr nicht / das ich sein mus in dem / das meines Vaters ist? Vnd sie verstunden das wort nicht / das er mit jnen redet.
Vnd er gieng mit jnen hin ab / vnd kam gen Nazareth / vnd war jnen vnterthan. Vnd seine Mutter behielt alle diese wort in jrem hertzen.
Vnd Jhesus nam zu / an weisheit / alter vnd gnade / bey Gott vnd den Menschen.

Sie holmten alle, er rauchle mit den Gäcken, und bauten einen Scheinschub, und klamüserten ihn unter den Lätzen und Mackern.
Und als sie den Rauch jatschten, zuckten sie krick in die Gabel und stutterten ihn. Und es huckte, nach trips Scheinen peilten sie ihn in der Düfte schemmen, masker den Grillenfränzen, wie er ihnen zulurte und sie putschte.
Und hack, die ihm zulugten, hegten Aufstoß von seinem Geistwerk und seiner Schippe. Und als sie ihn türten, hegten sie Mezucke.

Und seine Mame schmuste zu ihm: Streich, ma hegst du uns das gefetzt? Finstre, dein Tate und Me hegen dich mit Inne geschärscht.
Und er perlte zu ihnen: Woss sche iss? Ihr hegt mich gefilzt? Jent ihr lau, daß ich schäften tarr in der Chöre meines Tates? Und sie verlunschten den Uhl, was er ihnen flickte.
Und er strömte mit ihnen und baute in seine Feile und schomste ihnen. Und seine Mame heftete hack Zaspel in ihrem Harm. Und der Joisl stob grandiger an Helligkeit, Jämmen und Nägeln beim Hoh und den Geistern.

Die Hochzeit zu Kana

Joh 2^{1-11}

Vnd am dritten Tage ward eine Hochzeit zu Cana in Galilea / vnd die mutter Jhesu war da. Jhesus aber vnd seine Jünger wurden auch auff die Hochzeit geladen. Vnd da es an Wein gebrach / spricht die mutter Jhesu zu jm / Sie haben nicht wein. Jhesus spricht zu jr / Weib was habe ich mit dir zuschaffen? Meine stunde ist noch nicht komen.

Seine mutter spricht zu den Dienern / Was er euch saget das thut. Es waren aber alda sechs steinern Wasserkrüge gesetzt nach der weise der Jüdischen reinigung / vnd gieng in je einen / zwey oder drey Mas.

Jhesus spricht zu jnen / Füllet die Wasserkrüge mit wasser. Vnd sie fülleten sie bis oben an. Vnd er spricht zu jnen / Schepffet nu / vnd bringets dem Speisemeister. Vnd sie brachtens. Als aber der Speisemeister kostet den Wein / der wasser gewesen war / vnd wuste nicht von wannen er kam / die Diener aber wustens / die das Wasser geschepfft hatten / rüffet der Speisemeister dem Breutgam / vnd spricht zu jm / Jederman gibt zum ersten guten Wein / vnd wenn sie trunkken worden sind / als denn den geringern / Du hast den guten Wein bisher behalten.

Das ist das erste Zeichen das Jhesus thet / geschehen zu Cana in Galilea / vnd offenbarte seine Herrligkeit. Vnd seine Jünger gleubten an jn.

Die Krönerei zu Kana

Joh 2,1-11

Und am tripsten Schein schäfte eine Krönerei zu Kana in Galiläa, und die Mame des Joisl war könig.
Der Joisl no und seine Kadetten wurden isch auf den Brautlauf gebenscht. Und als beim Blankling Zappen ab war, schmust die Mokkel des Joisl zu ihm: sie hegen blauen Funkel. Der Joisl perlt zu ihr: Krone, was hege minz mit zinz zu schupfen. Meine Fitze schäft den Rauch gebaut.
Seine Mame quistet zu den Tieflingen: was merwig er euch perlt, das pflanzt. Es schäften aber könig fauf plotzige Plemphänsel aufgestolfft nach dem Tick der Koschrung der Schmuhlen; sie kappen je beiß bis kümmel Pfund.
Der Joisl perlt zu ihnen: Mollt die Erdmänner mit Quecksilber. Und sie malochten sie moll bis zur Oberkunft. Und er flickt zu ihnen: gluckt kahn und rudelts dem Mauschelfünkler. Sie rudelten es. Als aber der Mauschelfünkler den Blankling knobelt, der Flosser geschäftet war – und gneißte lau, woher er baute; die Tieflinge pa makkertens, die das Quecksilber gegluckt hegten – jäbelt der Schlunzlatz den Schöneck und plattet zu ihm: jeder Geist sticht zueckst den duften Judel und, wenn sie Säure in der Larve hegen, den schoflen. Du hegst den duften Funkel bis könig verräumt.
Das bahnt die alfste Meisterei, die der Prinz pflanzte, gebaut zu Kana in Galiläa, und zinkte seine Grandigkeit, und seine Lätze hegten Zutroj zu ihm.

Jesus wandelt übers Meer

Mt 14^{22-33}

Vnd als bald treib Jhesus seine Jünger / das sie in das Schiff tratten / vnd fur jm herüber füren / Bis er das Volck von sich liesse.
Vnd da er das Volck von sich gelassen hatte / steig er auff einen Berg alleine das er betet. Vnd am abend war er alleine daselbs.
Vnd das Schiff war schon mitten auff dem Meer vnd leid not von den Wellen / Denn der wind war jnen wider.
Aber in der vierden Nachtwache kam Jhesus zu jnen / vnd gieng auff dem Meer. Vnd da jn die Jünger sahen auff dem Meer gehen / erschracken sie / vnd sprachen / Es ist ein Gespenst / vnd schrien fur furcht. / Aber als bald redete Jhesus mit jnen / vnd sprach / Seid getrost / Jch bins / fürchtet euch nicht.

Petrus aber antwortet jm / vnd sprach / HERR bistu es / so heis mich zu dir komen auff dem Wasser. Vnd er sprach / Kom her. Vnd Petrus trat aus dem Schiff / vnd gieng auff dem Wasser / das er zu Jhesu keme. Er sahe aber einen starcken Wind / da erschrack er / vnd hub an zu sincken / schrey vnd sprach / HERR / hilff mir. Jhesus aber recket bald die Hand aus / vnd ergreiff jn / vnd sprach zu jm / O du Kleingleubiger / warumb zweiueltestu? Vnd sie tratten in das Schiff / vnd der Wind leget sich.
Die aber im Schiff waren / kamen vnd fielen fur jn nider / vnd sprachen / Du bist warlich Gottes son.

Der Joisl strömt übers Quecksilber

Mt 14^{22-33}

Und no drämmelte der Joisl die Kadetten, daß sie in das Plempkastel stapelten und ihm vorausreffelten, bis er die Geister verstumpfe. Und als er die Pläge verlampt hegte, stappelte er auf einen Harr, um zu liebeln. Und in der Schwärze heftete er mei könig.
Und das Plempkastel schäfte utsch masker auf der Flut und wird gezimbelt von den Inden, denn die Bläse püffte brezel.
Pa in der tollsten Schwarzspanne strömte der Joisl zu ihnen und spurte auf dem Tätscher. Und da ihn die Freier auf dem Quecksilber strömen stierten, plotzten sie in Schreckstein und brabbelten, es schäft ein Dersehnisch, und jäbelten vor Druck. Gich aber perlte der Joisl zu ihnen und truscht': Schäft betucht. Minz bins. Grault euch den Uhl.
Petrus pa brezelt ihm und schmetterte: Hoh, schäfst du es, so muck mich zu dir auf dem Plempel baun. Und er perlte: Bau. Und Petrus gampte aus der Fluttent und tanzte auf dem Flosser, daß er zum Joisl tiegre. Er mackerte pa eine murrige Bläse, da plotzte er in Mores und stob an einzutitschen, hallte und jabberte: Hoh, reiß Planken. Der Joisl he sticht ihm gich die Klammer hin, angelte ihn und platschierte zu ihm: O du Federnhändler, äch, ma hegst du gestrandelt? Und sie stapelten ins Movchen, und der Püffert stiebt ab. Die im Movchen aber bohlten vor ihm aberkönig und schmusten: Mammesch, du schäfst des Küres Streich.

Die wunderbare Brotvermehrung

Lk 9^{10-17}

Vnd die Apostel kamen wider / vnd erzeleten jm / wie gros ding sie gethan hatten. Vnd er nam sie zu sich / vnd entweich besonders in eine Wüsten bey der Stad / die da heisset Bethsaida. Da des das Volck innen ward / zog es jm nach. Vnd er lies sie zu sich / vnd saget jnen vom reich Gottes / vnd machte gesund / die es bedurfften. Aber der tag fieng an sich zu neigen.

Da tratten zu jm die Zwelffe / vnd sprachen zu jm / Las das Volck von dir / das sie hin gehen in die Merckte vmb her / vnd in die Dörffer / das sie Herberge vnd Speise finden / Denn wir sind hie in der wüsten. Er aber sprach zu jnen / Gebt jr jnen zu essen. Sie sprachen / Wir haben nicht mehr den fünff Brot / vnd zween Fisch. Es sey denn das wir hin gehen sollen / vnd Speise keuffen fur so gros Volck (denn es waren bey fünff tausent Man) Er sprach aber zu seinen Jüngern / Lasset sie sich setzen bey schichten / ja funffzig vnd funffzig. Vnd sie thaten also / vnd satzten sich alle. Da nam er die fünff Brot / vnd zween Fisch / vnd sahe auff gen Himmel / vnd dancket drüber / brach sie / vnd gab sie den Jüngern / das sie dem Volck furlegten. Vnd sie assen vnd wurden alle sat. Vnd wurden auffgehaben / das jnen vberbleib von Brocken / zwelff Körbe.

Die meschunnene Knackenkippe

Lk 9^{10-17}

Und die Füßler bauten krick und spannen ihm, welch Meisen sie gepflanzt hegten. Und er zupfte sie mit und versenkte sich in ein Tohuwabohu bei der Vill mit dem Zinken Bethsaida. Die Kundmänner aber gneißten es und schimmelten ihm nach. Und er stellte sie ein und perlte zu ihnen von der Glut des Troppen, und die Deckung tarrten, blankte er. Aber der Schein stob an sich zu bangen.
Da flog zu ihm das Schoppen und mammte zu ihm: Verlamp den Prassel, daß sie hinschieben in die paschen Pötte und Gehege, daß sie Heft und Haben jatschen; denn hitschen sind wir an verätschtem Tann. Er aber perlte zu ihnen: Dockt ihr ihnen zu weckeln. Sie brezelten: Wir hegen lau rauher als panx Knacken und zwis Flotscher. Zi tarren wir hinposten und Picke scherbeln für hack diesen Olm (denn es huckten an die panx Großnull Geister). Er perlte aber zu seinen Farbern: Muckt sie sich boppen in Prasseln zu Halbuhr und Halbuhr. Und sie arretierten so und plautschten sich kohl. No faßte er die hai Stöcke und die beiß Grätlinge an, türte auf zum Droben, benschte sie, guffte sie und dockt' sie den Gespannen, daß sie den Bäuchen schuckten. Und sie schnappten und wurden kohl schnoll. Und es wurden aufgezupft von den Bimsfündchen ein Schoppen Krätzer.

Der reiche Prasser und der arme Lazarus

Lk 16^{19-25}

Es war aber ein reicher Man / der kleidet sich mit Purpur vnd köstlichem Linwand / vnd lebet alle tage herrlich vnd in freuden.
Es war aber ein Armer / mit namen Lazarus / der lag fur seiner Thür voller Schweren / vnd begeret sich zu settigen von den Brosamen / die von des Reichen tische fielen. Doch kamen die Hunde / vnd lekketen jm seine Schweren.

Es begab sich aber / das der Arme starb / vnd ward getragen von den Engeln in Abrahams schos. Der Reiche aber starb auch / vnd ward begraben.

Als er nu in der Helle vnd in der qual war / hub er seine Augen auff / vnd sahe Abraham von fernen / vnd Lazarum in seinem Schos / rieff vnd sprach / Vater Abraham / Erbarme dich mein / vnd sende Lazarum / das er das eusserste seines Fingers ins wasser tauche / vnd küle meine Zungen / Denn ich leide pein in dieser flammen.
Abraham aber sprach / Gedencke Son / das du dein gutes empfangen hast in deinem Leben / vnd Lazarus da gegen hat böses empfangen / Nu aber wird er getröstet / Vnd du wirst gepeiniget.

Der pferrige Rammler und der gflickte Lazarus

Lk 16[19-25]

Es schäft' ein betuchter Sens, der klüftet sich in Purpl und zuckernen Schnee und schwudert hack Scheine grandig und in Lenz.
Es schäfte pa ein Schwarzer mit dem Schemm Lazarus, der flackte vor seiner Schränk, verräumt von Fetzen, und wähnte sich schnollen von den Männchen, die von des Eisbärn Viereck bohlten. No bauten die Retterein und jannten seine Malzen.
Es schäfte pa, daß der Gflickte flatterte, und wurd gekeckelt von den Schuberln auf Abrahams Ranzling. Der Pferrige krachte isch und stob verkappert.

Als er he im Fineisl und in der Inne huckte, trillte er seine Batzen kulm und glupte Abraham von lenz und Lazarus in seinen Schlufen. Er kreite und zeckte: Altlatz Abraham, heg Michel mit mir und pitsch den Lazarus, daß er die Oberkunft seines Gickerlings in Plempel titsche und meinen Schlapprer bibbre; denn ich besehe grandige Inne in diesem Funk. Abraham aber schranzte: Raffinier, Schreiling, daß du dein Quantes bestoben hegst in deinem Gschwuder, und Lazarus in kockerm Tick Lötsches. König jatscht er hoh Lenz, und du besiehst Fetz.

Leiden, Hinrichtung und Auferstehung Jesu

Einsetzung des Abendmahles

Lk 22^{14-20}

Vnd da die stunde kam / satzte er sich nider / vnd die zwelff Apostel mit jm / vnd er sprach zu jnen / Mich hat hertzlich verlanget dis Osterlamb mit euch zu essen / ehe denn ich leide. Denn ich sage euch / Das ich hinfurt nicht mehr dauon essen werde / bis das erfüllet werde im reich Gottes.
Vnd er nam den Kelch / dancket vnd sprach / Nemet denselbigen / vnd teilet jn vnter euch / Denn ich sage euch / Jch werde nicht trincken von dem gewechse des Weinstocks / bis das reich Gottes kome.

Vnd er nam das Brot / dancket vnd brachs / vnd gabs jnen / vnd sprach / Das ist mein Leib / der fur euch gegeben wird / Das thut zu meinem Gedechtnis. Desselbigen gleichen auch den Kelch / nach dem Abendmal / vnd sprach / Das ist der Kelch / das newe Testament in meinem Blut / das fur euch vergossen wird.

Ankündigung des Verrats

Lk 22^{21-23}

Doch sihe / die hand meines Verrheters / ist mit mir vber tische. Vnd zwar des menschen Son gehet hin / wie es beschlossen ist / Doch weh dem selbigen Menschen / durch welchen er verrhaten wird.
Vnd sie fiengen an zu fragen vnter sich selbs / Welcher es doch were vnter jnen / Der das thun würde.

Inne, Schwärze und Leinenriß des Joisl

Einpflanz des lieblichen Lebens

Lk 22$^{14\text{-}20}$

Als die Fitze gebaut war, nippte er sich hin und die teuern Farber mit ihm. Und er plädierte zu ihnen: mit herbem Harm wähn ich dies kronige Wollsäckl mit euch aucheln, ehe ich inne. Denn ich sempre euch, daß ich den Rauch mehr davon schanzen werde, bis das geschürigt schäft in der Glut des Granden. Und er kappte das Glänzerl, nuckte und perlte: angelt es und kippt es unter euch. Denn ich plädier euch: Ich wähne rauherlau von der Raffel des Funkelstenzes büßen, bis die Glut des Küres baut.

Und er faßte das Leben, nuckte und zerguffft es, dockte es ihnen und perlte: Das schäft mein Kern, der für euch gestochen wird. Dies pflanzt zu meiner Dermahnung. In kockerm Steiger mollte er das Glänzerl nach dem Wurf und perlte: Das schäft der Blanker, die feuchte Acht in meinem Rötel, der für euch verteißt wird.

Kaudemdieber des Petzes

Lk 22$^{21\text{-}23}$

Doch raune, die Kralle meines faulen Jungen schäft mit mir auf dem Glatt. Zwar strömt des Geistes Streich hin, wie es bezinkt ist, wej aber jenem Marrastl, durch den er vermosert wird. Und sie stoben an zu putschen einer den zwisten, wer nebbich es schäfte, der das fetzen werde.

Ausblick auf den bevorstehenden Kampf

Lk 22^{35-38}

Vnd er sprach zu jnen / So offt ich euch gesand habe on Beutel / on Taschen / vnd on Schuch / habt jr auch je mangel gehabt? Sie sprachen / Nie keinen.
Da sprach er zu jnen / Aber nu / wer einen Beutel hat / der neme jn / desselbigen gleichen auch die Tasschen / Wer aber nicht hat / verkeuffe sein Kleid / vnd keuffe ein Schwert. Denn ich sage euch / Es mus noch das auch volendet werden an mir / das geschrieben stehet / Er ist vnter die Vbeltheter gerechnet. Denn was von mir geschrieben ist / das hat ein ende. Sie sprachen aber / HERR / Sihe / hie sind zwey Schwert. Er aber sprach zu jnen / Es ist gnug.

Am Ölberg

Lk 22^{39-46}

Vnd er gieng hin aus nach seiner gewonheit an den Oleberg. Es folgeten jm aber seine Jünger nach an den selbigen Ort. Vnd als er da hin kam/sprach er zu jnen/Betet/ auff das jr nicht in anfechtung fallet. Vnd er reis sich von jnen bey einem Steinworff/ vnd kniet nider/ betet vnd sprach / Vater wiltu / so nim diesen Kelch von mir / Doch nicht mein / sondern dein Wille geschehe. Es erschein jm aber ein Engel vom Himel / vnd stercket jn. Vnd es kam / das er mit dem Tode rang / Vnd betet heftiger. Es ward aber sein Schweis wie Blutstropffen / die fielen auff die Erden. Vnd er stund auff von dem Gebet/vnd kam zu seinen Jüngern/ vnd fand sie schlaffen fur trawrig-

Auslinz auf das bauende Gebrust

Lk 22[35-38]

Und er perlte zu ihnen: Als ich euch auspitschte lau Ranzling und Stopfer und Sparfüß, hegt ihr no an ebbes Frost gehegt? Sie platteten: Am Mondschein.
Und er loschte zu ihnen: Pa he, wer ein Fellerl hegt, der rudle es mit, und just auch die Mulde. Und wer keine Schwing hegt, verkünde seinen Übermann und schärf sich eine Schwing. Denn ich schmettre euch: Es tarrt an mir das schürig stieben, was gefiebert bannt: Er schäft unter die Sündenfeger gezwiert. Denn was von mir kassibert schemmt, das hegt ein Eck. Sie kasperten pa: Gwaltling, brill, hitschen sind zwis Flitschen. Er alle perlte zu ihnen: Es huckt hohn.

Am Schemenharr

Lk 22[39-46]

Und er gartete außerkönig wie merwig an den Schemenharr. Es paulisierten ihm alle seine Violenschieber dorthin nach. Und als er hoh hinbaute, bente er zu ihnen: Knobelt, daß ihr blau in Verbauchung plotzt. No schlorrte er von ihnen einen Kiesgoj, bangt die Ständer und paternollt: Tate, wähnst du, laß mich um diese Rute flattern. Doch stiebe den Uhl mein Gewähne, sondern das deine. Es zinkt sich ihm no ein Flügling vom Gespreit und schuckte ihm Murr. Und es baut, daß ers mit dem Scheppern hegt, und er nostert binnener. Es wurde sein Tob wie Röteltippen, die flosserten auf den Schund. Und er kulmt sich vom Bensch und zuckte zu den Schrecknern und raunte sie lullen vor Bitt-

keit / vnd sprach zu jnen / Was schlaffet jr? Stehet auff vnd betet / auff das jr nicht in anfechtung fallet.

Jesus wird verhaftet

Lk 22^{47-53}

Da er aber noch redet / Sihe / die Schar / vnd einer von den Zwelffen / genant Juda / gieng fur jnen her / vnd nahet sich zu Jhesu / jn zu küssen. Jhesus aber sprach zu jm / Juda / verrhetestu des menschen Son mit einem Kus?

Da aber sahen / die vmb jn waren / was da werden wolte / sprachen sie zu jm / HERR sollen wir mit dem Schwert drein schlahen? Vnd einer aus jnen schlug des Hohenpriesters Knecht / vnd hieb jm sein recht Ohr ab. Jhesus aber antwortet / vnd sprach / Lasset sie doch so ferne machen. Vnd er rüret sein Ohr an / vnd heilet jn.
Jhesus aber sprach zu den Hohenpriestern vnd Heubtleuten des Tempels / vnd den Eltesten / die vber jn komen waren / Jr seid als zu einem Mörder mit schwerten vnd mit stangen ausgegangen. Jch bin teglich bey euch im Tempel gewesen / vnd jr habt keine hand an mich gelegt / Aber dis ist ewer stunde / vnd die macht der finsternis.

seligkeit. Und er perlte zu ihnen: Was reißt ihr Biwak? Kulmt euch und bibelt, daß ihr lololu ins Bauchen bohlt.

Der Joisl geht verschütt

Lk $22^{47\text{-}53}$

Pasch er aber noch schranzt, glup, strömt Gent, und einer vom Schoppen mit dem Zinken Judas spurte ihnen voraus und tippelt zum Joisl, ihm einen Schmetzer zu stecken. Der Joisl aber laschte zu ihm: Judas, verseifst du den Geisterstreich mit einem Murf?
No pa spannten seine Füßler, was karabinern werde, und putschten ihn: Hochsens, tarren wir mit dem Blankmichel dreinzimbeln? Und einer von ihnen wuschte des Hochpriemers Knasterbart und stiffelte ihm den justen Wedel ab. Der Joisl aber schufft und schmettert: Ätscht ab! Lau dalli! Und er flachte den Wedel und batzte ihn an.
Der Joisl aber schmettert zu den Hochkolben und Spitzköpfen des Heichels und den Tofelsten, die zu ihm gekrautet waren: Ihr schäft wie zu einem Rotfärber mit Mühlkrachern und Stenzen geschaufelt. Ich schäftet' hackeln Schein bei euch in der Schmeichelwinde und ihr hegt tschi die Griffe nach mir gejustet. Aber das huckt euer Schlag und der Koch der Kohlschaft.

Petrus verleugnet dreimal seinen Herrn

Lk 22$^{54-62}$

Sie grieffen jn aber vnd füreten jn / vnd brachten jn in des Hohenpriesters haus. Petrus aber folgete von fernen. Da zundten sie ein fewer an mitten im Pallast / vnd satzten sich zusamen / Vnd Petrus satzte sich vnter sie. Da sahe jn ein Magd sitzen bey dem liecht / vnd sahe eben auff jn / vnd sprach zu jm / Dieser war auch mit jm. Er aber verleugnet jn / vnd sprach / Weib ich kenne sein nicht. Vnd vber ein kleine weile sahe jn ein ander / vnd sprach / Du bist auch der einer. Petrus aber sprach Mensch / ich bins nicht. Vnd vber eine weile / bey einer stunde / bekrefftigets ein ander / vnd sprach / Warlich / Dieser war auch mit jm / denn er ist ein Galileer. Petrus aber sprach / Mensch / ich weis nicht was du sagest. Vnd als bald / da er noch redet / krehet der Han. Vnd der Herr wandte sich / vnd sahe Petrum an. Vnd Petrus gedachte an des Herrn wort / als er zu jm gesaget hatte / Ehe denn der Han krehet / wirstu mich drey mal verleugnen / Vnd Petrus gieng hin aus / vnd weinet bitterlich.

Jesus wird verspottet.

Lk 22$^{63-65}$

Die Menner aber / die Jhesum hielten / verspotteten jn vnd schlugen jn / verdecketen jn / vnd schlugen jn ins Angesichte / vnd fragten jn / vnd sprachen / Weissage / wer ists / der dich schlug? Vnd viel andere Lesterungen sagten sie wider jn.

Petrus spießt seinen Hoh tripsmal auf na

Lk 22,54-62

Sie schlangelten ihn aber, rudelten ihn ab und lotsten ihn in des Oberhabers Bau. Petrus alle paulisierte von lenz. No fünkelten sie einen Zündling masker im Viereck und plautschten sich ratz, und Petrus batzte sich unter sie. Da glupte ihn eine Trawallerin im Flunker spiessen, machte Späne und dieberte: Der da schemmt' isch bei ihm. Er pa schob Leim und schmuste: Käfrin, ich macker ihn tschi. Und ebbes irter linzte ihn ein wawrer und truschte: Du schäfst Stück davon. Petrus pa brezelte: Plag, ich schäfts lau. Und es verströmte ebber eine Fitze, da schlammachts ein wawrer und schmäht: Nebbich, der könig schemmt isch bei ihm, denn er schäft ein Galiläer. Petrus pa schuffte: Geist, ich gneiß lau Wind, wovon du wahlst. Und pumps, pasch er noch sempert, jäbelt der Rotmeister. Und der Prinz trillte sich und spannte den Petrus an. Und Petrus dermahnte sich an des Hohs Gewüttel, wie er zu ihm gepinnt hegte: Vor der Stürer nampst, wirst du me tripsmal kartuschen. Und Petrus huckelte außi und flosserte herb.

Der Joisl wird angehieselt.

Lk 22,63-65

Die Huschköpfe aber, die den Joisl hefteten, verhäkelten und nowakten ihn, versielten ihm die Klärlinge, zimbelten ihn ins Zifferblatt und schalten ihn: Projample, wer schäfts, der dich stenzte? Und rauh wawre Maschunden torkelten sie ken ihn.

Jesus vor dem Hohen Rat

Lk 22^{66-71}

Vnd als es tag ward / samleten sich die Eltesten des Volcks / die Hohenpriester vnd Schrifftgelerten / vnd füreten jn hin auff fur jren Rat / vnd sprachen / Bistu Christus? sage es vns. Er sprach aber zu jnen / Sage ichs euch / so gleubet jrs nicht / Frage ich aber / so antwortet jr nicht / vnd lasset mich doch nicht los. Darumb von nu an wird des menschen Son sitzen zur rechten Hand der krafft Gottes. Da sprachen sie alle / Bistu denn Gottes Son? Er sprach zu jnen / Jr sagets / denn ich bins. Sie aber sprachen / Was dürffen wir weiter Zeugnis? wir habens selbs gehöret aus seinem munde.

Jesus vor Pilatus

Lk 23^{1-5}

Vnd der gantze Hauffe stund auff / vnd füreten jn fur Pilatum. Vnd fiengen an jn zu verklagen / vnd sprachen / Diesen finden wir / das er das Volck abwendet / vnd verbeut den Schos dem Keiser zu geben / Vnd spricht / Er sey Christus ein König.
Pilatus aber fraget jn / vnd sprach / Bistu der Jüden König? Er antwortet jm vnd sprach / Du sagests. Pilatus sprach zu den Hohenpriestern vnd zum Volck / Jch finde kein Vrsach an diesem Menschen. Sie aber hielten an / vnd sprachen / Er hat das Volck erreget / damit / das er geleret hat hin vnd her im gantzen Jüdischenlande / vnd hat in Galilea angefangen / bis hie her.

Der Joisl vor der Senserei

Lk 22^{66-71}

Und als der Schein anstob, bauten die Ofenhänger des Olms ratz, die Mauscheldrescher und Grillenfränze, und rudelten ihn vor ihre Senserei und brabbelten: Schäfst du der Eid? schranz es uns. Er schubte ihnen: Schmetter ich es euch, so holmt ihr den Schund. Schale ich pa, so schufft ihr Essig, und pattert mich blau. Von könig aber stiebt des Geistes Streich schemmen zur Justen der Zorr des Machöffels. Da nampsten hack: Schäfst du ebber des Schmeißes Streich? Er perlte zu ihnen: Ihr schmust es, ich schäft es. No jäbelten sie: Was tarren amen Nagel und Beißer? wir hegens kocker aus seiner Pappe geholt.

Der Joisl vorm Pilatus

Lk 23^{1-5}

Und das kohle Gent gampte auf, und sie rumpelten ihn zu Pilatus, und stoben an ihn zu verschwärzen, und spritzten: Wir prinschen, daß dieser den Olm kibitzt und bekaspert, dem Mailach ma Melkmoos zu zastern, und rattert, er schäfte der Eid-Funke.
Pilatus pa putscht ihn: Schäfst du der Funke der Schmühle? Er schubte zu ihm: Du jabberst es. Pilatus präppelte zu den Hochsensen und zum Prassel: Ich jatsche Qualm an diesem Geist. Sie pa pflanzten Lampen und nampsten noch kochiger: er hegt das Gent genadelt mit seinem trefnen Gedresche in der kohlen Mauschelglut, von Galiläa angestoben bis hierless.

Jesus vor Herodes

Lk 23^{6-12}

Da aber Pilatus Galilean höret / fraget er / Ob er aus Galilea were? Vnd als er vernam / das er vnter Herodes öberkeit gehöret / vbersandte er jn zu Herodes / welcher in denselbigen tagen auch zu Jerusalem war. Da aber Herodes Jhesum sahe / ward er seer fro / Denn er hette jn langest gerne gesehen / Denn er hatte viel von jm gehöret / vnd hoffet er würde ein Zeichen von jm sehen. Vnd er fraget jn mancherley. Er antwortet jm aber nichts.
Die Hohenpriester aber vnd Schrifftgelerten stunden vnd verklageten jn hart. Aber Herodes mit seinem Hofegesinde verachtet vnd verspottet jn / leget jm ein weis Kleid an / vnd sandte jn wider zu Pilato. Auff den tag wurden Pilatus vnd Herodes freunde mit einander / Denn zuuor waren sie einander feind.

Jesus wird verurteilt

Lk 23^{13-25}

Pilatus aber rieff die Hohenpriester / vnd die Obersten vnd das Volck zusamen / vnd sprach zu jnen / Jr habt diesen Menschen zu mir bracht / als der das Volck abwende / Vnd sihe / Jch hab jn fur euch verhöret / vnd finde an dem Menschen der Sache keine / der jr jn beschüldiget / Herodes auch nicht / Denn ich habe euch zu jm gesand / vnd sihe / man hat nichts auff jn bracht / das des todes werd sey. Darumb wil ich jn züchtigen vnd los lassen / Denn er musste jnen einen nach gewonheit des Festes los geben.

Als Pilatus das lugte, schalte er, ob der Geist ein Galiläer schäfte? Und als er mackerte, daß er aus des Herodes Senserdreck baue, pitschte er ihn zu Herodes, der in diesen Scheinen isch in der Mauschelvill war. Als no Herodes den Joisl türt, schäft er rauh torklig, denn er hegte ihn utsch rah lenzig geglupt. Denn er hegte putt von ihm geschmeit und hammte, er möcht einen Fixfax von ihm linzen. Und er schalte ihn kiesig. Pa er luschte den Uhl.
Die Mauschelpriemer aber und die Glundbürster huckten dabei und verknickelten ihn heiß. Aber Herodes mit seinen Killemännern und Gatzengehern verhäkelt und verspägt ihn, kätscht ihm eine zuckerne Rinde über und rumpelte ihn krick zu Pilatus. An just jenem Jamm wurden Pilatus und Herodes Lätze; denn kaudem schäften sie nebbich Nöckel.

Der Joisl vorm Herodes

Lk 23^{6-12}

Pilatus pa galmte die Käppelspinke und die Buschmänner und den Olm ratz und dieberte zu ihnen: Ihr hegt mir diesen Geist auf d' Spang gefahren als einen Umschläger und linze, ich heg ihn vor euch verschmeit und jatsche an dem Plag tschi Schmutz, dessen ihr ihn verschwärzt, Herodes te tschi. Denn ich hege euch zu ihm gepitscht, und spann, er hegt Vanille geschuftet, was die Kappore quockt. Derimech wähn ich ihn pauken und pattern. Denn er tarrte ihnen wie dicki einen zum Lotterschein blödestecken.

Der Joisl wird verblitzt

Lk 23^{13-25}

Da schrey der gantze Hauffe / vnd sprach / Hinweg mit diesem / vnd gib vns Barrabam los / welcher war vmb einer Auffrhur / die in der Stad geschach / vnd vmb eines Mords willen ins Gefengnis geworffen.
Da rieff Pilatus abermal zu jnen / vnd wolte Jhesum los lassen. Sie rieffen aber vnd sprachen / Creutzige / creutzige jn.
Pilatus aber vrteilet / das jr Bitte geschehe / Vnd lies den los / der vmbs Auffrhurs vnd Mords willen war ins gefengnis geworffen / vmb welchen sie baten / Aber Jhesum vbergab er jrem willen.

Auf dem Weg nach Golgatha

Lk 23^{26-32}

Vnd als sie jn hin fureten / ergrieffen sie einen / Simon von Kyrenen / der kam vom felde / vnd legten das Creutz auff jn / das ers Jhesu nachtrüge.
Es folget jm aber nach ein grosser hauffe Volcks vnd Weiber / die klageten vnd beweineten jn. Jhesus aber wandte sich vmb zu jnen / vnd sprach / Jr töchter von Jerusalem / weinet nicht vber mich / Sondern weinet vber euch selbs / vnd vber ewre Kinder. Denn sihe / Es wird die zeit komen / in welcher man sagen wird / Selig sind die Vnfruchtbarn / vnd die Leibe die nicht geborn haben / vnd die Brüste die nicht geseuget haben. Denn werden sie anfahen zu sagen zu den Bergen / Fallet vber vns / vnd zu den Hügeln / decket vns. Denn so man das thut am grünen Holtz / was wil am Dürren werden?

Da hallten hackback ketten: Pleite mit dem könig. Schuck uns den Barabbas außer. Dieser schäfte wegen eines Umschlags im Steinhaufen und wegen eines Abmecks ins Gebirge gegangen.

No nampste Pilatus mei mit ihnen und wähnte den Joisl pleite schukken. Sie pa zeckten brezel: Kritze, kritze ihn. Pilatus aber gasserte, daß ihrem Juhuerbassel nachgeschimmelt werde, und feilte den fremd, der wegen Lampenpflanz und Maukersfetz im Paradies spießte und um den sie benschten, den Joisl pa preußte er ihrem Löwen.

Auf dem Troll zum Tätztann

Lk 23[26-32]

Als er no Kommando schob, angelten sie einen, Simon von Cyrene, der vom Grünspreit trollte, und pfefferten ihm den Schragen auf, daß er ihn dem Joisl nachkätsche. Es humpte ihm pa ein barrer Prassel nach, auch Scheue, die über ihn ächten und steindelten. Der Joisl aber trillte sich zu ihnen um und mammte: Schäfchen der Mauschelvill, flösselt lau über me. Flösselt düfter über euch kocker und über eure Streiche. Denn raune, es bauen Scheine, an denen man zitschen wird: Torklig die Kronen lau Raffel, das Gschoß, das lau gewonnen, die Pietz', die lau gedockt hegen. No wird man anheiben, zu den Harren zu hallen: Bohlet über uns, und zu den Gehainen: Versargt uns. Denn wenn man das am jerken Karst pflanzt, was wird am jobschen gefetzt?

Jesus wird gekreuzigt

Lk 23,33-43

Vnd als sie kamen an die stete / die da heisst Scheddelstet / creutzigeten sie jn daselbs / Vnd zween Vbeltheter mit jm / einen zur Rechten / vnd einen zur Lincken. Jhesus aber sprach / Vater vergib jnen / Denn sie wissen nicht was sie thun.
Vnd sie teileten seine Kleider / vnd wurffen das Los drumb. Vnd das Volck stund / vnd sahe zu / Vnd die Obersten sampt jnen / spotteten sein vnd sprachen / Er hat andern geholffen / er helffe jm selber / ist er Christ / der ausserwelete Gottes. Es verspotteten jn auch die Kriegsknechte / tratten zu jm / vnd brachten jm Essig / vnd sprachen / Bistu der Jüden könig / so hilff dir selber. Es war auch oben vber jm geschrieben die Vberschrifft /
Dis ist der Jüden König.

Aber der Vbeltheter einer / die da gehenckt waren / lesterte jn vnd sprach / Bistu Christus / so hilff dir selbs / vnd vns. Da antwortet der ander / straffet jn vnd sprach / Vnd du fürchtest dich auch nicht fur Gott? der du doch in gleicher verdamnis bist. Vnd zwar wir sind billich drinnen / denn wir empfahen was vnser Thaten werd sind / Dieser aber hat nichts vngeschicktes gehandelt.
Vnd sprach zu Jhesu / HERR gedencke an mich / wenn du in dein Reich komest. Vnd Jhesus sprach zu jm / Warlich ich sage dir / Heute wirstu mit mir im Paradis sein.

Der Joisl wird gekritzt

Lk 23^{33-43}

Und als sie an den Tann bauten, der Scharm gezinkt wird, keilten sie ihn könig an den Kritz, und zwis Bratelfreier mit ihm, den ecken zur Justen, den wawern zur Schmalen. Der Joisl pa benschte: Tate, vermichel ihnen, denn sie gneißen Rauch, was sie pflanzen.
Und sie kippten seine Fahnen und gojten das Beinl darum. Und das Gent stolffte kann und pappte zu, und die Oberhaber ölten ihn mit ihnen an und schmallerten: Er hegt wawre gedeckt, so deck er sich kokker, bannt er der Eid, der Ausgeklaubte des Gwaltlings. Es luden ihn auch die Rotkehlchen auf den Besen, krauteten hin, störten ihm Säuerling und kasperten: Bannst du der Feischel Fünk, so nesper dir eckern. Es schäfte te eine Fakkel über ihm angefaselt: Dies wächelt der Funke der Schiegerln.
Pa einer von den Heimschickern, die gängelten, verspägte ihn und spritzte: Schäfst du lau der Eid? Deck dich kocker und amen. Der wawre aber drosch ihn und pinnte: Und hegst du nobis Federn vor dem Troppen? da du doch vom kockern Lehrbrief geknüppelt schäfst? Und amen mit Din, denn wir bestieben, was unser Fetz quockt. Der aber hegt den Mondschein geschuftet.
No schmuste er zum Joisl: Hoh, holm an minz, wenn du in deine Glut baust. Und der Joisl perlte zu ihm: Nebbich, ich pleißle dir, hajom wirst du mit mir im Ganeden sein.

Jesus stirbt am Kreuz

Lk 23^{44-49}

Vnd es war vmb die sechste stunde / Vnd es ward ein Finsternis vber das gantze Land / bis an die neunde stund. Vnd die Sonne verlor jren schein / Vnd der Vorhang des Tempels zureis mitten entzwey. Vnd Jhesus rieff laut / vnd sprach / Vater / Jch befelh meinen Geist in deine Hende. Vnd als er das gesaget / verschied er.

Da aber der Heubtman sahe / was da geschach / Preisete er Gott vnd sprach / Fur war / Dieser ist ein fromer Mensch gewesen.
Vnd alles Volck das da bey war / vnd zusahe / da sie sahen / was da geschach / schlugen sich an jre Brust / vnd wandten widerumb.
Es stunden aber alle seine Verwandten von fernen vnd die Weiber / die jm aus Galilea waren nachgefolget / vnd sahen das alles.

Jesus wird ins Grab gelegt

Lk 23^{50-56}

Vnd sihe / ein Man mit namen joseph / ein Ratherr / der war ein guter fromer Man / der hatte nicht bewilliget in jren Rat vnd Handel / der war von Arimathia der stad der Jüden / der auch auff das reich Gottes wartet. Der gieng zu Pilato vnd bat vmb den leib Jhesu / Vnd nam jn ab / wickelt jn in Linwand / vnd leget jn in ein gehawen Grab / darinnen niemand je gelegen war. Vnd es war der Rüstag / vnd der Sabbath brach an. Es folgeten aber die Weiber nach / die mit jm komen waren aus Galilea / vnd beschaweten das Grab / vnd wie sein Leib gelegt ward.

Der Joisl flattert am Schragen

Lk 23^{44-49}

Und es schäfte um den woffsten Schlack, und es bohlte eine Kohlschaft über die hacke Martine bis zur teßten Fitze. Das Klärchen verratzt seinen Bleck, und das Vorblatt des Heichels wurzte masker durch. Und der Joisl ruhte mit grandiger Kille: Tate, ich dock mein Heiß in deine Klammern. Und als er das geschmust hegt, flattert er.

Als no der Leuchtkäfer peilte, was hegte, paternollte er und flickte: Mammesch, dieser Geist war ein ächtiger.
Und die Plagenprassel, die beim Doppeln zulugten, wuschten, da sie fanden, was schäfte, an ihre Blasbälg und kätschten sich krick. Es stolfften pa kohl seine Füßler lenz und die Mockeln, die ihm aus Galiläa nachgeflogen waren, und raunten das hack.

Der Joisl wird ins Viereck geboppt.

Lk 23^{50-56}

Und linz, ein Morsch mit dem Zinken Joseph, ein Eitzekür, ein quanter Kundmann – er hegte Menkenke ke ihre Schufterei gehegt – aus Arimathäa, der Keimekülm, der auf die Glut des Gwaltlings hammte, der schob zu Pilatus und benschte um den Peger des Joisl. Und er kappt ihn aba, kocht ihn in Schnee und nippt ihn in eine gekeilte Chöre, in der noch niko gestockt war. Und es schäfte Pflanzschein, und der Schabbes stob just an. Es rauchelten no die Scheuen hin, die mit ihm aus Galiläa angesockt schäften; sie beraunten das Movchen und spannten, wie sein Peger

Sie kereten aber vmb / vnd bereiteten Specerey vnd Salben / vnd den Sabbath vber waren sie stille nach dem Gesetz.

Das leere Grab und die Engel

Lk 24,1-11

Aber an der Sabbather einem seer früe / kamen sie zum Grabe vnd trugen die Specerey / die sie bereitet hatten / vnd etlich mit jnen. Sie funden aber den Stein abgeweltzet von dem Grabe / vnd giengen hin ein / vnd funden den Leib des Herrn Jhesu nicht. Vnd da sie darumb bekümmert waren / Sihe / da tratten bey sie zween Menner mit glentzenden Kleidern. Vnd sie erschracken vnd schlugen jre Angesichte nidder zu der erden. Da sprachen die zu jnen / Was suchet jr den Lebendigen bey den Todten? Er ist nicht hie / Er ist aufferstanden. Gedencket dran / wie er euch saget / da er noch in Galilea war / vnd sprach / Des menschen Son mus vberantwortet werden in die hende der Sünder / vnd gecreutziget werden / Vnd am dritten tage aufferstehen. Vnd sie gedachten an seine wort.
Vnd sie giengen wider vom Grabe / vnd verkündigeten das alles den Eilffen vnd den andern allen. Vnd es dauchte sie jre wort eben als werens Merlin / vnd gleubten jnen nicht.

verräumt wurd. Sie walzten krick, mengelten Klapper und Schminklaufer, und am Schabbes drehten sie blau nach der Krieche.

Der recke Bau und die Blanklinge

Lk 24[1-11]

Am kronigen Schein im Zefir strömten sie zum Bau und buckelten den Finkelkaspar, den sie gebosselt hegten, und puste mit ihnen. Sie jatschten pa den Härtling von der Kappore getorkelt, spurten eini und glupten den Peger des Prinzen lau. Und da sie eitzelau bannten, linze, da posteten schnei Hohe in blankender Kluft vor sie. Und sie stiffelten, von Schreckstein gekappt, die Rauner zum Schund. No perlten jene zu ihnen: Was stuttert ihr den Heißenden bei den Gschepperten? Er schäft ma he. Er ist aufgegampt.

Dermahnt euch, wie er euch loschte, da er utsch in Galiläa heftete: Der Geisterstreich tarrt ausgeleckt werden in die Krallen der Kecksteine und gekritzt werden und am tripsten Schein Leinen reissen. Da dermahnten sie sich seiner Wüttel.

Und sie zuckten krick vom Chörchen und rieben über hack den Judollef und den wawern einen Zünd. Und es bleckten ihnen diese Schränze als recker Schmäh, und sie holmten ihnen tschi.

Jesus erscheint zwei Jüngern auf dem Weg nach Emmaus

Lk 24^{13-35}

Vnd sihe / zween aus jnen giengen an demselbigen tage in einen Flekken der war von Jerusalem sechzig Feldwegs weit / des namen heisst Emmahus / Vnd sie redeten mit ein ander von allen diesen Geschichten. Vnd es geschach / da sie so redeten vnd befragten sich mit einander / nahet Jhesus zu jnen / vnd wandelte mit jnen / Aber jre augen wurden gehalten / das sie jn nicht kandten. Er sprach aber zu jnen / Was sind das fur rede / die jr zwischen euch handelt vnter wegen / vnd seid trawrig? (Da blieben sie mit trauriger Miene stehen). Da antwortet einer mit namen Cleophas / vnd sprach zu jm / Bistu allein vnter den Frembdlingen zu Jerusalem / der nicht wisse / was in diesen tagen drinnen geschehen ist? Vnd er sprach zu jnen / Welchs?

Sie aber sprachen zu jm / Das / von Jhesu von Nazareth / welcher war ein Prophet / mechtig von Thaten vnd Worten / fur Gott vnd allem Volck / wie jn vnser Hohenpriester vnd Obersten vberantwortet haben / zum verdamnis des Todes / vnd gecreutziget. Wir aber hoffeten / er solte Jsrael erlösen. Vnd vber das alles / ist heute der dritte tag / das solchs geschehen ist. Auch haben vns erschreckt etliche Weiber der vnsern / die sind früe bey dem Grabe gewesen / haben seinen Leib nicht funden / Komen vnd sagen / sie haben ein gesichte der Engel gesehen / welche sagen / er lebe. Vnd etliche vnter vns giengen hin zum Grabe / vnd fundens / wie die Weiber sagten / Aber jn funden sie nicht.

Und linze, zwis von ihnen trollten am kockern Schein in ein Kaff, von der Mauschelvill sammich Kilomeilen lenz, mit Zinken Emmaus. Und sie truschten über kohl diese Meisen.

Der Joisl zinkt sich zwis Kadetten auf der Walz nach Emmaus

Lk 24^{13-35}

Und es hegte, da sie so jabberten und ihre Zaspeln überbeuteten, gfälligt sich der Joisl und maß mit ihnen die Strahle. Pa ihre Scheine huckten geheftet und sie gneißten ihn lau. Er perlte zu ihnen: Was schäft das für ein Gwüttel, das ihr könig hin und her pfengelt, und hegt Schibbe? Da ächzten sie stolffen mit verträuerter Larve.
Da entfert einer mit dem Zinken Kleopas: Schäfst du der Fliegenfanger unter den Welschen im Steinhaufen, der lametalef innt, was in diesen Scheinen hoh schäfte? Und er putschte sie: Was ebber? Sie pa brabbelten zu ihm: Das mit dem Joisl von Nazareth, der ein Hauptgeist war, grandig in Pflanz und Wüttel vor dem Troppen und dem Olm, wie ihn unsre Käppelspinke und Großmäuschel zur Kappore verblitzt und an den Kritz gestiffelt hegen. Wir pa hammten, er tarre Israel krickkünden.
Und nina schäft schon der tripste Schein, da das baut. No hegen herbere Kronen aus unserm Gleichring uns aufgestoßen. Sie waren im Zefir beim Chörchen, jatschten seinen Peger lo gick lo gack, bauten und kachelten, sie hegten Kracherln gelinzt, die perlten, er heiße. Und rauhere von uns rutzten hin zum Chörchen und jatschtens so, wie die Dillen dieberten. Pa ihn linzten sie lau.

Vnd er sprach zu jnen / O jr Thoren vnd treges hertzen / zu gleuben alle dem / das die Propheten geredt haben / Muste nicht Christus solches leiden / vnd zu seiner Herrligkeit eingehen? Vnd fieng an von Mose vnd allen Propheten / vnd leget jnen alle Schrifft aus / die von jm gesagt waren.
Vnd sie kamen nahe zum Flecken / da sie hin giengen, Vnd er stellet sich / als wolt er fürder gehen / Vnd sie nötigeten jn / vnd sprachen / Bleib bey vns / Denn es wil abend werden / vnd der tag hat sich geneiget.
Vnd er gieng hin ein bey jnen zu bleiben. Vnd es geschach / da er mit jnen zu tische sass / Nam er das Brot / dancket / brachs / vnd gabs jnen. Da worden jre augen geöffnet / vnd erkenneten jn. Vnd er verschwand fur jnen.

Vnd sie sprachen vnternander / Brandte nicht vnser Hertze in vns / da er mit vns redet auff dem wege / als er vns die Schrifft öffnet. Vnd sie stunden auff zu der selbigen stunde / kereten wider gen Jerusalem / vnd funden die Eilffe versamlet / vnd die bey jnen waren / welche sprachen / Der Herr ist warhafftig aufferstanden / vnd Simoni erschienen. Vnd sie erzeleten jnen / was auff dem wege geschehen war / vnd wie er von jnen erkand were / an dem / da er das Brot brach.

Und er perlte zu ihnen: O ihr Verdetschten und Mörrigen, kohl das zu holmen, was die Jedner geschranzt hegen. Tarrte lau der Joisl das innen und so in seine Grandigkeit steigen? Und stob an vom Mauschel und kohl Vorspürern und flammt' ihnen auf, was in hackeln Fackeln von ihm gefiebert war.
So gfälligten sie sich dem Nest, in das sie rauchelten. Und er unzelt, als wähnt er pfichthalchen. Und sie kätzerten ihn und schmusten: Ächz bei amen', denn es wähnt Kille werden, und der Schein hegt sich gebangt.
Und er stappelte eini, bei ihnen zu heften. Und es schäfte: Da er mit ihnen am Vierling schemmte, mollt er das Leben, benschte, gufft und dockts ihnen. Da wurden ihre Scheine aufgeschränkt und sie zinkten ihn ab. Er aber verblühte vor ihnen.

No loschten sie ratz:
Fünkelte Rauch unser Harm in uns, da er auf der Strahle mit uns perlte und uns die Fackeln aufremste. Und sie trollten noch zum kockern Schlag und schoben in d' Mauschelvill und spannten die Judollef ihopri und ihre Gedersgänger, die schmetterten: Der Prinz hegt nebbich Leinen grissen und sich dem Simon gezinkt. No wüttelten auch sie, was sie auf der Strahle erheißten und wie sie ihn gneißten, da er das Leben guffte.

Jesus erscheint den Aposteln in Jerusalem

Lk 24^{36-43}

Da sie aber dauon redten / trat er selbs / Jhesus / mitten vnter sie / vnd sprach zu jnen / Friede sey mit euch. Sie erschracken aber vnd furchten sich / meineten / sie sehen einen Geist. Vnd er sprach zu jnen / Was seid jr so erschrocken? vnd warumb komen solche gedancken in ewer hertz? Sehet meine Hende vnd meine Füsse / Jch bins selber / Fület mich vnd sehet / Denn ein Geist hat nicht fleisch vnd bein / wie jr sehet / das ich habe. Vnd da er das saget / zeiget er jnen Hende vnd Füsse. Da sie aber noch nicht gleubeten fur freuden / vnd sich verwunderten / sprach er zu jnen / Habt jr hie etwas zu essen? Vnd sie legten jm fur ein stück vom gebraten Fisch vnd Honigseims / vnd er nams vnd ass fur jnen.

Thomas zweifelt

Joh 20^{24-29}

Thomas aber der Zwelffen einer / der da heisset Zwilling / war nicht bey jnen / das Jhesus kam. Da sagten die andern Jünger zu jm / Wir haben den Herrn gesehen. Er aber sprach zu jnen / Es sey denn / das ich in seinen Henden sehe die Negelmal / vnd lege meinen Finger in die Negelmal / vnd lege meine Hand in seine Seiten / wil ichs nicht gleuben.

Vnd vber acht tage / waren aber mal seine Jünger drinnen / vnd Thomas mit jnen. Kompt Jhesus / da die thür verschlossen waren / vnd trit mitten ein / vnd spricht / Friede sey mit euch.

Der Joisl zinkt sich den Füßlern in der Hauptvill

Lk 24[36-43]

Da sie noch davon jabberten, strömt der Joisl masker unter sie und schmust zu ihnen: Scholem Alejchem. Sie bohlten pa in Zwirn und Federn und holmten, sie prellten ein Kracherl. Und er perlte zu ihnen: Was schäft ihr so bomsig? Und ma stappeln sechter Strandel in euer Harm? Raunt meine Patschen und Quanten. Kenn ich schäfts. Hegt mich beim Wickel und spannt. Ein Kracherl hegt lau Kern und Krächling, wie ihr linzt, daß ich hege. Da er das schmust, zinkt er ihnen Griffe und Tritte. Da sie aber Essig holmten vor Taubheit und stupp bannten, schmettert er zu ihnen: Hegt ihr he ebbes zu spachteln? Und sie stippten ihm ein Fündchen gfünkelten Flotscher und Ottchenschund, und er zupfts und schluckts vor ihren Zwielingen.

Thomas strandelt

Joh 20[24-29]

Thomas pa, eck von dem Schoppen, gezinkt Zwistling, schäfte lau bei ihnen, als der Joisl baute. Da sipperten die wawern Kadetten ihm: Wir hegen den Gwaltling gelinzt. Er pa schmettert' zu ihnen: Wenn ich lau an seinen Klammern die Spitzelfetze glupe und meinen Gickling auf die Stiftwähn' nippe, und meinen Griff in seine Halbe pflanze, holm ich Rauch und Mondschein. Und nach kess Jämmen schäften seine Violenschieber könig und Thomas bei ihnen. Da baut der Joisl bei verschränkten Springern und strömt eini und perlt: Scholem Alejchem.

Darnach spricht er zu Thoma / Reiche deinen Finger her / vnd sihe meine Hende / vnd reiche deine Hand her / vnd lege sie in meine Seiten / vnd sey nicht vngleubig / sondern gleubig.
Thomas antwortet / vnd sprach zu jm / Mein Herr vnd mein Gott.
Spricht Jhesus zu jm / Dieweil du mich gesehen hast Thoma / so gleubestu / Selig sind / die nicht sehen / und doch gleuben.

Christus fährt in den Himmel auf

Lk 14$^{46-53}$

Vnd er sprach zu jnen / Also ists geschrieben / vnd also muste Christus leiden / vnd aufferstehen / von den Todten am dritten Tage / Vnd predigen lassen in seinem Namen / Busse vnd Vergebung der sünde / vnter allen Völckern.

Er füret sie aber hinaus bis gen Bethania / vnd hub die Hende auff / vnd segenet sie. Vnd es geschach da er sie segenet / schied er von jnen / vnd fuhr auff gen Himel.
Sie aber beteten jn an / vnd kereten wider gen Jerusalem mit grosser freude / vnd waren allwege im Tempel / preiseten vnd lobeten Gott.

No schranzt er zu Thomas: Bopp deinen Gickling hierless und spann meine Griffe und pflanz deinen Kralling her und nipp ihn in meinen Zink und schäft ma lauhölmig, pa hölmig.
Thomas schufft' und schmuste zu ihm: Mein Prinz und mein Kür. Da perlt der Joisl zu ihm: Weil du mich getürt hegst, Thomas, schäfst du lipplig. Taubig, die den Rauch raunen und doch holmen.

Der Joisl halcht in d' Oberkunft

Lk 14,46-53

Und er perlte zu ihnen: So stolfft es gefiebert und so tarrte der Eid Inne besehen und außerposten von den Gflatterten am tripsten Schein und plädieren lassen in seinem Zink Überbeut und Vermichel der Sudel unter kohlen Olmen.

No rudelt er sie außi bis ken Bethanien, kulmte die Patschen und benschte sie. Und es schäfte: Da er sie benschte, sagte er Paulin an und halchte in den Ganeden.
Sie alle nosterten zu ihm und spurten krick in d'Mauschelvill in grandigem Lenz und hefteten merwig im Heichel, und bibelten und liebelten zum Hoh.

Die wichtigsten Begriffe im Leben der Fahrenden

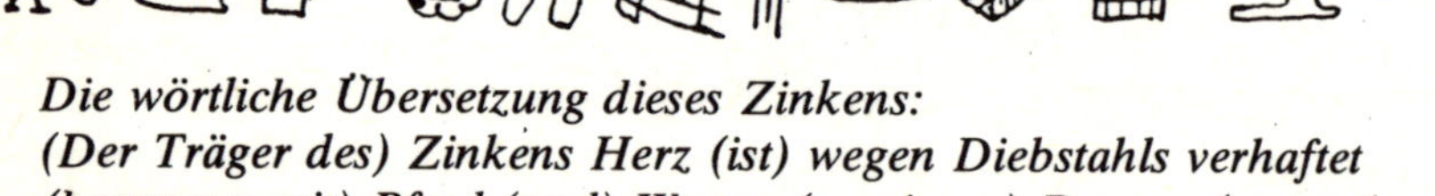

Die wörtliche Übersetzung dieses Zinkens:
(Der Träger des) Zinkens Herz (ist) wegen Diebstahls verhaftet (begangen mit) Pferd (und) Wagen (an einem) Brauer, (unter Anwendung von) Gewalt. (Gestohlen wurden) Würste, Pferdegeschirr, Stabeisen, Zinngeschirr, Kotzen (und) Schmalz. (Der) Kutscher (hat jedoch) gestanden.

Dieb
Abhänger (Kleider-)
Abstierer
(der Betrunkene bestiehlt)
Achprosch
Agoleschächter (Wagen-)
Alijeschieber
Anfasser
Bihengst (Bienen-, Wäsche-)
Boskenner (Einmiete-)
Boxer (aus Kisten)
Brack, Pacher
Brädelmacher (in Banden)
Broschem-Blatter
Brotfahrer (Brot-)
Chittenschieber
Chochum
Diftler
Dorfmackener
Drücker
Duftproscher (Kirchen-)
Duftreiter, Diftschrenker
Erntemacher (zur Erntezeit)
Erzbacher
Farzer (Auslagen-)
Finder
Fischer
Fladerfahrer,
Flatterfahrer (Wäsche-)
Freikäufer (Laden-)
Gannef, Genfer
Ganove, Kneifer
Gebel
Goldzieher
Grabscher, Gramscher
Greifenberger
Handelsmann
Hauer
Hausen, Hosen, Hase
Heimesgannew (Vieh-)
Herkblag, Hökblag
Hinkelschieber (Einschleich-)
Jamm-Mackener (am Tag)
Jomlatchener
Kastelspritzer (Schaufenster-)
Kegler, Kachler (Gelegenheits-)
Kichler, Gackler
Klauer, Glauber
Klemmer
Kodimgänger,
Kodimhalchner (Früh-)
Koloff, Jaulaff (Milch-)
Kuttenklepper,
Kuttenschieber (Früh-)
Lattchener
Leidengänger
Macher
Mauser
Mepper (Bahnhofs-)
Mopser
Nasperer
Necker, Neger
Negoziant
Paletot-Marder (Mantel-)
Pickpoket (Juwelen-)
Poket, Piggüt
Poßchener (Nachschlüssel-)
Prosch, Proscher,
Proschen-Blatter
Quibelheber (Markt-)
Rabe
Reißer
Riwizer
Roller
Rollmacher (Wagen-)
Roscher (Korn-)
Schärfenbub
Schautenfäller, Schautenzinker,
Schottenfäller (Laden-)
Scheinkaffer (Nachschlüssel-)
Scheinlatchener (bei Tag)
Scheinschieber (Einschleich-)
Scheinsettesser, Scheinsewacher,
Scheinspringer
Schlieberer, Schlipperer
Schniffler, Schnüpfer
Schockgänger (Markt-)
Schorr, Tschorr, Schurer
Schränker
Schwänzlerspink

Schwarzbauer (Nacht-)
Schwarzhändler, Schwärzehändler
Schwemm-Riwizer (Holz-)
Sewacher, Seebacher, Seefahrer
Skoker
Steßkunde
Stiegenläufer, Stiegenratte, Stiegensteiger (Einsteig-)
Stipper, Stippersfisel (mit Leimstab)
Stolperer
Taltalmisch (Nachschlüssel-)
Tankfaller (Schaukasten-)
Tchillesgänger, Killegänger, -halchner, -schieber (Abend-)
Torfdrucker
Treppenschleicher
Verdiener
Wassergspodel (Schiffs-)
Weißkäufer (Markt-, Laden-)
Zefirschieber (Früh-)
Zockelberger
Zopfer, Zopfkunde, Zopper
Zottelbruder, Zottelberger, Zottler
Zupfer, Zupfkunde

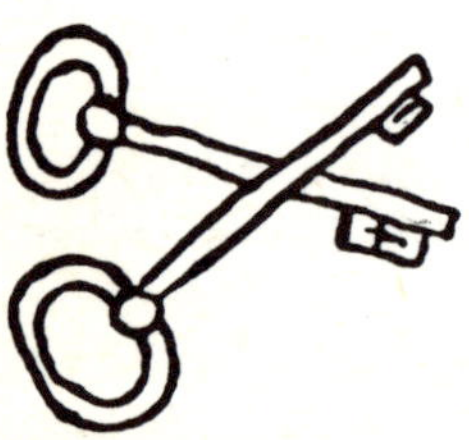

Dieser Zinken bedeutet »Gelegenheit zum Stehlen«. Er symbolisiert die Herrschaft des Dietrichs über den Schlüssel

stehlen
den Schock abhalten (am Markt)
abhängen (Kleider)
anfassen
angeln
arbeiten
askenen
auftun
auf Beilsch gehn
dalmen
in den Wald donnern (beim Stehlen verjagt werden)
drücken
fangen
finden
fischen
flacken, flackern
fochen
fressen
Galle backen, Galle handeln (mit Auswahl)
ganfen, kneifen
garnieren
genfen
grabbschen
gramsen
handeln
Kille handeln (abends)
einen Massematten handeln (gemütlich)
aus der Mulde handeln (Taschendiebstahl)
Strade halten (Straße)
hauen
herken
höcken
Moos holen
humsen
jackeln
jockeln
kabasen
kappen
kaufen, mit Angst kaufen
Ketten schieben (Küche)

Kitten schieben
klauen, glauben
klemmen
kletzeln
klopfen
krampfen
kröpfen
krotzen
latchenen
lekichern
lernen, böhmisch lernen
einen Fisch machen
(Ackergeräte)
mackenen
mausen
merwiachen
mopsen
packen
proschen
quinten
reißen
reiten (zwischen den Beinen)
riwitzen
Gold schächten (Koffer)
schärschen
schedunnern
schießen
einen Schlag tun
schlannen
schlupfen (Tasche)
schmutzige Hände kriegen
(Schlachtvieh)
schnabeln
schnacken, schnicken
schneiden
schniefen, schnüpfen
schoren
schottenfällen, schautenpicken
schottenzinken
schrenzieren
schwänzeln
seebachen, zwegen
stauchen
stemmen
stenzen
stessen
stippen
stolpern
stoßen
tanzen lassen
tuchnen (unter den Augen)
verdienen,
ein Stück Brot verdienen
verhören
zockeln
zopfen
zotteln
zulanden
zupfen

Zinken eines Auslagendiebes

Der (sprachbegabte) Gauner mit dem Papagei im Wappen möchte am 26. 12., dem St. Stephanstag (Steine), in eine Kirche einbrechen und sucht Genossen. Vorbesprechung am 1. Weihnachtsfeiertag (Wickelkind). Die Symbole der Daten entstammen dem Bauernkalender der Steiermark.

Gefängnis, Zuchthaus
Antonikloster (Wien)
der Apfel
das Aschmalfgen
Bärenzwinger (Gefängnishof)
Beinfraßinstitut
das grandige Beiß
Berg
Berliner Vorort
die Blech (Köln)
die Brix, Pritsche
Burgerl
das Echetl
Erbsien
Erdäpfelpalast
die Flöte
der Freisaal (Berlin)
der Gehinnum
Geschmol, Geschmäl
Gymnasium
Hochschule, hohe Schule
die Hölle
Hungerturm
der Käfter, das Käfterchen
der Kahn
die Kante, Kantig
das Kassement
der Kasten
die Kau
die Keuche
Kiste
Kittchen, Küttchen, Kettchen
Kleinkinderbewahranstalt
die Klemme, Klimm
das Kronchen, Grandchen
das Kronigbeiß, Grandigbeiß
das Kühle, Kühloch
Külm
die Küse
Laushütte
das Leck, Leckement
Manaschwerekör
Masger
Melochebeiß
das Mischtor
Moos
Morgenstern
das Nekef
Paradies
die stille Penne
Polterbeiß
Prinzerei
Ranzen
Riesenburg (Berlin)
die Säg
die Satz
die Schaflorum
Schaufelbeiß, Schaufel-Kantisch
Schaufelkitt, Schofelkitt
Schineglswinde
die Schule
die Schurre
Seminar
Sommerfrische
der Stariben
Stöckl
der (goldne) Strauß
Stube
Tallesmasky
die Tfisse, Tfuse
Toffis, Dofen, Fösel
Toback
Trillbeiß, Trillhaus,
Trillkitt
die süße Winde
das Zet
Zipfelhaube
Zuchtfillgen
Zuckerbüchse, Zuckerhaus

»Zuchthaus, Strafhaus«

ins Gefängnis kommen
Alije,
alle werden
Bau kriegen
übern Berg gehen
ins Gebirge gehn
Knass, Knast überbaun
ins Leck baun
nach Maria Taferl fahren
weggehen

ins Gefängnis werfen
boxmannen
dofes zupfen
dufers schupfen
kohle, gaule nehmen
krank pflanzen, zopfen, zupfen
in den Schatten bringen
taffen, taffnen
tofes nehmen
tofis lekichnen

im Gefängnis sein,
gefangen (sein)
bei gaule Barsel schäften
bei kohle Barsel schäften
im Bau sein, sitzen
überm Berg sein
blöde, pleite
brennen
brummen
dobes schäften, dofen
drillen, trillen
hinter schwedischen Gardinen
im Kahn scheften
sich an ne Kante gestoßen haben
im Kühlen sitzen
mechulle sein
im Schatten sitzen
schiwes sitzen,
scheif sitzen
schwimmen
spießen
stocken
verschütt

Gefangener, Zuchthäusler
Boxmann
Brummer
der Gerissene
der Gestoßene
Machulke
Pachulke
der Schokoladenmann
der Stardo
der Süße
der Tofus, Toffes, Dofes, Dufer

Stuhl, kurzes »Sitzen im Gefängnis«

Bank, langes »Sitzen im Gefängnis«

1 Monat Gefängnis .... der Frosch
1 Jahr Gefängnis .... der Sulzbacher
10 Jahre Gefängnis .... der Stadtfrack, der Staatsfrack
lebenslänglich .... himmelblau, olmischer Knast

Bettler
Bimmler, Bummler
Blickschlager (nackter)
Blitzer, Blitzkunde (Kleider-)
Bobler
Breger
Dalfen
Dercher-Pink,
Derchner
Fackelträger
Fahrer
Fechter, Fechtbruder
Fechtmajor
Flötenfetzer, Blödefetzer
Gansrupfer, Gansscherer
Gartenbruder
Gast (jüdischer)
Geiler
Grantner
Hausmucken
Hochfeller (vornehmer)
Jalcher
Juffart (Spaßmacher)
Kalladeiner (Markt-)
Kammesierer (gelehrter)
Kappsierer
Kletschblag
Klinkenklopper
Knopfdalfer
Koldusis
Kommandoschieber
Kommistarchner
Lechemgeiger (Musikant)
Manger
Muckmann
Munzen pl
Palanzer
Pflüger (Kirchen-)
Platschierer
Plenner (Musikant)
Poscherschnurrer (Pfennig-)
Pracher, Breger
Prediger, Bräuer
Rott, Röter
Sarfenschnorrer, Serfen,
Serfschnurrer
(angeblich Abgebrannter)
Schmal-Dalfer (Straßen-)
Schmaldalfer, Schmalhans,
Schmalmacher, Schmaltürcher
Schnallerdrücker,
Schnallentrecker
Schnurr-Keim (Jude)
Schock-Dörcher
Schwanfelder, Spanfelder
(Kleider-)
Schweiger
Seffer
Stabler, Stappler
Standjunge
Statzler
Steigbettler
Stertzer
Stippersfisel, Stibbersfisel
Strahlendalfer (Straßen-)
Stratendalfer (Straßen-)
Streberer, Strebler
Stroller
Taufkunde
Trommlianus
Valkentreiger, Falkenträger
(mit künstlich entstellter Hand)
Woiter

Bettlerzinken 1765

betteln
abbeizen
abgrasen
anranzen
anschlagen
antreten
bimmeln, pimmeln
Blick schieben
blitzen
blöde gehn
bobeln
bohren
bräuen
dalfen, dalfnen, talfen
derchen, tarchnen, tirchen,
dörgen
deufen gehn
drücken
dützen, dutzen
auf die Fahrt gehen, schieben
falzen
fechten
fordern
garten
Gatter klopfen
geilen
granten
Halche schieben
halunken
kammesieren
kappsieren
klappern
kletschen
Klinken putzen
klopfen
Knopf steigen,
auf den Knopf gehn
Leute ärgern
mangen
mitnehmen
mucken
in der Mumschen gehn
pflügen
prachern
predigen
schaben
Schmal machen
schnallen
schnorren
schnurren
sich für Geld sehen lassen
übern Sens gehn,
übern Sönz gehn
stabeln, stappeln,
link stappeln
Steuer einnehmen
stippen
stoßen
strebeln, strebern
stricken
trommeln
umschauen
zehren
Zinsen holen

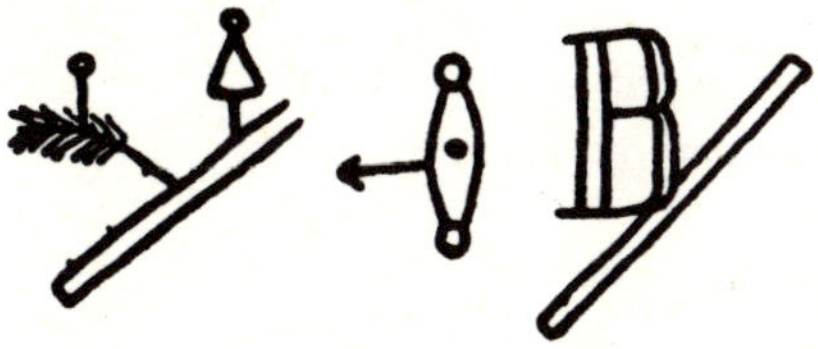

3 Bettlerzeichen

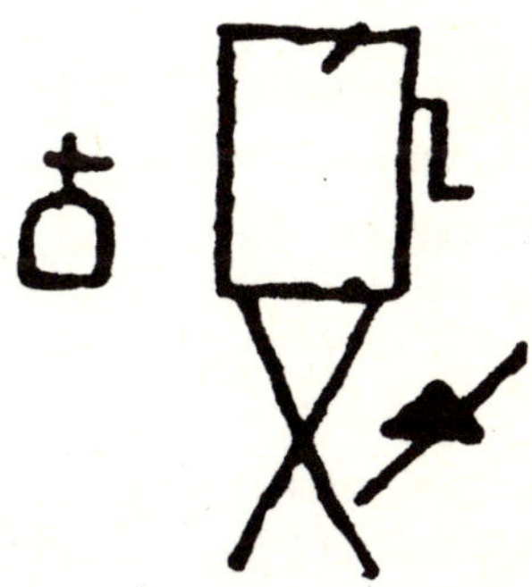

Hier ist etwas mit dem Leierkasten zu verdienen, jedoch nur an Sonn- und Feiertagen; Werktage nicht lohnend (durchgestrichenes Dreieck)

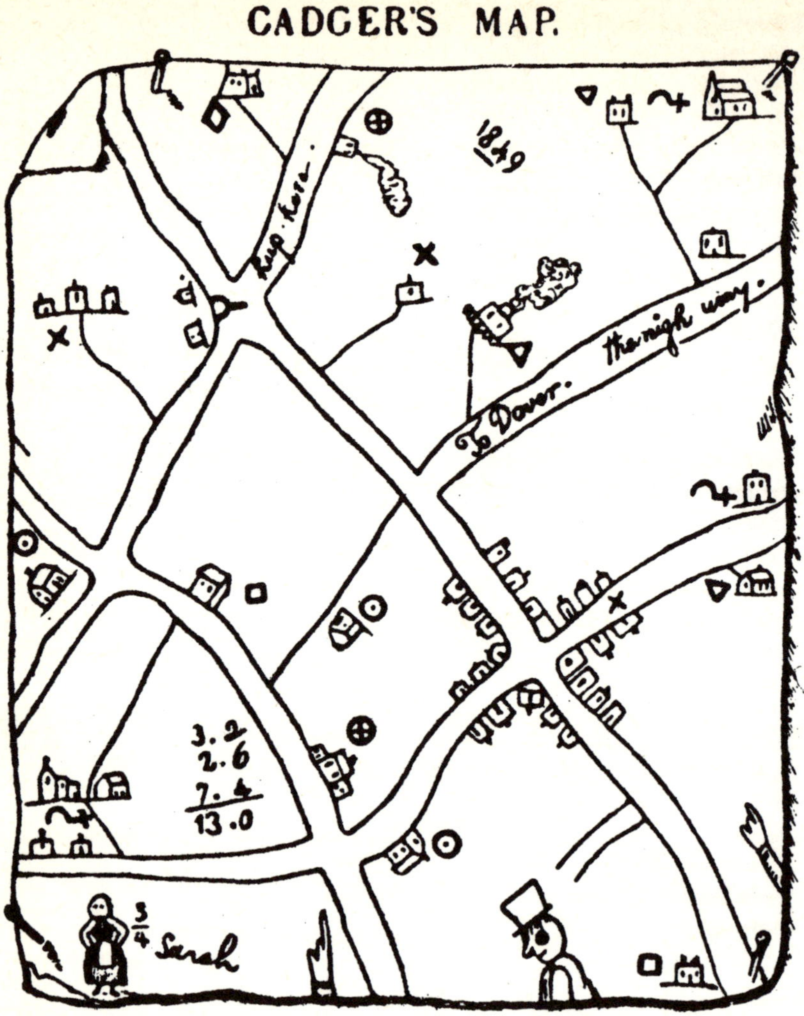

Wanderkarte eines englischen Bettlers aus dem »London Antiquary«, einem Wörterbuch der englischen Gaunersprache (London, 1859). Die Zeichen geben über die einzelnen Gebäude und ihre Bewohner Auskunft.

X *zu arm, wissen zu gut Bescheid*
erfahrene Hehler; kaufen dir Brauchbares ab
nimm diesen Weg, auf dem andern ist nichts zu holen
◇ *gut, aber es fällt nicht viel ab*
▽ *schlecht, schon zu stark abgebettelt*
□ *Vorsicht, die holen die Polizei*
◎ *Gefährlich, kann einen Monat Gefängnis bringen*
⊕ *Fromme Leute, geben aber nicht viel*

Eine Auswahl international gebräuchlicher Zinken aus dem Erwerbsleben der Bettler.

Achtung, Gefahr 

man bekommt nichts 

hier erhält man Essen 

Wohnung eines Polizisten 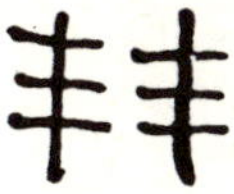

Frau ist allein mit Dienstmädchen 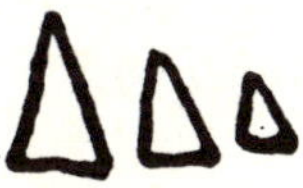

Ein Kranker bekommt etwas 

Besitzer ist brutal 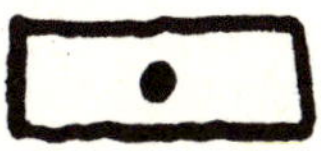

hier bekommt man Nachtlager (primitiv gezeichnetes Bett) 

man bekommt Geld 

man bekommt kein Geld, aber Eßwaren 

die Leute sind grob oder bewaffnet (Faust) 

hier kann Gewalt ausgeübt werden (Schlagwerkzeug) 

bissiger Hund 

fromm tun 

die Leute lassen sich einschüchtern 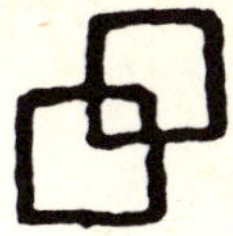

man kann zudringlich werden 

im Hause sind drei Kinder, zwei Frauen, ein Mann

es sind bloß Frauen im Haus

der Klosterpförtner ist freigebig 

man bekommt etwas, muß aber dafür arbeiten 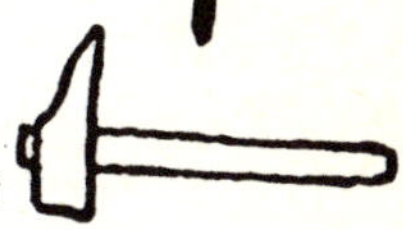

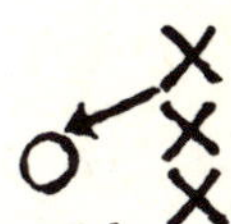

III. Stock links ist lohnend

Gefängnis droht 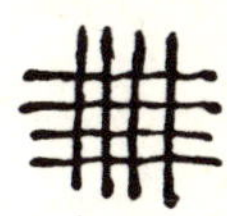

leugnet 

gesteht

Geständnis wegen Schläge 

Unterstützung, Mithilfe 

Polizei
die Behörde
die Deckelei
die Ficke
die Greiferei
die Hebe
die Hefe
Lampe
Licht
Mischpoche
Peizaddik
die Polente
die Poliese
die Polypee
die Putzerei
die Sitte
die Vieche
die Zenserei, Senserei

»Gesetz, Verordnung, Dekret«

Nach der Ermordung eines gefürchteten Landgendarms in der Steiermark um 1890 wurde beim Tatort dieser Zinken gefunden. Zigeuner verabredeten sich damit zur gemeinsamen Tat

Polizist
blau angestrichenes Abführmittel
der blaue August
der gelbe August
der weiße August
der windige August
August mit der Latte
August mit dem Ofenrohr
Benga, Beng, Päng
der Berittene
der Bitwöles
der Blaberl
Blankhut
der Blaue
Blaukopf
Blaukragen
Blechkappe
Blechkopf
Blechreiter
Blitzableiter
der Bosser-Isch
der Bulle
Deckel
der Diff
Dschungelo Rai
»der beschissene Herr«
der Fänger
der Faule
Federnhändler, Federntandler
der Fickler, Viechler
Filzbruder
der Fleischmann
Fußlatscher
der Gansel
der Ganzschattnige
der Geheime, Heimliche
der Greifer
Hemann
Hefenhannes
Herr
Husch, Huschchen
Huscher, Huschkiefel, Huschkopf
Iltis

der blaue Jagdhund
blaue Kalitte
der Kapdon
Karengro
Kernerfetzer
Klammhaken
Klempner, Klempners Karl
der Klisto
Kohlweißling
der Kreuzritter, Kreuzspanner,
Kreuzvogel
Krimmchen, Grimmchen
Lamfiesel
Landdragoner
die Laterne
Lattenkarle
Lattenseppl
das schwarze (weiße) Lederzeug
der Lolo
der Lude

»polizeiliche Überwachung« (dargestellt durch den mit Hahnenfedern geschmückten Gendarmenhut)

»polizeiliche Überwachung« (Bajonett)

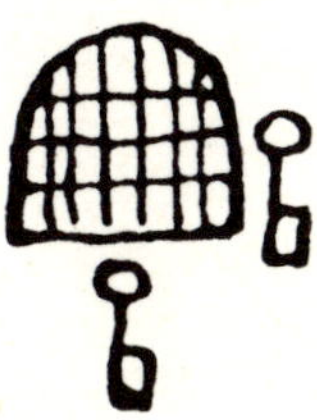

»Arrest«

der Mondschein
Mohrrübe
Nachteule
Naderer
Neupötz
der Nowes
der Ordensmann
Pallopetschen, Pallopeten
Palmputz
Pickelfritz
Pickelhaube
der Pireskro
Poliquetsch
Polismen
Polyp
der Putz
Quetsch
Reck
Säbelhut
der Schaffots
Schanl
Schapper, Schopper
Schaufert
Schauter
Schieß
Schin, Schein,
Schien dollet
Schmiermichel
Schmutzlappen
Schmutzmann
Schoderer
Schot, Schotter
Schubtreiber
der Schucker, Tschugge
Schuß-Balmochum
Schuster
Spießkaffer
Spitzkopf
Strauß
der Urach
Verdeckter,
Verdeckter Putz
Wallon
der Zaddik
der Zänker, Zankert

Betrug
Amerikanisches Geschäft,
USA-Geschäft
Arbeit
Durchstecherei
Einspinngeschäft,
Einspongeschäft
Gennert
Handel
Lederei
Nahrung
Petite
Schiebung
Tarmis
Vot
Wechselfahrt, We-Fahrt

Betrüger
Betüttesmacher
Brandbettler
Brandstapler
Brassler
Debisser
Dopfer
Fallemacher,
Fallenpflanzer
Färber
Fopper
Gauner
Geiler
Habsberger, Habsburger
Honorist
Kandierer
Kettengeher
Kipper
Klankgeher
Konenepper
Kosak, Koserer
Maul, Moihel
Polengänger,
Polenhändler
Ramme, Meramme
Ramscher
Ringwerfer
Schieber
Schupper
Schwassbruder
Schlittenfahrer
Stirnstoßer
Trebeser
Valkentreiger
Veraner, Vermer, Bermer
Wipper

betrügen
anschmieren
aufdrucken
ausschälen
jm. die Augen auswischen
einen auf Sicher bearbeiten
bedienen
bedotten
befilzen
behumpsen
bejauchen
belaxeln
belummern
bemeiern, meiern
besäbeln
beschundeln, beschummeln
bestieben, bestippen
betuchen
betuppen
be-unzeln
Blüten schmeißen =
mit Falschgeld betrügen
changieren
dämisch schlagen
difteln, tifteln
einseifen
einwickeln
filoutieren
flachsen
flöhen, flöhnen
grün geben
herstellen
lackieren
kochen
auf Kohnen handeln =
Blüten schmeißen

ledern
leimen, Leim schieben
mauscheln
meistern
meramme sein
nobissen
rammen, berammsen,
beramschen
ratten
reißen, bereißen
runtzen, runzen
rupfen, berupfen
scharfes Ziehen, Zoppen
(falsches Abheben)
schinden
schnellen
schöpfen
schuppen, beschuppen
schwassern, verschwossen
schwindeln
jm. mit dem Arm ins Nasse
setzen
trampeln, betrampeln
vermonen
versoßen

Zinken eines Gauners, der nicht Franz Silbernagel heißt. Richtig ist nur der leicht zu übersehende Laternenzinken; das Geschriebene dient nur zur Irreführung

Frau, Mädchen
Barberin
die Barjonios pl
Besen
die Besóll
Combarin
Dille, Tülle
Dofen-Frau, Tofesische
Dotsch, Datsch
Ente
der Feger
Festnegerin
Fleisch, Kalbfleisch
Flitsch, Flittchen
Fohlen
Fummel
Fusel, Fussel
Gatschi, Gatschin, Gaxi
Geeze
Gemüse
das Gestanzel
Gewire
Gojin
Golle, Gollerl, Kelle
Grüse
Hanide
Haut
Henne
Hunderl
Ische, Irschel, Urschel
Jück
Käferin
Katze
Keibe, Kebse, Keife
Klafte
der Klater
Krone, Keue
Kummei, Krummei
Kuß-Muß
Lauthi
Leepeneute, Liebschneute
der Lieberich
Malke schwo
Matratze
Mesuse

Mick, Mickmer pl
Milange
Misse, Miese
Mockel
das Model, Muldel
das Mössel
Murfel
das Nefchen
die Neffe
das Nekef
das Nettl
das Pelzl, Pilzl
Pilegöschen
Pillenträgerin
Pupperl
Quindipse
Rachaime
Rakl, Rakli
Rani
das Reff, Reef
das Rigsel
Rummi, Romni
die Scheu, Schei
die Schiffke, das Schiffchen
Schiggis, Schickse
Schippemalke
Schirp, Scherpe
Schlittenfahrt
Schlitzdragoner
Schlitzerl
Schlitzgabel
Schlitzhase
Schlitzhengst
Schlitzhusar
Schlitzkadett

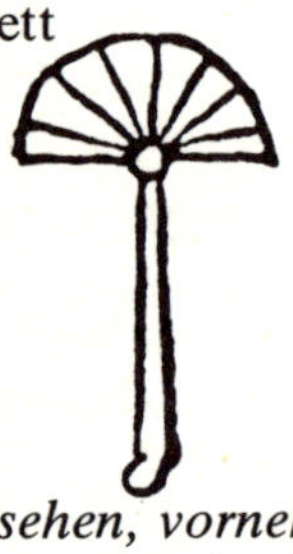

»Frau, Ansehen, vornehmes Wesen«; ausgedrückt durch einen Fächer

Schlitzkrawatt
Schlitzreiter
Schnellsenn, Schnüllsenn
Seege, Säge
Senn, Sennerl, Sian
der Sessel
Struppine
Suppengrüns
der Thuren,
das Türken, Türchen
der Tomp
Tranke
Trigamistin
Trunschel, Trutsch
Tschuvli, Schuffli

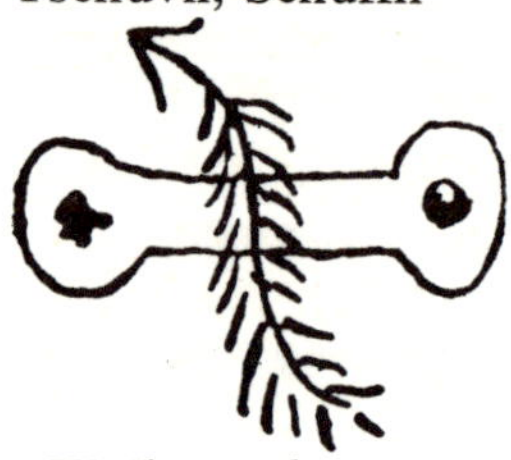

»Weiberzinken«

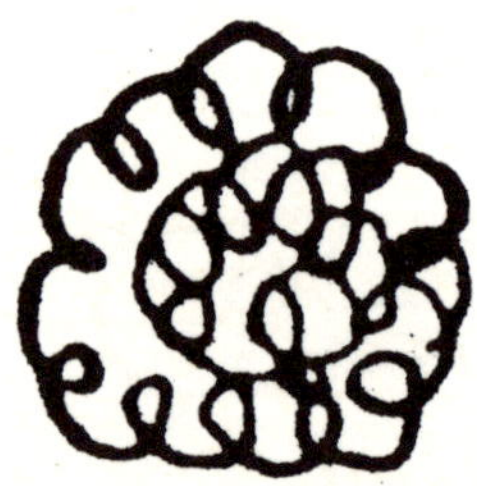

Der sogenannte »Muri«, ein häufig verwendetes Zeichen, bedeutet jede Gewalttat (zugrunde liegt die Redewendung »einen Wirbel machen«)

schlagen, prügeln
aufsäen
ausbuxen, büchseln
bauschen
bimsen
botten
bretzeln
(ver)brüsewitzen
decken
docken, ducken
den Dröschertext singen
dümmeln
einschenken
fetzen, fitzen
gaffen
guffen, kuffen
(ver)hämmern
häuten
heizen, heigsen, heichen
holzen
kallen
kaspern
kaufen
keilen
klotzen, klötzen
kobern
lachsen
(ver)latschen
mackeln
makeinen
muffen
pauken
(ver)pecken
(ver)pöttern
powenkeln
pritschen
pudern, verbuttern
(ver)pumpjacken
Saures geben
simmen, simmern
stemmen
stenzen
stiefeln, stiffeln
tapperaffen
teißen
tünen
verkamisölen
verklappen, verkloppen,
verklopfen
verkneisseln
verknüppeln
vernobesen
vertobaken
verwackeln
wacheln, wachteln, wackeln
wuschen
zimbeln, aufzimbeln
mit dem Schoot
(mit der Peitsche)

**Schlag, Schläge,
Prügel (bekommen)**
Abfälle besehn
Azkes malaikes (auf die Gurgel)
Bimse
Docken, Doge
Guffen
Heichse, Heize
Holz besehn
Kalle, Kallemagaie
Keilemageie
Kibbus, Kibitz
der Kilo
Kuffer
Lachs kriegen
Mackes überbaun
Palmos
Pecke
Schmitze
Senge besehn
Simse
Stauke
Stemme reißen
Stenze
Teißbirn fressen
Tschapide
Zibisheichus pl,
Zilisheichus pl

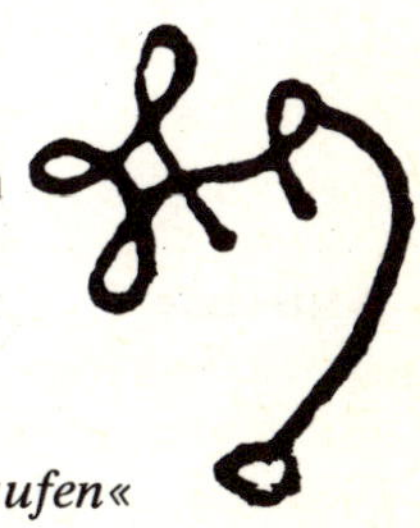

»sich streiten, raufen«

Wirt
Baas
Balbos, Ballbeiß
Balkenvater
Ballspieß, Waldspießer
Beizer, Beißer
Boß
Eindeißer
Fetzer
Gritschimari, Gretschmer
Härksblag
Kahlfrosch, Kallfrosch
Kessenspieste
Kober
Kulei
Lovisel
Malleier
Naß-Wilangs
Plattenspitz(i)
Plempelpink
Plempenteilespenk
Schächer, Schöcherfetzer
Schwächer
Spieß, Spießenick
Spießler
Tispelhutsche
Tschaplaris
Vater, Heiliger Vater
Vizeboß
(Stellvertreter des Wirts)

Wirtin
Beißerin
Beißersmusch, Beißersmuß
Boostin
Koberin
Kochemerspiste
Lotterl
Pennebasin, Pennebosen
Pennespiste

Wirtsleute
das Boßgent

Wirtshaus
Achelbeiß
der Aules
Beiß, das Beißerkitt
die Blaswieden
(mit Mostausschank)
die Chatschemme, Kaschemme,
Kattschäume
das Gehege
Hackelbeiß
die Härk
das Hektisch
die Hospieße
die Hupphege
die Klappe
das Koberbeiß
die Koberei
die Nassauer Bank
die Plempelteile, Plempelwinde
die Prudenz
kleine Regierung
Schechererkobel, Schecherei
Schlederhaus
Schocherbeiß, Schöcherboß,
Schöcherkasten,
das Schöcherkitt
das Schratterische
das Schwächbeiß, die Schwäche
Schwagerkasten
Schwagerkitte
das Schwuderbeiß,
der Schwuderbeist
die Sechserstampe
die Spie, Spieße,
der Spießbeißer,
die Spießerkitt
die Soroffspenne
der Spitzererkobl
die Stampe
die Tammerei, Temmerei
das Tispel
die Wirta, die Werda
der Zapfen
das Zecherl
die Zottelteile

Geld (haben)
die Asche
blanke Asche (Silbergeld)
rote, schwarze Asche (Kupfergeld)
weiße Asche (Nickelgeld)
Bims
das Blech, Bleck
Bokup
der Bonus
Draht
Eisbär
Eingeweide (im Opferstock)
Eisen – die Eisen sitzen
der Flachs
Fuchs
das Gefleim
Gips
Glaspapier
der Gore, Gori
der Heilig, Keilig
Heu
das Hohn
Horn, Hornmauken
Jeled
das Jubiläum
Kabel
Kall
Kern
das Kesch
Kies, Kiesel – kiesig sein
der Kischkesch
der Kitt
Klamotte

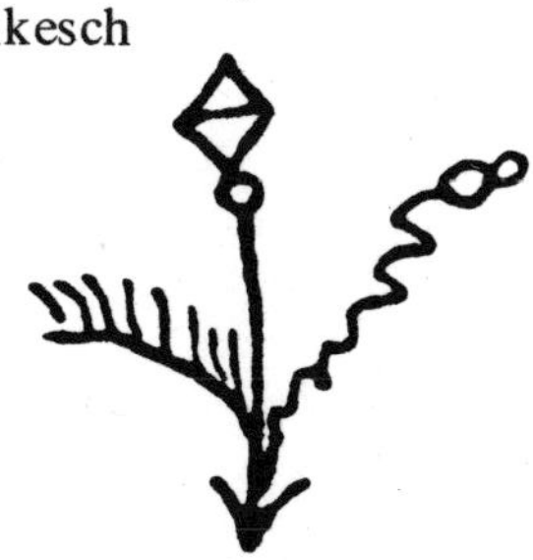

Zinken eines Gauners, der andern, die gerade in Not sind, gerne hilft. (Die Wellenlinie bedeutet Unterstützung)

Klingklang
Kohlen
der Kosen
Kröten
der Lachs
der Lappen
das Lemlém
Liechtenstein sein
Lohm, Lowi
Manig
Marie, dicke Marie (viel Geld)
Mäuse
das Meger
Mesumme
Minge, Münge
Minne, Minnige
Moos
Mops
Moses und die Propheten haben
Mücken
Nervus-Peking
der Pech, das Pich
Pinke
Platten
Qualm
schneeweiß sein
Schoder, Schotter (Kupfer-)
Schrot
Silberdraht
Spagat
der Splent, Splitt
Sporesrassel
Staub
die Steiner
Stopisch
der Taul, Tull
Teke, Theke
Tittchen, Deutchen
der Torf, Dorf
Überfluß
weiß sein
Zaster
Zimt
Zinsen verbringen (vertrinken)
der Zwirn

coire
anbohren
anbrungern
sich eine anschnallen
sich ausschleimen
den Bachwalm versenken
belaxeln
beleimsen
Belmonte und Konstanz
aufführen
bimsen
bletzen
bohlen
Bolzerei treiben
Eier rupfen, zupfen
eindillen
einschneiden
erste Fahrt machen
(in der Eisenbahn)
fiedeln
focken, fücken
fosen
fuchsen
fummeln
Galle nehmen, Kalle nehmen
gehirnen
geigen
haspeln
in die Hebin gehn
Hoden putzen
einer Kantum machen
kirmen
erster Klasse fahren
klettern
knallen
knüllen
kobern
kommeln, kammeln, kaumeln
krönen
machern
meschammesch sein
nageln
natzgern
noiseln
linke Fallen pflanzen
pimpern
Porzellan fahren
(in der Kutsche)
pudern
puien
quintipsen
racheideln
auf die Rassel gehn
riestern
in die Muschel rotzen
einen Rührer holen
schiebern
schießen
Schimmusch machen
schinkeln
seinen Schlamm abladen
schlanen
schnallen, Schnallenritt machen
Schnallenrennen machen
schnirgeln
schockeln
schumpeln
schustern
Steigatts machen,
Steigauf machen
einen Stepp machen
Stixi Bonbon machen, geben
in die Suppe gehn
werfen
zusammenstechen

Schlaf
Dormer, Türmer
Josch
Kulpus
die Lindra
der Pau
Scheno
die Schlaun
Schlummer
Soviben, Sowopen

Bei sternheller Nacht sollen »die Mäuse in die Falle gejagt werden« (mausen = stehlen). »Pfeilschütz«, »Krücke« und »Kettengeißel« wollen von hinten (Schneckenlinie) eindringen. Zinken von 1719, gefunden an einem Bauernhof

schlafen
abern
Bankarbeit machen
(auf einer Bank schlafen)
Biwak reißen
(im Freien schlafen)
dormen, dusamen
feiken
goschen
grieseln
sich auf den Sack hauen
in die Fede (Fade) hotschen
joschnen, goschen, justen
kitteln, kutteln
Knacker machen
(auf dem Fußboden schlafen)
kulpen, duften Kulpus hegen
kuschedurmen
luimen
lullen
pauen
pellen
Pennemann machen,
pennen
pfeifen
bei der Hasin pfeifen
(im Freien schlafen)
pilzen
platt machen,
platte Penne machen
Platte reißen
(im Freien schlafen)
puffen
pülzen, pilseln
schammen
bei Grasmann,
Grasmeyer schlummern
(im Freien schlafen)
im grünen Jäger schlummern
(im Freien schlafen)
schlummen, schlummern
schlunen, schlaunen, schlonen
stappen
stranzieren
türmen

verhaften, festnehmen
angeln
barteln
bricken
denervieren
fickeln, fickern
flachen
gebicken
hebeln
kappen
kebeln
klappen
klemmen
kochen
krallen
krampfen
luppern
meistern
picken
pritschen
regieren
scheeren
schlangeln
schnabeln
schnalzen
sielen
strüpfen
taffe, taffnen, tafsen
tapperawern
verhäufeln
verkebeln
verschränken
verschütten
wickeln
beim Wickel hegen

verhaftet (werden)
alle werden
fallen
fliegen
gebumst
hochgehen
hops gehen
kohl gehen, gaul gehen
krachen gehen
Lampen haben
Maier werden
mechulle
millek sein
der Millingeher (Verhaftung)
schlammassel sein
tofes kommen
versargt werden
verschütt gehen
Vermasselter (Verhafteter)

 *verhaftet und dreimal verhört*

 *verhaftet wegen Diebstahl*

 *die Strafe beträgt ein Jahr*

 *Entlassung (Herz = Freude)*

Zeichen für »Verhaftung«

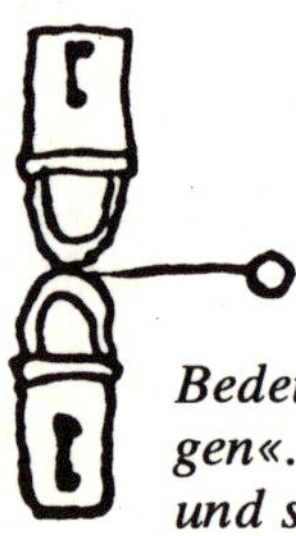

Bedeutet »aus der Haft entsprungen«. Die Schlösser sind gedreht und symbolisieren dadurch das Gegenteil von »Verhaftung«

Verrat
die Messire
der Nexam

Verräter
Bosser-Isch
Emmes-Gatscho
»der Wahrheits-Mann«
der faule Junge
Fleischmann
Glattschmuser
Kabatzel
Kapphans, Kappmaus
Kernerfetzer
Kleckstein
Luball
Mamser benitter (verfluchter)
Masserratte, Masserer
Meschümmed
Molsamer
Mosser
Naderer
Nexamer
Pfeifer
Pucker
Rattepus
Schlichner
Schmaler
Sungalo, Zungalo, Zungler
Zeckner, Zänger,
Zickenhans, Zickner, Zögerer

verraten
anschündeln
assern, verassern
erserken
hochgehen lassen
kappen, verkappen
mamsen, mamsern
massern, vermassern
mossern
petzen
poltern lassen
ratten, rattern
schieben
schlichnen, verschlichnen
schmalen
schuffen, schuften
verluachern
vermachen
vermasseln
vermosern
verpfeifen
verratzen
verrettern
verschlehen, verschlüchern
verschöchern
verseifeln
verzünden
zecknen, zögern,
zinknen, zängen
zinken

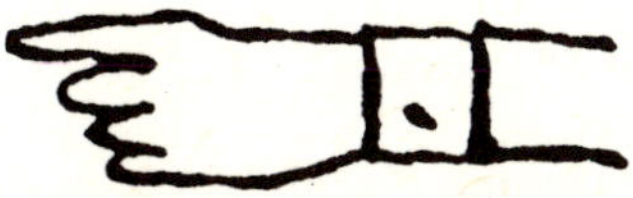

»verraten« (die Grundbedeutung ist anzeigen, auf etwas hinweisen)

»Aufpassen, unsicher, Vorsicht« (Licht in etwas bringen, aufdecken)

Penis
Amor
Anglersgari
Bachwalm
Berzel
Bletzer
Breslauer
Britsche
Bruder
Butzelmann
Dickmann
Dietz
Familienstrumpf
Familientröster
Fiesel
Fisch
die Flinte
Füßler
Gebärvater
das Gestümmel
Gießkännchen
Girigari
Gschirr, enges, glattes
Hannewackel
Hartmann
das Heft
Heimtreiber
das Holz
Kare
Kibitz
Kinderarm
das Klaff, Kelef
Konstanz
die Nille
Pertz, Perz
die Pfeife
Pint
Preller
Rührer, Rührbeutel
Schammes
Schämes
Schieber
Schieß
Schlammassel
Schmeichaz
Schmoi
Sonof
die Stange
Ständer
Stenz
Zauberflöte
Zigarre mit
verschiebbarem Deckblatt

Schnaps
Bindfaden
Brandenburger
Brändling
Brennabi
Breslauer
Dammich
Duft
Finkeljochen, Fünkeljohann
Fünkler
Fusel
der Geschrödden
der Gestreifte (Kirsch mit Rum)
Gickes
Gift
Gotteswort
Halbpfund (großes Glas)
der Harte
der sanfte Heinrich
Husarenkaffee
Jain-Sorf
Jasch, Jaß
Jochen
gefunkelter Johann
Katschedi
Keh
Knorr
Konn
der Kozze, Kurze
Lack
Lötwasser
der Luft
(Pfefferminz-, Kümmel-)
Nordlicht
der Oluff
Öl des Lebens

Rachenputzer
Reingotteswort
Rittmeister
Sanktus
Satt
Schabau, Schabernack
Scheneber
der Schnurre, Schnurri
Schutzmann
Soroff, Suruff, Seraph
die Strippe
Uloff
der Ungebleichte
Unteroffizier
Wachtmeister
Weinaß

verrückt (sein)
besengt
geck
einen Hieb haben
den Jagdschein haben
janisch, janes
einem keberts
einen weichen Keks, Koks haben
mit der Latte laufen
meschugge
den haben sie mit der Muffe gebufft
pontansch
schosser dei
tippelmondisch
vertrillert
einen Vogel haben

»verrückt« wird durch den verkehrt stehenden Kopf zum Ausdruck gebracht

Verrücktheit
Frost im Kopf
die Geige
der Triller

Narr
Achbrumm
Apfel
Dackel
der Dade, Daderer
der Didel
Dulldapp
Ewil
Fliegenfanger
Fopper
Geckmann
Häckel, Heckel, Hegel
Kessel
Koppel
der Maf, Maff
der Narwelo
Nebel
der Niese
der Nille
Oochbram
der Schaute
der Schauter, Schotte
Schosser
Schwanz
der Sonof
Spreck(hansel)
Stußhansel
Tatidel
Wittisch, Witschling, Witsch

»listig, verschlagen«; der Doppelkopf (Menschen-, Tierkopf) drückt das Verhalten des Kunden aus, der sich nach außenhin »dumm wie ein Tier« stellt

Laus
die Arschsenten
Biene
Bismarckkäfer
Bollerchen
Brandenburger
die Chinum, Kinne
die Dzur
Eidgenossen
die Gricks
Haarvogt
Hans Walter
Hörnle
Hutterergesellen
Jockelchen
Juckeln
Kimm
die Klappern
Krammuttchen
Kühnadeln
Marschierer
Mitesser
Müllnerflöh
Nadeln
Penn
Priesterkrebs
Putchen
Reichskäfer
Sackratten
Sand
Schneiderkrebs
die Schuben
die Schuff
Sperber
Staudenfalter
Trichinen
Vielfuß
Wetterwecker

Floh
Braunkittel
der schwarze Dragoner
Eidgenosse
Fetzger
Gricks
der Haar
Hase
Hüpferling
der braune Husar
der Parosch, Prosch
der Puschum
Schwarzburger
Schwarzpfitzing
Schwarzreiter
Spitzvogel
Stupflerssenn
Tüpfelchen

Flöhe
Schutztruppe
Schocherchaje

gehen
andeigen
ausfahren
beißen
borsten,
bürsten, posten
dschaben, schaben
fickern
flannieren
fliegen
focken
garten
geien
halchen, huckeln
hochstapeln
jalchen
Kommando schieben
krauten,
Krautsuppe backen,
Krautsuppe fressen
lattchern
maulechen
messen, Landstraße messen
molichen
naschen
pfichen
racheln, raucheln
sanksen
säppen, seppen
schäften
schaufeln
schieben
schlösen
schnadern
schwanzen
socken
spuren
stabeln, stapeln, stappeln
steigen
stieben
strammen,
stromen, strömen
tanzen
tappeln
teilechen
tippeln
trollen
trommeln
tuppern
walzen
zucken

Ein Schirmflicker und ein Scherenschleifer sind auf gemeinsamer Wanderung

»Die Gegend ist unsicher« (gehe rechts oder links, nicht gerade aus)

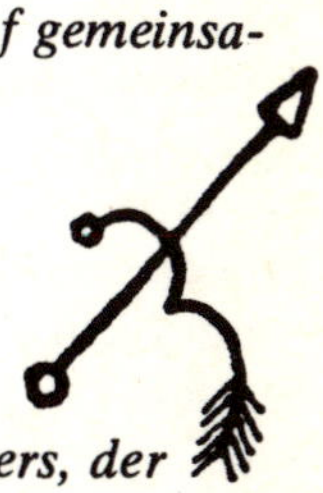

Zinken eines Gauners, der als Wetzsteinhändler umherzieht

Essen
der Achel, die Achelfahrt
das Achelinchen, der Achelputz
künstlicher Dünger
der Flaps
Hackelputz
Kahlerei
das Krokodil
die Mansche
die Morende
Motschka
Popp
Prügelei
der Rumfutsch
der Schlunz
der Schmunz
der Wickel, Weckel
Wurf

essen
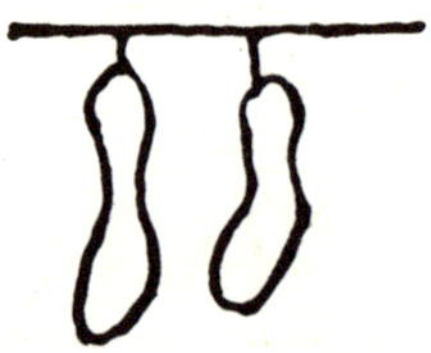
acheln
baffern
butten
essawern
flappen
flippen
hacheln
kahlen, kohlen
menkeln
picken
rammeln
schachteln
schanzen
schenägeln
schlucken
schnabeln
schnappen
schuren, schüren
spachteln
spinnen
spulen
vergurgeln
werfen

Brot
Bäckerling, Bäckling
Backofenzins
Bang
Bär
Bims
Chomeresgro
Fonz
das Gehechelte
Gieberling
Gitzling
Hans von Geller
Kaferling
Kaiser-Wilhelm-Torte
Karo
Kleber
die Knacke
der Knapp
Königstorte
Kreuzerpille
Laub
Leben
Lehm
Liebling
Löben, Löwen, Leben
Lorchen, Lechem
die Marie
der Maro
Mehl
trockner Oskar
Palmkuchen
Pen
Pimmer
Rehbock
Rippel
Stock
der Tabal
die Tat
der Twist
Unterkanonier
die Vochte
Wechsel
Zopfen

sprechen, sagen, reden
blappern, plappern
blatten, platten
brabbeln
dibbern, diebern
flicken
flöten
gackeln
gnatzen
jabbern
kacheln
kaspern
labern
loschen
mammen
mauscheln (jüdeln)
mungatzen (Klopfsprache)
parlen, perlen
pennen
pladieren, plädieren
platschen, platschieren
pleisseln, pleißnen
preppeln
quisten
rattern
schlammachen
schlammasseln
schlittenfahren
schmalen, schmallern
schmettern
schmusen
schranzen
sempern
spennen, spinnen
spritzen
truschen

Zinken eines Bilderhändlers, der vier Sprachen spricht

waldiwern
wahlen, walen
Zungenschlag haben
zwinkern (mit den Augen reden)

fliehen
abbürsten
abposten
abproschen
abschaffen
abschäften
Absent geben
abteilechen
alle werden
sich amrazieren
blättern, pletern
blöde machen
blühen gehn
einen Hasen machen
Kraut backen, Kraut essen,
Kraut fressen
naschen
Palitschek einhängen
Paulin ansagen, paulisieren
Pech geben
pleite halchen
sich quetschen
rücken
einen Satz machen
Schiebes machen,
Geschiebs ansetzen,
Schiebes naschen,
Geschiebs machen
schimmeln
schneien
einen Schuß nehmen
schwellen
über die Gewul teilechen
türmen
turnen
verduften
sich verpissen
jemand versetzen
wandern
sich wegpissen

Vulva
Baßmeichel
Beff
Bellamaunz
Belmonte
der Bletz
die Busche
Dotsch, Datsch
Fotze
Geige, Geigerl
das Geschirr
der Girlitz
Haartruhe
Humse, Humpse
Kiebitz
Köcher
Koffer
die Knull
Krummei
Kutsch
Kutte
Laffoi
Lautori
Meis
Michole
Minsch
Musch, Muschel, Mutz
Poschemine
Pumpel, Pümpel
Punze
Quindipse
Rieglerin
Schese
der Schmuh
Schmuppe, Schmutte
Schnalle
die Schosa, das Gschoß
Schublade
Schumpel
das Zifferblatt

Kleidung, Rock
Anbaul (Sträflingskleidung)
Beged, Bechert
Blitz
die Bolle
Borke
Brocken
Bruch
das Degel
Doß, Doßmann
der Fahn, das Pfännle,
die Fahne, die Pfanne
Fetzen
der Feuel
der Friedl
die Fuhr
Gade
Gojekluft
die Hazicke
Hülle
der Janker, das Jankerl
der Jaß
Klamotten
Kluft
der Malbusch
Metaltalim pl
der Misch, Wallmisch
die Rachemni, Rachmin
Rinde
die Schale, der Schäler
der Schlufer
die Schwelf
der Sturz
der Surm
die Tschocha
der Uripen
Windfang
Wisch
Zierum

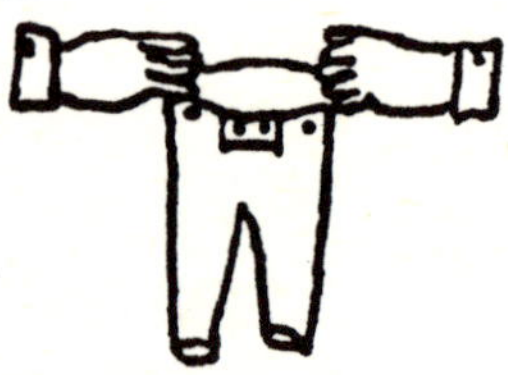

»Trödler« (dargestellt durch die typische Haltung des Kleidungsstückes beim An- und Verkauf)

Kartoffel
Berghacker
Bombditerr
Buse
Christenwürger
Erdpommerlinge
Erdtauben
Erdweinbeere
Ereztappuchim
Eritztauben
Feldhühner
Feldtauben
Glumpen
der Gronkwöhles
Grundgranaten
Grundsaure, Grundsore
Grundschurch
Grundwühler
Hausnauben
Karnaiwesen
Klumpen
Knollen
Lubunici
Massledoge
Matrellen
Muckeln
Poleffken
die Potacke, Putthacke
Rewäller
Röllerchen
Rundchen, Rundling
Scherbes
Schnaufkugel
Schockelcher
Schundbolle
Schundmuckel
Schwallje
Stälcher
Tappuchim

Trinker:
Hopfenbruder

trinken
bacheln, becheln
bafen
blasen, platzen
blauen, bläuen
busen, büßen
auf den Diensteid nehmen
fegen
flössern
löten
picheln
pitschen
plaren
plempen
pojen
schasjenen, schasken
schickern
schlappen
schmettern
schmieren
schmoren
schnasseln
schöchern, schockeln, schocken
schrofen
schwabbeln, schwappeln
schwächen
schwadern
stinen
tönen
toppen
tschaßchen
weiweln
zotteln

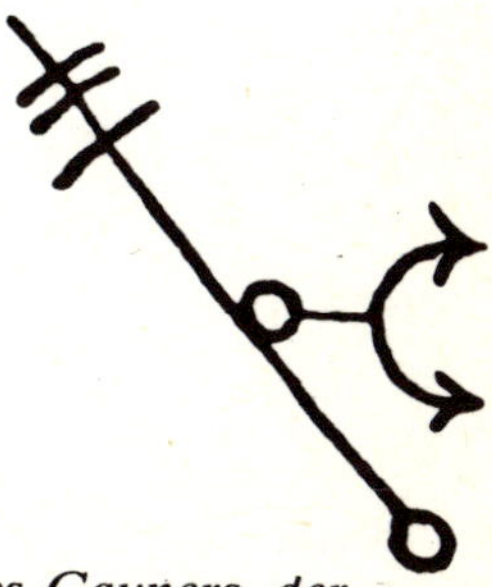

Zinken eines Gauners, der sich für einen Schmiedegesellen ausgibt und sich in abgelegenen Wirtshäusern aufhält

Kundennamen
und Wappenzinken

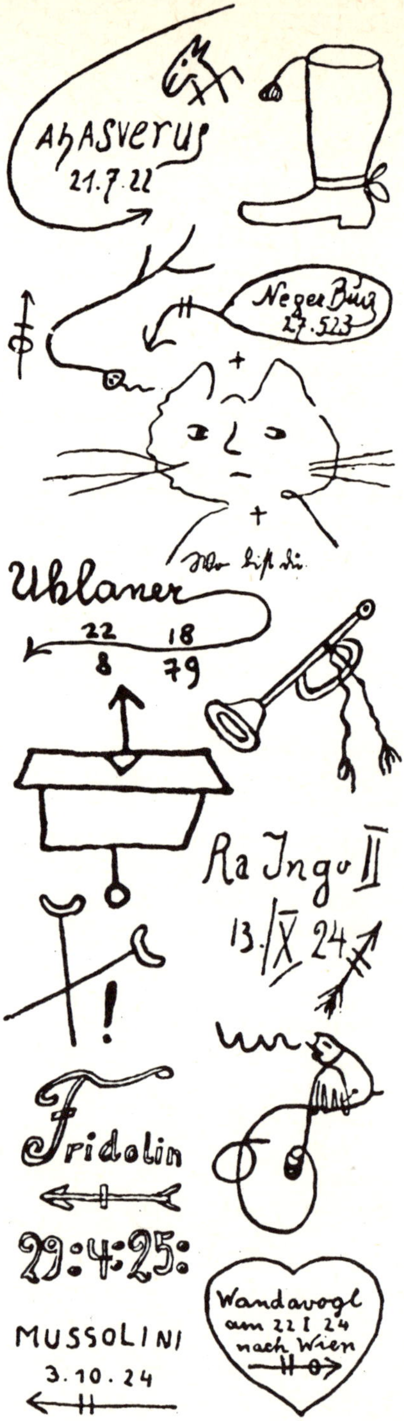

Actuarius
Ahasverus
Allgäuer
Altenburger Chatzoff
Annchen mit dem Mundchen
Apachenkönig
Arizona Bill
Bahnhof-Max
Baier
Barabas
Barbier
Bäumlerin
Bellakon
Benneckensteiner Lore
Bernburger Kühn
Bienenkönig
Brandiser Fliege
Brankarter
Bretzenbäcker
Bretzenparagraph
Burgvoigt
(vom Rittertum schwärmend)
Burgfrau
(seine Begleiterin)
Max Butterfaß
Prinz Dakkar
Demmer
(»Scharfrichter«, rote
Weste tragend)
Diebsmook
Doppelzahn
Dorndorfer Dickkopf
Drarer
Drossel
Duderstädter Louise
der kleine Eisenacher
türkische Ente
(rote Augen)
Etcetera
Roter Falke
Faustkenner
Feuerferi
Fischbüchsenpaula
Fixzenz
Flammer
Flothoer Hanne
Förster

Franzos
Fridolin
Gensdarm
Gigerl
dicker Gottschalk
Greizer Caroline
Grubenbaron
der alte Grünwald
Halbmond
rote Hand
Hannchen putz dich
langer Hans
lahmer Hartmann
großer Harzer
kleiner Hebestreit
Heldburger Kühn
Heldrunger Fuchs
Helmstädter Koch
Hirschfuß
Holledauer Friedel
Horns Junge
Nurische Höppe
Janitschar
kleiner Joseph
Katzentodt
Ki Ka Ko
Kilimandscharo
Kitterlitzer Muthe
Knallauge
Knispeldose
kleiner Köhler
Koppenhagener Bock
Krückenhanne
Krüpperl
König der Landstraße
Kubschin
Kurier
Langes Miene
Langnase
Leier und Leierin
rotziger Leimert
Lentuchel
das Lippsche Kind
Lixl
Lois
Longinus
Lord
plattköpfige Lore
s'Luder
Machores (»Scharfrichter«)

lahmer Magdeburger
alter Matthes
Ritter Minus
Moospolster
Mops
Mückenkönig
Mullemaus
Naturschwärmer
Nudelwalker
Ohrenbiß
kleiner Oschatzer
Petroleumkönig
brennroter Poldl
Potsdamer Stern
Profos
Quindipse
Radetzky
Räuberjokl
Ringelspiel
Ringlebener Schneider
Rothaer Carline
Saalfelder Fuchs
Säbelfechter
Sachsenhagener Müller
Saufbruder
Olga Scheunentor
Schieferdecker
Schinder
Schmul
der alte Schnabel
Schreiteufel
blaue Schwalbin
Silbernagel
der verlorene Sohn
Soßenlöffel
Söster Conditor
Senator Sparschwein
Stadlhexe
Theo Stilvoll
Sultan
Tannaische Röse
Tell
Texas Jack
alter Thorner
Torgauer Fliege
Trompeter
Uhlaner
Urwaldkönig
Waldgeist
Waldläufer
Walterin
Wandavogl
Waschblausefi
Weimarische Fliege
stolze Wernigeröderin
Wex
Wiehescher Gerber
der schöne Wiener
dicker Wilhelm
Winetou I
Winterfriede
Wundertüte
der kleine Zeitzer
Zeulenrodaer Strumpfwirker
Zwickmuschi

Wappenzinken dreier unzertrennlicher Fechtbrüder, gefunden in der Steiermark; die Bilder knüpfen an ihre Spitznamen »Hahn, Strauß und Eule« an

Etymologisches Wörterbuch des Rotwelschen

Das Wörterbuch bezieht sich auf die vorliegenden Texte bzw. Begriffsgruppen; ein vollständiges Wörterbuch des Rotwelschen - soweit bisher bekannt - hätte den Rahmen dieses Buches gesprengt. Die Etymologie folgt im großen und ganzen Siegmund A. Wolf.

»?« bedeutet, daß die Etymologie ungeklärt oder umstritten ist, »siehe« bedeutet, daß das folgende Wort alphabethisch aufgeführt ist, »vgl.« dagegen gibt nur einen allgemeinen Hinweis.
»+« besagt, daß zwei miteinander nicht verwandte Wortwurzeln zu einem Begriff verschmolzen sind. Die erste Silbe von Bratwurst z.B. ist gebildet aus dt. braten + dt. Brat n Fleisch, das noch in Wildbret erhalten ist und mit dt. braten nicht verwandt ist.

Abkürzungsverzeichnis

arab.	arabisch
alem.	alemannisch
ahd.	althochdeutsch
berl.	berlinerisch
dt.	deutsch
f	Femininum
fam.	familiär
fränk.	fränkisch
fries.	friesisch
got.	gotisch
hebr.	hebräisch
ind.	indisch
ital.	italienisch
jm, jn	jemandem, jemanden
m	Maskulinum
ma.	mundartlich
mhd.	mittelhochdeutsch
n	Neutrum
nd.	niederdeutsch
nl.	niederländisch
od.	oberdeutsch
rabb.	rabbinisch (zu Rabbinismus, dem gelehrten Schrifttum der Rabbiner)
schwäb.	schwäbisch
sorb.	sorbisch
syn.	synonym
verk.	verkürzt
zig.	zigeunerisch

Unmißverständliche Abkürzungen (wie etwa tschech. für tschechisch) sind nicht aufgeführt.

Das jiddische (rotwelsche) Alphabet mit den Zahlenwerten

ollef	1
beiß	2
gimmel, kümmel	3
dollet, dolles, tolles	4
he, hej, hai	5
woff, fauf	6
sajin	7
chess, kess	8
tess	9
jud	10
jud ollef	11
kof, chof	20
lamed	30
mem	40
nun	50
samech	60
ajin	70
pej, fej	80
zadek, zadik	90
kuf	100
reisch	200
schin	300
tof	400

Jom ollef	Sonntag
Jom beiß	Montag
Jom gimmel, kümmel	Dienstag
Jom dollet	Mittwoch
Jom he, hej	Donnerstag
Jom woff	Freitag
Jom sajin	Samstag

abern schlafen ?
Abfälle besehn geschlagen werden; jidd. ophel Beule
abhauen siehe hauen
abmecken töten
jidd. mocho ausgelöscht
Abstierer siehe Stür
Achbrumm m, Oochbram Riese ?
acheln, aucheln essen, Hackelbeiß n Wirtshaus, Hakkelputz m, Achelinchen n Essen; jidd. acheln essen
ächen siehe eichen
Achprosch m Dieb; jidd. achbor Maus; jidd. rosch Kopf, »Mauskopf«
Acht f Fessel, Handschelle, Band; dt. Handschelle in Form der 8
achter(katz) hinter, Seemannssprache, das nd. achter entspricht dem od. after, vgl. After
Achtundzwanziger m Überfall
jidd. kof-chess ist Abk. für Koch-Chasne: Gewalthochzeit, kof-chess aber auch: 28
ächzen bleiben; zig., siehe Echetl
Adoni m Herr, Gott; jidd.
Affenkleister m Teig
jidd. ophe Bäcker
afilu sogar; jidd. afille
aggeln siehe Gohle
akana jetzt, hier; zig.
Akte pl Kunststücke von Kunden; dt.
alf, alef eins; jidd. (1. Buchstabe, vgl. griech. alpha)
Alije gehn »hochgehen«, gefangen werden, Alijeschieber m Speicherdieb
jidd. alijo Speicher
alle werden »hochgehn«, gefangen werden; jidd. ol hoch
alle aber; zig. ale aber
Alm siehe Olm
alt gut, sicher; dt., siehe jung
Altlatz siehe Latz
altrisch alt; dt.
alz immer; ma.
amen wir, uns; zig.
Amérikánityikos m Amerikaner; zig.
Amor Penis ?
anbau sein siehe bauen
andeigen gehen ?
Anger m Kohle; zig.
Anglersgari m, Girigari m, Kare m Penis; zig.
anhauen bitten, anbetteln; dt. siehe keilen und anschlagen
anheiben anfangen; jidd. zu dt. anheben
anit sonst, »wenn nicht«; jidd.
ankarren siehe Kahre
ankeilen siehe keilen
anölen verspotten, zum Narren halten ?
anranzen anbetteln; dt. ?
Anreiß m Ansteckung, Infektion; jidd.
anschlagen betteln, zu betteln versuchen; dt.
anschnallen siehe Schnalle
anschündeln siehe Zünd
anstimpfen siehe stupfen
Apfel m, Appel m Narr; jidd. ewil Narr, davon auch rw., dt. veräppeln
Apfel m Gefängnis, Arbeitshaus, apfelkeß frech
jidd. poel Arbeit
Äpfel- (Negation) siehe hebeln
Armband n Handfessel; dt.
arretieren machen vollziehen; dt.
Arschsenten pl Läuse ?
asch häßlich, frech
jidd. as; Aschmalfgen n Zuchthaus; jidd. as häßlich
jidd. malbuschim Kleider
Asche f Geld; jidd. ansche Männer + tschech něco wenig + dt. Asche
(got. azgo Asche, Weißes)
blanke Asche Silbergeld
weiße Asche Nickelgeld
rote Asche Kupfergeld
schwarze Asche Kupfergeld
askenen stehlen

jidd. assak bemüht
assern verbieten, gegen jn sein, verraten; jidd. assern verbieten
Ast m Buckel; dt., vgl. sich einen Ast lachen: sich den Buckel vollachen
ätschen, atschewawern lassen; zig.
aucheln siehe acheln
Aue f Wasser, See, Meer, Tee, Saft, Soße; Auepatschler m Fisch, Auglut f »Wasserland«: Holland, England, Amerika; mhd. ouwe Wasser
aufferkönig siehe könig
aufsäen verprügeln; dt.
Aufstoß m Überraschung, Störung, Vereitlung; dt.
August m Polizist; dt. dummer August + rw. Aujeff Feind
Aujeff m Feind; jidd. ojew Feind
Ausfall m Möglichkeit (zu stehlen, einzubrechen etc); dt.
Ausflucht f Diebsreise Urlaub; dt.
aushusten gestehen aufhängen; dt.
Auskatsch siehe katschen
auslecken siehe Leck
ausschälen siehe Schale
außnen, osnen machen jidd. osenen
Aut f Haut; jidd., zu dt. Haut
Azkes malaikes pl Schläge auf die Gurgel; jidd. ossok frech (vgl. frech wie Oskar), jidd. malchus Schläge
Baas m Wirt; nl. baas Hausherr
bacheln, picheln trinken, Pechnickel m Bier; zu dt. Bach, bacheln: fließen lassen –nickel zu Nikolaus?
Bachwalm m Penis, Bachwalm versenken koitieren; dt. ?
bafen trinken; zig. piyáv trinken
baffern essen franz. bâfrer gierig fressen
Bählert m Schaf; dt. lautmalerisch
bahnen, bannen sein ?
Bais siehe beiß (zwei)
Balbos siehe Ballbeiß
Balderl n Geist, Gespenst; zig.
baldowern siehe diebern
Balkenvater m (Dirnen-)Wirt jidd. baal chenwene Herr des Geschäftes
Ball m Herr, Mann, Ballbeiß m Wirt, Hausherr, Ball-Chochem »wissender Herr«, des Rotwelschen Kundiger (vgl. kochem), Ball-Cholem »Herr des Traums«, des Rotwelschen Unkundiger, Laie; Balloch m Himmel, »der Herr über dir«; jidd. baal Herr
Ballspieß siehe Spieß
Balmochum m, Balmilchome m Soldat; jidd. baal milchomo »Herr des Kriegs«, Soldat
Bammel m Angst jidd. baal emo »Herr der Furcht«; rw. sich bebaumölen sich fürchten;rw./dt. im Eimer sein, in emo, Furcht sein; rw. Bammelflättrich m »Angstvogel«, Käuzchen
bang lahm, krumm, bangen krümmen, beugen Bange f Kurve, Krümmung; zig.
Bang, Pen Brot; franz. pain
bannen siehe bahnen
-bar siehe barr
Bär m Brot; jidd. baras Fladenbrot
Barberin f Frau ?
Bärchen n Kahn; zig. bero Kahn
Bärenzwinger m Gefängnis(hof) jidd. barjonim leichtsinnige Kerle
Barjonios pl feine Mädchen jidd. birjah feiner Mensch
barr, baro groß, weit; zig.
Barren m Korken dt. Barren Riegel
Barsel siehe Bartel
Bartel-, purtl, pard Ober-, oben, über. Bartl m Himmel zig.

Bartel, Barsel m Eisen, Stange, Spieß, barteln fesseln. Hierher: wo der Bartel (Brechstange) den Most (Moos: Geld) holt jidd. barsel Eisen
Basno Hahn; zig.
Baßmeichel f, Michole f Vulva jidd. bas Tochter; jidd. mechila Verzeihung, vgl. »Barmherzige Schwester«, siehe Mechile
batzen kleben, ausruhn, Batz m Dreck, Lehm, sich batzen sich setzen; dt. ma.
Bauch siehe Bocher
bauchen kennen; jidd.
bauen, anbau sein kommen, frei werden; bau hier jidd. bau sein
bauschen schlagen; mhd. buschen
sich bausen siehe bomsig
bebaumölen siehe Bammel
Bechert siehe Beged
bedeftend bedeutend ? bedeften bedeuten
bedotten betrügen; nl. bedotten
Beff f Vulva; dt. Befze f Lippe
befilzen betrügen, filzen suchen zu dt. filzen kämmen
Beged, Bechert Kleid jidd. beged
beglänzen siehe Glenz
behumpsen siehe humsen
beikern siehe Peger
auf Beilsch gehn beim Geldwechseln o.ä. vertauschen, stehlen jidd. baal schichcha Vergeßlicher
Beisel siehe Beiß (Haus)
beiß zwei; jidd. bess (2. Buchstabe, vgl. griech. betha)
Beiß, Boß n (Wirts-)Haus, Treffpunkt, Ort; Beisl n, Beize f, Posse f Wirtshaus; beibeiß nach Hause; Schundboß n After; Pott Haus; Beizer, Beißer m Wirt; jidd. bajis Haus
beißen gehen, Beiß m Schritt ital. passo Schritt
Beißer m Belastungszeuge; dt.
Beißwill f Bamberg, »B-Stadt«
Beize, Beizer siehe Beiß (Haus)
belaxeln siehe Lachs
Bellamaunz f, Belmonte m Vulva, Belmonte und Konstanz aufführen koitieren. Tautologie, denn Konstanz »Penis erectus«, zu lat. constans feststehend, siehe Hartmann; zig. pelo Hoden, zig. mintsch Vulva
Belmonte siehe Bellamaunz
belummern betrügen dt. lummern schlaff
bemeiern siehe Maure
benen, pennen, pinnen sprechen; zig.
Benga m, Päng m Polizist zig. beng Teufel, Gendarm
benschen segnen, beten, bitten, umbringen, Bensch m Gebet; bensche bitte; lat. benedicere segnen
beplümpsen siehe plümsen
bereimen bezahlen; ahd. rim Zahl, Reihe, dazu dt. Reim
Berg siehe Burgerl
Berghacker siehe Koch
Berliner m Reisetasche, Bündel jidd. be alil »mit der Werkstatt« siehe Potsdamer, Charlottenburger
Berliner Vorort m Zuchthaus In Berlin lagen sämtliche Strafanstalten in den Vororten.
Berzel siehe Perz
besäbeln siehe Sefel
beschunden siehe Zünd
beschuppsen siehe schupfen
Beschwere f, Paschwere f Rippe zig. paschwero Rippe
jn auf den Besen laden jn verspotten; jidd. besaion Verachtung
besengt verrückt, dt. Senge Prügel, siehe einen Hieb haben
Besóll f, Pelzl n, Pilzl n Mädchen jidd. besula f Jungfrau
bestieben siehe stieben (geben)
betrampeln betrügen ?
betroppen siehe tropp

bettel, betel leer, unnütz
jidd. batolo vergeblich
betucht sicher, still, zuverlässig
betuchen betrügen
jidd. betuach sicher, zuverlässig
betun machen; dt., vgl. sich
betun übereifrig sein
betuppen betrügen ?
Betüttesmacher m Betrüger
Petite f Betrug; ital. partita
Geldschuld, Posten
Betzchen n, Petzchen n,
Betze f Ei; jidd. beza Ei
be-unzeln siehe utzen
bi ohne; zig.
bibbern zittern, frieren, wakkeln, bibberisch kalt; Bibberscheine pl Weihnachten;
Bibberling m Winter, Pudding.
Iterativ zu dt. beben
bibeln, bibern lesen, beten
dt., zu Bibel
Bielefelder m weiße Wäsche
nach der Stadt Bielefeld
Biene f Laus
jidd. bina Verstand, »Köpfchen«
Bierlin f Biene; zig. birlin
Bihengst m Bienen-, Wäschedieb
Abk. von Bienen, Bielefelder
Bimmler, Bummler m Bettler
dt. bimmeln sich hin- und herbewegen, läuten
Bims, Pimmer Brot, Geld, Prügel, bimsen prügeln, koitieren
(über Prügel »Penis«), Pumpernickel m Honigbrot; lat panis?
Binatsch m Spinat; ma. dt.
Bindfaden m Schnaps, getrunken in Verbindung mit Bier,
siehe Strippe
binnen innen, innerlich; dt.
Bismarckkäfer m Laus; dt.
bittselig traurig
bittselen trauern; dt.
Bitwöles m Polizist; biten ma.
beißen, -wöles lat. filius
Biwak reißen im Freien schlafen
dt., siehe Platte reißen
Blaberl m Polizist
jidd. baal lawlar Herr Schreiber
black schwarz, Black f Tinte; dt.
Blag, Plag m Mensch, Mann
nl. blaag m Balg, ungezogenes
Kind
blank neu, frisch, weiß
blanken erneuern, heilen
Blankling m, Blankert m Wein,
Schnee, Milch; dt., siehe Gleiß
Blankpfahl m Birke, vgl. zig.
parno ruk Birke, »weißer Baum«
blasen trinken; dt., Vergleich
der Schnabelkanne mit einem
Blasinstrument. Blaswieden
f Wirtshaus, -wieden zu Winde
blatten sprechen; dt. Blatt
»Zunge«, siehe aber platten
Blättrer, Blattrich m Buch
dt., zu blättern
blau, lau nicht, nein, schlecht
jidd. belo ohne. Hierher rw.
blau betrunken, blauen trinken,
blau machen nichts tun, vgl.
dt. »blauer« Montag, »blauer«
Brief; lamet-alef nein, buchstabiertes lau. lololu(m) nein,
nicht. Laushütte f Gefängnis,
Lovisel m Wirt (schlechter
Mensch); jm blauen Dunst
vormachen leitet vom rw. blau
zur dt. Farbe blau über.
Blaukopf m Polizist.
Blaue Martine f Bayern
Wappen- oder Landesfarbe.
Bläuling, Blauhans m Pflaume
dt.
Blech f Gefängnis zu Köln ?
Blechkopf, Blechkopp m Polizist; dt., –kopp zu dt. Kappe
blecken scheinen, Bleck m
Schein, Blecker m Mond, Blekkersbleck m Mondschein,
Nichts, Illusion; dt.
Blei f Marter, Qual, bleien
peinigen; nl. palei Folterwerkzeug
Blessen Seide ?
Bletz m Vulva, Bletzer m Penis, bletzen koitieren; dt. Bletz
Lappen

Blickschlager, Blickschieber m nackter Bettler; dt. Blitz, mhd. blic Blitz, Glanz (des nackten Körpers), vgl. Modewort Blitzer
Blinker m Stern; dt.
Blitz m neues Kleid, Blitzer m, Blitzkunde m Kleiderbettler; dt.
blöd, pleite fort, weg, blühen gehn, flöten gehn, pleite gehn fliehen, fortgehn. Pleitegeier »Fortgeher«, Bankrotteur; verblühen verschwinden, wegblättern fliehen. Flötenfetzer m Bettler; jidd. pleto Flucht, bankrott
bloh blau; jidd.
Blüechz n Blumen, »Geblüh« jidd.
Blunze f dicker Mensch ma. Blunze f Blutwurst
Blüte siehe Platte (Geld)
bobeln betteln; dt. Bofel arme Leute + franz. pauvre arm
Bocher, Baucher m, Wocher m Student; jidd. bochur Jüngling
Bock m Hunger, bockig hungrig, gierig; zig. bokh Hunger
Böcker m, Buckel m Ochse jidd. bokor Rind
bohlen koitieren; dt., zu buhlen
bohlen werfen, fallen ahd. polon werfen
Böhm m Ochse, Rind. Böhmblatt Borretsch »Ochsenzunge« Heimesgannew m Viehdieb jidd. behemes Ochse
Bokup Geld franz. beaucoup viel
Bolle f Kugel, Kartoffel dt. boll rund
Bolle f, Anbaul f Gefängniskleidung; jidd. polil gerichtlich
Bollerchen n Laus; nl. bol Kopf. davon auch dt. Bulle Polizist siehe Lampe
Bolt m Dreck; dt. boll rund
Bolzen m leichtes Mädchen Bolzentreiber m Hurentreiber Bolzerei treiben koitieren
nl. bout Schenkel
Bombditerr pl Kartoffeln franz. pomme de terre
bomsig ängstlich, bausen sich fürchten, bossen schweigen rw. bauschen, mhd. buschen schlagen
Bonum siehe Ponim
Bonus Geld; zig. banuc Kreuzer
boppen liegen, legen Boppling m Nest; dt.
Bork m Esel; zig. purikka Esel
Borke f, Brocken m Kleid, Rock; zig. borcka Rinde
borsten siehe bürsten
Boskenner m Einmietedieb jidd. pessach Tür
Boß (Hintern) siehe Beiß(Haus)
Boß, Boos m Wirt; zusammengezogen aus Balbos + Baas
bossen siehe bomsig
Bosser Fleisch, Bosser-Isch »Fleischmann«, Polizist, Häscher, siehe Kernerfetzer jidd. bossor
Boxer m Kistendieb, Boxmann m Gefangener ?
Boy, Poj, Pani Wasser, Saft Boytent Schiff, »Wasserhaus« zig. pani Wasser
brabbeln, präppeln, preppeln (leise) reden, sagen; dt.
Brack, Pracher, Erzbacher m Dieb; mhd. brachen brechen
Brädelmacher siehe Bratelfreier
Brand m Lagerbier, Brandwill f »Bierstadt«, München Brändling m Bier, Schnaps, Kaffee; zu dt. Brand ?
Brandenburger pl Läuse siehe brennen
Brandstappler m Betrüger, der für »abgebrannte« Kirchen bettelt
Brassler m Betrüger, der Geschwüre vortäuscht, zu dt. Brest m Gebrechen, vgl. bresthaft
Bratelfreier m Mörder, Räuber; Brädelmacher m Dieb; aufbrä-

deln aufzäumen; dt., zu Breidel Zügel
bräuen siehe preien
Braunert m Bier; dt.
Brautlauf, Breitlaft m Hochzeit; dt.
Brawenka f Ameise; zig.
Breger siehe preien
Brennabi m Schnaps; dt., -abi zu mhd. ouwe Wasser, siehe Aue
brennen erpressen
dt. brennen + dt. berennen + jidd. peroón Vergeltung
brennern siehe prangen
Breslauer m großer Penis, großes Glas Schnaps; jidd. beris Beschneidung, rw. lau nicht
bretzeln schlagen
ma. schwz. Prätsche f Pritsche
brezel gegen, brezeln antworten zig.
Brezel f Trompete, siehe das folgende
Brezen machen, backen sterben dt., Anspielung auf die gefalteten Hände des Toten; dt. Breze geht wiederum zurück auf lat. bracchium Unterarm (eingehängt)
bricken siehe Brix
Brief rühren Karten spielen; dt.
brillen, brellen, prellen lesen, sehen, Prellrute f Spiegel, vgl. dt. prellen scheinen (Sonne); nl. ruit Fensterscheibe
Britsche, Briske m Bruder, Penis; jidd. beris Bund + poln. bracki brüderlich
Brix, Pritsch f Gefängnis, brikken, pritschen verhaften
dt. Pritsche Bretterbett
Broschem-Blatter siehe Prosch
Bruch m schlechte Kleidung, Bruchfiesel m armer Kunde; dt.
Bruchrundel f, Bruchbeere f Heidelbeere; dt.
Bruder m Penis; dt.
Brüller m Brillant, Diamant dt., zu Brillant
Brummer m Donner; dt.
brun(o) braun; zig.
brungern bohren ?
bucheln, bochen prüfen, ausprobieren; gebuchelt, gebucht gut angeschrieben, in Ordnung; jidd. bochen prüfen
buchl, puchl breit; zig.
büchseln, ausbuxen verhauen dt. Buxe f Hose von Bocksleder
bucht klein, wenig; jidd. pochus klein, gering, schlecht, davon dt. Pech n Unglück (eigentl. Mangel)
Buhmeier m Lehrer, Buhkasten m Schule; dt. + nl. boeha Lärm
Bullich, Bulli, Bulle m großer Hund; dt., von Bulldogge
Bummler siehe Bimmler
bumsen verhaften ?
Bumser m Hirt, Bumm Schweiz, verkürzt aus jidd., rw. Por-Medine »Kuhland«
Burgerl n, Burg f Zuchthaus überm Berg sein im Zuchthaus sitzen; dt.
bürsten, borsten, posten gehen franz. passer gehen
Busch Leib; zig.
Busche f Scham, Vulva jidd. buscha
Buschen m Schwanz bei Eichhörnchen etc.; dt., zu buschig
Buschmann m Vorsteher, Bürgermeister ?
Buse Kartoffel(n) ?
büßen, busen trinken nl. buis Röhre
butt, putt viel;zig.
butten essen; dt. büßen befriedigen
Butzelmann m Penis, Spaßvogel dt. bützeln kränken, ärgern
Buze f Gans; dt. butzeln kratzen
Buzel, Butzel m Säugling, Baby dt. Bietz Brustwarze, ma. Pitsch Brunnen, siehe aber auch pitschen trinken
changieren betrügen, wechseln franz. changer

Charlottenburger m Reisetasche, Bündel; jidd. cholaz er hat (die Schuhe) ausgezogen, -burger zu dt. bergen, siehe Habsburger
Chatschemme siehe Katschemme
Cheder siehe Kadett
Chinnum, Kinne, Kühnadeln, Nadeln pl Läuse; jidd. kinnim
Chittenschieber siehe Kitt (Haus)
chochum siehe kochem
cholilo Gottbewahre! jidd. chalilo unheilig
Chomeresgro Brot; zig.
Chöre, Kehr m, f Haus; zig.
Christenwürger m Kartoffel, Knödel; dt., siehe Berghacker
Chuzpe, Kutzpe f Frechheit jidd.
Combarin f Frau zu dt. Kumpan?
Dachl n (Regen-)Schirm; dt.
dack dünn, mager; jidd. dak
Dackel m Narr ?
Dade, Daderer m Narr; dt.
Dafinu m Lorbeer; zig., zu griech. Daphne Lorbeer, sodann in einen Lorbeer verwandelte Nymphe
dalfen betteln; jidd. dalfon arm
dalli vorwärts, schnell poln. dalej weiter
dalmen mit dem Nachschlüssel stehlen, Dalme m Schlüssel ?
dämisch schlagen betrügen bayr. damisch, dt. dämlich dumm
Damm n Blut; jidd. dam Blut
dämmeln tanzen; dt., zu dämlich
Dammich m Schnaps dt. »verdamm mich«
Dampf siehe Kohldampf
darschnen, dreschen predigen, reden; jidd. drosche Predigt, hierzu dt. abgedroschenes Zeug
Debisser, Trebeser m Betrüger, falscher Geistlicher jidd. toewos pl Greuel, Götzen
Deckel m flacher Kuchen; dt.
Deckel m Polizist; »Mütze«
decken schlagen ?
Degel n Kleid, Fahne jidd. degel Fahne
Degen m (Rasier-)Messer; dt.
denervieren fertig machen, fesseln; jidd.
dennerst dennoch; bayr.
derb gut; dt.
Derech, Dirach, Dreck m Weg, Gegend; Treppenterrier m Bote, Beitragskassierer etc., -terrier zu Terchner m Bettler, derchen, targnen, terchen betteln; jidd. derech Weg
derimech darum, deshalb; dt.
Dersehnisch n Gespenst; jidd.
Dessin n, m Plan; franz. dessin
deufen gehn betteln; jidd. dobaw er ist umhergeschlichen
dibbern siehe diebern
dicki immer; zig.
Didel, Tatidel, Dulldapp m Narr; zig. dilyinav ich bin dumm
Diebeln siehe tofel
diebern, dibbern, waldiwern reden; Dibber, Dowor Wort, Sache; Balldower Auskundschafter, Anführer, »Mann des Wortes«; ausbaldowern auskundschaften; jidd. dibbern, medabber sein reden
dieren, türen, stieren sehen, aufpassen; zig. diar sehen
Dietz m Penis; dt., Abk. zu Dietrich Nachschlüssel + rw. dussen schließen
Diff m Polizist; zig. diwjo wild
difteln ausdenken, stehlen, denken; dt. tüfteln ausdenken
Dille, Tille f Frau; eindillen koitieren; dt. Tülle f Röhre
Din n, Dinn n Recht; jidd. din
Dirach siehe Derech
dobes siehe Tfisse
docken, ducken geben, schlagen ?
Dofen, Dofes siehe Tfisse
dolloch siehe tolles
Dolmen m Dolch ?

Dopfer m Betrüger, falscher Geistlicher; jidd. dafnen beten
doppeln, döpken spielen, würfeln, schauspielern; jidd. ?
Dorem m Süden; jidd.
dormen siehe türmen (schlafen)
Dose, Tose f Geldbüchse; dt. Dose
Doß, Doßmann m Rock ?
Dotsch, Datsch f Frau, Ente, Vulva ?
Dotscher m Tisch ?
Draht m Geld; dt., siehe Zwirn
drämmeln drängeln, drängen; dt.
Dreck siehe Derech
Dreckschwalbe f, Dreckschwalm m Maurer, Töpfer. Die Schwalbe baut ihr Nest aus Kot. Schwalbenlerche f Maurerleibl
Dreh m Trick, »Masche« dt. drehen
Dreikäntel n Buchecker dt., nach der Form
Dresche siehe darschnen
driefeln reiben; dt.
drillen siehe trillen
den Dröschertext singen verprügeln; zu dt. dreschen
Druck m Gefahr; dt.
drücken stehlen; nd. trecken ziehen
dschaben, schaben gehen zig. dschaben
dufers siehe Tfisse
duft, Duft siehe tow
Düfte, Tiffel, Tiftel f Kirche Duftproscher, Duftreiter, Diftschrenker Kirchendieb jidd. tefillo Gebet
Dulldapp siehe Didel
dümmeln schlagen, donnern Dummel m Gummiring ?
Dunkelwüst f Nebel jidd. weschet Schlund
Durchstecherei siehe stechen
Durchzug m Faden; dt.
dussen schließen ?
dützen, dutzen betteln; zu teissen schlagen, siehe anschlagen betteln
dwars quer; Seemannssprache
Dzuv f, Schuff f, Schuben pl Laus; zig. dschuw
ebber etwa, ungefähr; bayr./jidd.
ebbes etwas; bayr./jidd.
Echetl n Gefängnis; zig. atschej- bleiben, siehe ächzen
Eck n Ende; jidd., vgl. jn ums Eck bringen töten
eck ein, eins; eckwahr einmal; verecken vereinigen; zig. ek ein
eckern eigen, allein, gut, lieb; dt.
Ede, Eid m Freund, Zeuge. Eidgenossen pl Läuse jidd. ed Zeuge + franz. aide Gehilfe
Efer siehe Eifer
eichen, ächen, ächzen; jidd.
Eid siehe Ede
Eifer, Efer m Erde, Staub, Asche; jidd. epher Asche
im Eimer sein siehe Bammel
Eindeißer siehe teißen
einseifen siehe Sefel
Einspinngeschäft n Betrug dt., zu einspinnen
Eis, Eisch Feuer, Licht; eiskochen vorsichtig sein siehe kochem; eiskoch (em) vorsichtig, vgl. »gebranntes Kind«. jidd. esch Feuer. Hierzu Skoker m Dieb, »Eiskocher« + jidd. zocken spielen.
Eisbär siehe Eisen
Eisch siehe Eis
Eisen n Wohlstand, glückliche Zeit, die Eisen sitzen es geht gut Eisbär m Silber (-Geld), Geizhals; jidd. es Wohlstand; jidd. peri Erwerb
Elle f Meile; dt.
Ems, Emmes m Wahrheit, Geschichte, Sache, Spaß; Emmesgatscho m Mann, der die Wahrheit sagt. jidd. emmes Wahrheit
Emse f Gans; jidd. awsa Gans
end fort, weg; abgekoppelte deutsche Vorsilbe ent-
Enge f Gasse; ma.

éntfern antworten; jidd.
Essig, Hessik m Verlust, Schaden jidd. hesek. Hierher: es ist Essig
Eitze m Rat; jidd. ezo Rat
entrisch herein; franz. entrez!
Erbsenschremser m Leiermann Erbsenschremse f Drehorgel zu rw./jidd. arbe Heuschrecke, Ungeziefer aller Art ?
Erbsien Gefängnis dt., zu Erbsen
Erdtauben pl Kartoffeln -tauben von jidd. tappuchim Äpfel
Erdweinbeeren pl Kartoffeln zig. erdavoi schlecht, -beeren zu ma. Grundbirn Kartoffeln
Eritztauben pl Kartoffeln jidd. erez Land jidd. tappuchim Äpfel
erserken verraten ?
Erzbacher siehe Brack
essawern essen zig., zu dt. essen
ewe kaum; zig.
Ewil siehe Apfel (Narr)
éxter besonders jidd., zu dt. extra
fackeln schreiben, Fackel f Schrift, Fackelträger m Bettler mit Empfehlungsschreiben dt. hin- und herbewegen, zögern.
Fahne f Kleid; dt., siehe Degel
Fähnrich m Käse ?
Fall f Türe; dt.
Falle reißen siehe Violenschieber
-fäller, -felder -betrüger?
falzen betteln jidd. wazlon Fauler
Fang m Mantel dt., aus Windfang
Fangling m Pilz ?
färben lügen, reden, Färbflunker »Redevogel«, Papagei; dt.
Farber m, (teurer) Kamerad ?
Färbwasser n Bier; dt.
Faseln, Fisolen, Fasolen Bohnen; bayr./jidd., griech. fasioloi
faseln siehe fetzen (machen)
fauf, woff sechs jidd. wof (6. Buchstabe)
faul schlecht, böse, gefährlich, der Faule Polizist; dt.
Fechtbruder m Bettler, ursprünglich Handwerker, die die Tradition der Ritterturniere recht und schlecht wahrten, vgl. Meistersinger
Fede f Herberge, Bett ?
Federn pl Angst, Federnhändler m Angsthase, Federnflüchtling m Totenvogel, Käuzchen; dt., vgl. ma. Schwansfedern haben Angst haben
Federnhändler m Polizist dt. Federn + rw. Federn Angst
fegen trinken, ausfegen austrinken; dt.
fehmern, fibbern, fiebern, fünfern schreiben, kochen, Fehm f Hand; schwed., dän. fem fünf + dt. fibbern zittern, siehe fackeln
feiken schlafen ?
Feile siehe Vill
feilen, feiten machen ?
Feim m Schaum, Rahm; dt.
Feischel m Jude; vom Eigennamen Faibisch, zu griech. Phoibos
–felder siehe –fäller
Feldhühner pl Kartoffeln; aus mißverstandenem Feldtauben siehe Erdtauben
Feldscheite f weiße Rübe ?
fenstern siehe finstern
fermè vorwärts ?
Ferschke f Pfirsisch; jidd.
Fert n Stück ?
fest gut; dt.
Festkeit f Entschiedenheit; jidd.
Festnegerin siehe negen
Fetz m Schmerz, Wunde fetzen schneiden, hauen stechen; dt.
fetzen, faseln machen, tun Fetzer m Wirt lat. facere machen
Fetzen pl Lumpen, Kleidung; dt.
Fetzger m Floh ?

feucht, faucht frisch, neu; dt.
Feuel m Rock, Kleid ?
Fichte f Schatten, Schwärze, Nacht; dt.
Fickler, Viechler m Polizist dt. fickeln, fickern, focken hin- und herstreifen, arretieren
Fiddel f Harfe; dt.
fiebern siehe fehmern
fiebrach fort
jidd. (Moses I, 31, Vers 21) wajiberach also floh er
Fiedel siehe Vill
fiedeln koitieren; dt. fiedeln mit dem Bogen hin- und herfahren
fiedrich leicht; zu dt. Feder
Fiesel, Füßler, Fisch, Fiesler m Bursche, Mann, Bräutigam dt. Fiesel Penis
filoutieren betrügen franz. filou Gauner
fin fein, schlau; franz. fin fein
finden siehe finstern
Fineisl n Hölle, fineiseln fluchen, schimpfen, weinen ?
Finke (König) siehe Funke
Finkel siehe Funk
Finne f, Fink m, Fündchen n Sache, Ding, Stück, Flasche ?
finstern, fenstern, finden sehen, scheinen; dt., zu Fenster
fipsig klein, Fips m kleiner Kerl, Schneider, Puppe Abk. von Philipp ?
Fisch m Brocken, Stück ?
fitz gut ?
Fitze, Fitzi f Stunde ?
Fixfax m Täuschung, Kunststück nl. fikfakkerij Getue
Flach n Feld; dt.
flachen nehmen, ergreifen ?
Flachs m Geld ?
flachsen schmeicheln, betrügen; dt.
flacken liegen; bayr.
flacken, flackern stehlen ?
fladern siehe flattern
flämmeln rauchen, räuchern, backen. Flämmling m Kuchen, Flammer m Schmied; dt.
Flanellwache halten nicht stehlen (wegen Flitterwochen); dt.
flannieren umherstreifen franz. flâner bummeln
flappen siehe flippsen
flattern, fladern sterben; dt. eigtl. waschen, vgl. abschwimmen, baden gehn etc., siehe Peger. Hierzu flattern, flettern, fleddern Tote, Betrunkene bestehlen, vgl. Leichenfledderer. Fladerfahrer, Flatterfahrer m Wäschedieb
Fledermaus siehe Fleppe
fledern siehe flattern
Fleischmann m Häscher, Verräter siehe Bosser- Isch, Kernerfetzer
flennen lachen, flenneln lächeln dt., eigtl. das Gesicht verziehen
Fleppe, Flette, Geflieder, Geflitter, Fledermaus, Flitter (-männchen) Papier, Buch, Brief, Paß, Zeitung; zu dt. Fließpapier, hierzu auch fleppen Paß überprüfen
Flessen m Heimat, besonders Westfalen, flessen gut gelaunt ?
flettern siehe flattern
flicken sprechen, beichten ?
fliegen gehen; dt.
flinzeln glänzen, Flinz m Milch, Glanz, siehe Gleiß; bayr.
flippsen, flabbsen, flappen, flabben küssen, essen, hängen (Unterlippe); zu dt. Flabbe vorstehender Mund
Flitsch f, Flittchen n Mädchen schwed. flicka Mädchen
Flitsche f Säbel; dt. Flederwisch
Flittermann, Flittchen siehe Fleppe
Flocken, Pflocken Tuch, Wolle, flockig aus Wolle ?
flöhen betrügen; dt., jm Flöhe (Geld) abnehmen
Flohr f Feld; dt. Flur
Floscher, Flotscher m Fisch floschen schwimmen; dt.

Flosser(t) m Wasser, (elektrischer) Strom, Floß f Suppe, flössern, flossern, flösseln weinen, regnen, schwimmen, trinken; dt.
Flöte f Gefängnis, Dummkopf, Penis, Zauberflöte f Penis (siehe Belmonte); dt. blöde krank, erst später: dumm
flöten (freundlich) reden; dt.
Flötenfetzer, flöten gehn siehe blöd (weg)
Flötert m Milchkäse nl. flodder Schmiere
Flotscher siehe Floscher
Flotte siehe Flut
Flugert, Flucker, Flunker, Flügling, Fluchtling m Vogel; dt.
Flut, Flotte f Wasser; dt.
fochen stehlen ?
focken siehe Fickler
Fonz m Brot, Weißbrot lat. panis
Fopper m Narr; zu dt. foppen
förfern brennen, braten, kochen ?
Fösel siehe Tfisse
fosen koitieren; zu dt. Fotz Fetzen siehe Klater
Fotze f Gesicht, Vulva; dt., bayr. aber **nur** Gesicht; Fotzblende f Spiegel
Fraslmahr m, Freisenmeier Angst; dt. Freis Gefahr; jidd. more Furcht
Fratze f entstelltes Gesicht jidd. parzuph Gesicht
Frecker, Freker m Frosch ?
frei fremd; dt.
Freier m Mensch, Handwerker, Nichtkunde. Freikäufer m Dieb, der beim Freier kauft, d.h. stiehlt; dt.
Freisaal m Gefängnis (Berlin) dt., bezieht sich auf Vergünstigungen in der Berliner Stadtvogtei
fremd frei; dt.
fressen stehlen; dt., vgl. etwas ausfressen
Friede m, Friedl m Seidentuch zu Friedrich?
Fritz m, Fritzel m Schlüssel jidd. perez eindringen
Fritze m Schminke, Gesicht jidd. parzuph Gesicht, siehe Fratze
Frosch m Teil, Abschnitt, Monat (Gefängnis), auspreuschen, auspreußen ausliefern; jidd. parscho Abschnitt, jidd. hephresch Unterschied, davon Hirsch m Einzelhäftling
Fru-fru m Kolibri; franz.
Frullen Putz, Schmuck ?
Fuchs, Schulfuchs m Küster, Meßner, Lehrer ?
Fuchs m Gold, Geld; dt., nach der Farbe
fuchsen, focken, fücken koitieren, Fück m Freude, Spaß dt. Ficken hin- und herreiben, koitieren
Fuhr f Kleid, Anzug; zig.
Fülmül, Filemile m Nachtigall zig.
Füll(o), Phyllo Blatt, Pflanze zig., zu griech. phyllon Blatt, urverwandt mit dt. blühen; vgl. Chlorophyll, Phyllophagen etc.
Fummel f Frau, Vulva dt. fummeln reiben, koitieren
Fündchen siehe Finne
fünfern siehe fehmern
Funk, Fünkling, Funkert, Funkhart m Licht, Zündholz, Feuer; fünkeln, finkeln kochen, braten, leuchten; Finkel f, Finkelmusch f Hexe; Finkel Küche, Finkelkasper m Magie, Betrug, Quacksalberei; Funkenschütt f Lokomotive, Auto; Fünkler m Koch, Funktann m Brennpunkt, Katalysator; Funkschneller m Blitz; Finkeljochen m Branntwein; dt.
Funke, Finke m König dt., zu Pink Penis, dazu pinkeln
Funkel m, Funksen m Wein ?
füri vor(-gehen), entlang; bayr.
Füri m Wachtel; zig.

Fusel f Frau, fuseln reiben
dt. siehe Fummel
Fusel m Schnaps; dt. Fusel Fädchen siehe Bindfaden und Strippe
Füßler siehe Fiesel
Gabel f Stadt ?
Gabel f Eid, Meineid; gabeln, Gabelmann machen schwören dt., nach den Schwurfingern
Gack m Mann, Onkel, Freund
Gacke f Frau; zig. gakko Vetter
Gack f Gans
ma., zu gacken schreien
gackeln siehe kacheln
Gade pl Kleidung
zig. gad Hemd
gaffen siehe guffen
Galle backen, – handeln wenig, aber Wertvolles stehlen. Galle nehmen deflorieren, koitieren jidd. challa Kuchen, auch Bezeichnung der Pflicht, ein wenig vom Teig des Sabbatbrotes zu verbrennen. Eines der drei Frauengebote.
Galm Kind, Galmegufferei f Schule; dt. galmen schreien
Galster Kind, galstern schrein; dt.
Gamaschenknöpfe pl Linsen, grobe Graupen; dt.
gampen springen
Gamper Frosch; dt.
Ganejdn m Paradies
jidd. »Garten Eden«
ganfen, genfen, kneifen stehlen
Ganove m, Genfer, Kneifer m, Gannef m Dieb, Betrüger, Gauner; jidd. gannaw Dieb
gängeln hängen; dt.
Gannef siehe ganfen
Ganove siehe ganfen
Gansel m Polizist
jidd. gaslan Räuber
der Ganzschattnige Polizist
jidd. chattes schlechter Mensch
gärben siehe gerben
garnieren stehlen; zig. kärje deschießen, siehe schießen
garten umherstreifen, Gartenbruder Landsknecht
franz. garde Wache
gass dick, fett, eingassen eindikken, Gaßgleiß Dickmilch, Joghurt; jidd. gas dick
gassern befehlen, beglückwünschen; jidd. gosar bestimmen, hierzu auch rw. Geseires n Verfügung Gezänk, Geschwätz und dt. ab nach Kassel (nach, d. h. laut Verfügung)
Gatsch, Gatz m Mann, Bauer
Gatzengeher m heruntergekommener Edelmann, Gatschi Frau, Gatzmann Kind, gatschinig klein; zig.
Gatter klopfen ringsum betteln
jidd. godar umringeln
Gatz siehe Gatsch
gaudel, godel groß, gaudeln, godeln wachsen, Gaudel m Daumen, Riese; jidd. godol
Gaudi f, Godi f Verstand, Gehirn; zig.
gaul siehe kohl (krank)
Gauner m Falschspieler, Betrüger; Jowen Grieche, Russe, jaunisch gaunerisch, griechisch. Die Griechen waren berüchtigte Falschspieler, vgl. franz. Grec Grieche, Falschspieler.
gausen, gauzen lärmen; dt.
gautschen auspressen; dt., in der Druckersprache erhalten. Dazu: Grabbengautscher m Most; Grabben zu dt. Krübs Kerngehäuse, Kernobst
Gebel m junger Dieb ?
gebicken, picken fangen ?
ins Gebirge gehn ins Gefängnis kommen; jidd. bikores Strafe
geck verrückt, dumm; dt.
Gedersgänger siehe Kadett
Geeze f Frau ?
gefällig nahe, sich gefälligen sich nahen; dt.
Gefleim n Geld; jidd. kephlaim pl Zweitalerstücke
Gflieder, Geflieder siehe Fleppe

geglichen gleich; jidd.
Gehah, Gehain n Berg, Gebirge
jidd. giwah Hügel
das Gehechelte Brot ?
Gehege siehe Hektisch
Gehinnom m Gefängnis
jidd. gehinnom Hölle
gehirnen koitieren ?
Gehlchen n Pfifferling; zu dt. gelb
geien gehen; Erdgeier m Maulwurf; jidd.
Geige f Narrheit; zig. goi Wurst, vgl. Hanswurst und rw. Unvernunft: Wurst, rw. Harlekin Wurstabfälle. Hierher rw. Görgel m Fleisch, Muskel, Speck, Görgling Wurst, Jäger m Fleisch
Geige f Dirne, Säge, geigen koitieren; dt.
geilen betteln; mhd. giler Betrüger
Geist m Mensch, Geistwerk n Verstand, Geistwerker m Philosoph; dt.
Geistke, Gaske f Kirche
jidd. chasoko Macht
Gelbhänse pl Mirabellen; dt. siehe Blauhans und Grünhans
Geldmelker m Steuereintreiber dt.
Hans von Geller m Schwarzbrot ?
Gemüs siehe Musch
genfen siehe ganfen
Gennert Betrug ?
Gent m, n Volk, Leute; lat. gens
Gepimpels n Glocke
dt. bimmeln
Gerähms n (Eisen-)Gitter; dt.
gerben, kochen, dämpfen; zig.
gerben, gären drücken, würgen; dt.
gescheit gaunerisch, klug; dt., siehe kochem, jenisch, Prudenz
Geschlängs n Gedärm; dt.
Geschmol siehe schmal
Geschoß, Gschoß n Mutterleib dt.
Geschrödden m Schnaps ?
Gestampf siehe Stampf
Gestanzel n Mädchen, Liebchen ?
der Gestreifte Kirsch mit Rum; dt.
Gewer siehe Käfer
gich schnell, gleich
jidd., vgl. bayr. gach steil
Gickerling m Finger (-nagel) ?
Gickes m Schnaps ?
Gickgack dies und das
lo Gigges, lo Gagges nicht dies, nicht das; dt., lo zu lau
Giebel m Nase, Horn des Nashorns; dt.
Gieberling m Brot
zig. giw Korn
Giel, Gühl, Gill m Mund
franz. gueule Maul
Gift n Schnaps; dt.
lo Gigges lo Gagges
siehe Gickgack
Gill siehe Giel
gimmel siehe kümmel
Ginkel f Katze ?
Gips m Geld; dt. gib es!
Girlitz Vulva ?
Gische f Freude
jidd. cheschek Lust
Gitzling m Brot(-stück)
dt. abgitzeln abbetteln
glandig, glandisch klein, jung ?
Glawiner m Anfänger
Glaspapier n Geld ?
Glattschmuser m Verräter
dt. glatt, rw. schmusen schöntun
Gleichering m Gesellschaft; dt.
Gleiß m Milch, Silber, Gleißhänse weibliche Brüste; dt., zu gleißen
Glenz, Geländs n Grenze, beglänzen begrenzen; dt., zu Gelände
Glucke siehe Keilig
Glufemichel m Diensteifriger ?
Glumpen, Klumpen pl Kartoffeln; Glumpe n Wachs; dt. Gelumpe + dt. Klumpen
Glund, Klunte f Hure, Glund-

bürster Gelehrter, Glundkaffer Hurenbock; dt. Klunze Loch + nd. Klunter Lumpen, schmutziger Lappen
glupen sehen; nl. gluipen schielen vgl. dt. Glubschaugen
Glut, Klüt, Klodde m, f
nl. kluit f Scholle
gnatzen (verdrossen) reden; ma.
gneißen, kneisten kennen, merken, spüren, fühlen, wissen
bayr., ma.
Gnurkhutscher m Jäger; dt. Gnurk Gewehr; dt. hutschen kriechen, gekrümmt sitzen
Gock, Gocksel n Ei, Stadion, Huhn, Ellipse; Göger m Hahn; dt. Gockel, fränk. Göger Hahn + zig kachni Huhn
godel siehe gaudel
Gohle f Wagen, Diebstasche, Bindfaden (Beförderungsmittel); gohlen, gollen fahren, Agoleschächter Wagendieb; Goldzieher Taschendieb
ausaggeln ausschütten
Igel m Wagen, Tasche
jidd. agole Wagen
Goi m Nichtjude, Christ
jidd. goi Christ
gojen werfen; nl. gooien werfen
Goldzieher siehe Gohle
Golle siehe Kalle (Braut)
gollen siehe gohlen
Göllert m Esel ?
Gomel n Kamel; jidd.
Gor Nashorn; ind.
Gore m Geld
zig. chairo Kreuzer
Gorgel m Kehle
jidd., dt. Gurgel
Görgel siehe Geige (Narrheit)
goschen siehe joschnen
Götte, Göttling m Verwandter
ahd. göte Taufpate, noch ma.
Gotteswort n Schnaps; dt.
grabbsen, gramsen stehlen; dt.
Grähms siehe Gerähms
Gral Korn, Kern; zig. gral König, Korn als Hauptnahrungsmittel aufgefaßt, siehe Nasen
grandig, kronig groß; Grandinger, Kroninger m Herr
franz. grand
Granitz f Grenze; jidd. grenez m
granten betteln ?
sich graulen sich fürchten; dt. graulen zornig sein, fürchten, jn hinausgraulen jn hinausekeln, jn vergraulen jn beleidigen
gravis, graviser groß
lat. gravis über gravitätisch
Grein m Meerrettich, Kren; jidd.
Greiner, Greinert m Schwein
dt. greinen schreien, grunzen
Gricks pl Läuse, Flöhe ?
grieben siehe krüppeln
grieseln schlafen, bes. im Freien
Griesler m einsamer Mensch
grieslig verlassen ?
Griff m Hand, griffeln schreiben; dt.
Grillenfranz, Grillenhans m, Grillenberg(er) Gelehrter, Kauz; dt. Grille Marotte
grillisch siehe Krie
grimm, krump groß, gut
Krimm Gericht, Krimmchen m Kriminaler, Polizist (lautliche Ähnlichkeit ist Zufall), grimmen, krumpen wachsen
dt. grimm streng, ahd. grimmen mit krummen Fingern packen
Grimmer, Grimmhart m Tier;dt.
grippieren (heimlich) nehmen
franz. gripper stehlen (fam.)
Gritschimari, Gretschmer m Wirt; zig. kertschemáro Wirt
siehe Kaschemme
Gronkwöhles m Kartoffel ?
Großnull tausend; dt.
Grubenfeger m Bergmann; dt.
grün unangenehm, unsicher, schlecht, jung; grüne Minna Gefangenenwagen, Crinoline (grüne Leine) Zwangsreiseroute, grün geben betrügen (beim Teilen); dt., grüner Junge leitet über zur Farbe grün (unreif), siehe blau

Grundsaure f »Erdware«, Kartoffel; dt. Grund-, -saure siehe Sore (Ware)
Grünert, Kronert m Salat
Grünhans m Ringlotte
dt., siehe Blauhans, Gelbhans
Grunzentent siehe Schratz
Grunzer m Schwein; dt.
Grüse f Mädchen ?
Gucke, Gugge f Loch; dt. Guckloch
guffen, gaffen, kobern, kaufen schlagen; Guffer m (Schlacht-) Tier, Gufferei f Schule
bayr. Goffe f Arschbacke
Gühl siehe Giel
Gummihutschen f Kutscher, Fahrer; siehe Hutz
Gurgel m Diener ?
Gurre m Gott; zig. kuia Gott
Gustl, Gusto m Finger; zig. +dt. Abk. für Gustav
Haar Floh, Haarvogt Laus ?
haarig siehe hargenen
haben, hauen essen; zig. chawen Essen, vgl. ma. reinhauen
Haber, Chawer m Kamerad, Freund, Figur; jidd. chawer
Habsburger m Falschspieler
dt., er birgt die Habe des andern
hacheln siehe acheln
Hachner, Hach m Bauer
zig. hacho
hack, hackel, Hackelbackel alles zusammen, dazu Häkelzeug Gesamtheit der Dietriche
jidd. hakol bakol alles zusammen, siehe kohl(alles)
Hacke f Arbeit, Hackenweisl m Arbeitsnachweis
jidd. hogum anständig
Häckel siehe häkeln
Hackelbeiß siehe acheln
Hackmack, Heckmeck m Pöbel, Durcheinander, Kauderwelsch, Unsinn
tschech. hak-mak verworren
Hadel m Lumpen; dt.
hadern (Karten) spielen
dt. Hader Streit + dt. Hadern Lumpen, aus denen die Spielkarten angefertigt wurden
hai, Hai siehe he
haien können, müssen; zig.
hajom siehe Jom
häkeln,heckeln aufziehen, verspotten; Häckel, Heckel m Narr; dt. Hegel m Narr
Häkerl n Spätzchen, Nudel, Knödel, Knopf, hier wurde
dt. Häklein beibehalten, obwohl die Kleider bereits geknöpft wurden
hakesen siehe Hex
Halbe f Seite; dt.
Halbpfund n großer Schnaps
Wortspiel mit jidd. litra Pfund
halbschürig siehe schürig
halbuhr fünfzig ?
halchen gehen, Halche schieben betteln; jidd. halchenen gehen
hallen, hellern schreien, weinen; dt.
Hals- und Beinbruch; jidd. hazloche broche Glück und Segen
halunken betteln
tschech. holomek nackter Bettler, hierher auch dt. Halunke
hammen, hamten warten, erwarten, Hammung f, Hammerei f Erwartung, Hoffnung
jidd. hamtenen warten
Hammer, Hamor m Lärm, Streit
jidd. hamon Tumult + jidd. mora Furcht, siehe Maure
handeln machen, stehlen; dt.
Handwerk n Religion; dt.
Hanf m Brot; jidd. ophe Bäkker, siehe Affenkleister
Hanfstaude f Hemd; dt. Hanf ist zig. hempa, die Lautähnlichkeit ergab die Gleichsetzung; -staude ?
Hanide f menstruierende Frau, Benhanide m »während der Menstruation empfangener Sohn«; jidd. nido Menstruation
Hanne f, Hannemichel m Narr zu Johann ?

Hannewackel m Penis
zu Hanno Vergnügen ?
Hanno m Vergnügen, Haunzen pl weibliche Brüste, Hanne f Braut, Dirne
jidd. hanoah Vergnügen
Hans Walter Laus ?
Hansel m Schrank, Kasten
dt., Kosewort zu Hans
hantig grob, bitter, zuwider; dt.
hargenen töten, blauer Heinrich Hülsenfruchtsuppe, stolzer Heinrich Reis(-brei), sanfter Heinrich Schnaps, Harke f Mord, Grab (ich zeig dir, was ne Harke ist), haarig sehr, gefährlich, »mordsmäßig« (nicht verwandt mit dt. Haar!)
jidd. horeg Mörder
Härk f Herberge, Härksblag m Wirt; verkürzt aus dt. Herberge
harken, härken kämmen, Lauseharke Kamm; dt.
Harm m Schmerz, Gram, Herz
dt. + zig. charmi Brust
Harr m Berg; jidd. har Berg
der Harte Schnaps; dt.
Härtling m, Härte f Stein; dt.
Hartmann m Penis errectus; dt.
Has, Haß m Franzose, Haßmartine, hasische Martine f Frankreich ?
Hase m Floh ?
haspeln, heschpen heiraten, koitieren; dt. Haspe f Türband, Bündnis
hauen stehlen, beglaubigen, schreiben, verhauen verschreiben, abhauen abschreiben, zitieren; dt.
hauen (essen) siehe haben
hauern siehe huren
Häuptel m Kopfsalat; bayr.
Hausen m, Hase m, Hosen m Einschleichdieb; jidd. has! still!
Hausnauben pl, Karnaiwesen pl Kartoffeln ?
Hazicke f Kleid, Rock
zig. hazika

he, hai, hei fünf, Buchstabe h he, hei, hoh hier, jetzt (Abk. von jidd. hocho hier), Haifisch, Hai m Hering (Abk. »H-Fisch«) Haichen n Sardelle, Sardine
jidd. hei, 5. Buchstabe
hebeln vereiteln, Hebel m Wahn, Störung, Vereitlung, Hemmung, nichts, Aberglaube; Apfelkuchen nicht klug, zu – kuchen siehe kochem; Äppel-, Äpfel- als Verneinung, z. B. Äpfelsäure im Gesicht kein Rausch, siehe Säure; für nen Appel und n Ei für wenig, nichts; jidd. hewel unnütz
hebeln, kebeln, verhäufeln fesseln; jidd. chewel Strick
Hebetsche f Hagebutte; ma.
Hebin f Suppe, in die Hebin gehn koitieren ?
Heckmeck siehe Hackmack
Hefe f Polizei, Hefenhannes, Hefenmann, Hemann m Polizist (Hemann Abk. zu Hefenmann)
jidd. hawono Verstand, Wissen
Heft s Nase, Handgriff, Penis
zu dt. Heft Griff, Haken
Heft s Dorf, heften halten, bleiben; dt., zu haften
hegen haben, halten; dt.
Heichel, Högel m Tempel, Stadtgericht, Hickels-Mokum Nürnberg; jidd. hechal Palast
heichsen, heizen schlagen, vgl. jn verheizen
jidd. hikko stoßen
Heilig siehe Keilig
Heimesgannew siehe Böhm
Heimschicker m Arzt, Mörder, heimschicken ermorden; dt.
Heinrich siehe hargenen
Heiß, Cheiß n Leben, Kopf, Verstand; heißen leben, abgeheißt alt, gebrechlich; jidd. chaies Leben, chaijim pl die Lebenden, davon rw. Keim m Jude, Gegensatz gojim pl Nichtjuden, Heiden

heiß gefährlich, unsicher; die Steine brennen die Polizei paßt auf; Heißkalt n Sülze, vgl. franz. chaud-froid
Heize siehe heichsen
Hektisch n, Gehege n Spital, Armenhaus, Wirtshaus
jidd. hekis zur Ader lassen
Hellblaue siehe Blaue Martine
hellern siehe hallen
Henkel m Mann ?
herb, harb viel, sehr, schwer, Rabbi, Reb m Herr, Rabbiner, Heerwiner Fürst, General, rauh groß, viel (vgl. rauhe Menge) rauhen wachsen, werden
jidd. raw viel, groß
Herbuze f Melone; zig.
hergerichtet krank, arm; dt.
herken, höcken stehlen ?
Herzjesubrühe f dünne Fleischbrühe, siehe Maria zu lieben
Hetschen m Haken ?
Hex f Polizeiaufsicht, Hexenbilderl n Verbrecherfoto, hakesen, hexen klopfen (zur Verständigung im Zuchthaus)
jidd. hekesch Vergleich
Hickels-Mokum siehe Heichel
einen Hieb haben verrückt sein; dt.
hierless, herrless hier, dieser ?
Hiesel m Schminke, Schmuck, abhieseln fotografieren, anhieseln anlocken, »anschmieren«, verulken, hieseln schmücken
dt., zu Matthias
Hiffen, Hiften pl Hagebutten; ma.
himmelblau, himmlig lebenslänglich (verurteilt), ewig
jidd. haolem Ewigkeit, rw. blau schlecht
Hin und Her n, m Dialektik, Aal; dt.
hinkeln jagen, Hink m Hirsch; ma.
Hinkelschieber m Küchendieb, entstellt aus Finkelschieber
Hinterhand f Komplize; dt., in der Hinterhand ist der Kartenspieler, der später ausspielt
hippig siehe schippig
Hirk m Papst, Schäfer ?
Hirsch siehe Frosch
hitsch(en) hier ?
Hitze f Zimmer, Gefahr
dt., siehe Wärme und heiß
Hochblas m Backofen; dt.
Hochfeller m Bettler ?
hochstappeln siehe stappeln
hocken, verhocken verleihen Hock f Kredit ?
hocken, hucken sein, sitzen, liegen, stehen, bleiben; dt.
Hoh, Cho m großzügiger Mann, Herr, Gast; Hohchöre f Schloß; jidd. choson Freier ?
Höh f, Höhling m Baum
dt., zu hoch
hohn, hon genug, Hohn n Geld und Gut; jidd. hon genug, honnim pl Güter, Schätze
höhnen singen; dt.
holen hören, verstehen; dt.
Holm m Traum, Gedanke, holmen träumen, denken
jidd. cholom Traum
hops gehen verhaftet werden
dt. Hoppe f Erhöhung, vgl. hoch gehen, siehe alle werden
Hork m Bauer, Mensch
mhd. horec schmutzig
Horn Geld; jidd. keren bedeutet Kapital und Horn, also Übersetzung, siehe Krone; eingewirkt hat auch Hohn Geld und Gut
Hörnle pl Läuse ?
horseln keifen, streiten
nl. horzelen
hosper offen; lat. apertus
Hospes, Spieß, Spitz, Spießler m Wirt, Spieste f Wirtin, Spieße f, Hospieße f Wirtshaus
lat. hospes m Wirt, hospitium n Wirtshaus
hotschen siehe hutschen
huckeln (gehen) siehe halchen
hucken siehe hocken

Huhur m Pilz; zig.
hui schnell, geschwind, huiern beschleunigen; ma., ahmt den Wind nach
Huitzel Schwein ?
Hülle f Kleidung; dt.
humpen gehen; zu dt. humpeln
humpen, humpten müssen; zig.
humsen stehlen, mausen, behumpsen betrügen
zu dt. Humse Vulva
hund groß, gut ?
Hupfer m Rheinländer
dt. hüpfen
Hupphegen Wirtschaft ?
huren, hauern liegen, sitzen, sein; dt. hauern hocken
Husarenkaffee m Schnaps; dt.
Husch m, Huschchen n u.ä. Polizist; ungar. huszár Husar
Hut m Band, Faden; jidd. chut
Hutsch siehe Hutz
hutschen, hotschen kriechen ?
Huttterergesellen pl Läuse
dt. Huterer m Hutmacher
Hutz, Hutsch, Haunz m Bauer, Gauner, Mensch; Hützchen Puppe
tschech. honza Dummkopf ?
i und; zig.
ihopri zusammen; zig.
Ill f Stunde ?
Inde f Welle, Woge, inden wogen
jidd. ind f, mhd. unde
Inne, Minne f Leid, grüne Minna Gefangenenwagen
jidd. innes Leid, Folter
innen (wissen) siehe jenen
irt, iret spät ?
isch auch ?
Isch m Mann, Ische f Frau
jidd. isch
islerig filzern; zig.
jabbern reden ?
jäbeln siehe Jaule
jackeln siehe jockeln (stehlen)
Jad siehe jatschen
den Jagdschein haben verrückt sein; dt., bezieht sich auf § 51 StGB: Unzurechnungsfähigkeit
Jäger siehe Geige
Jahr, Jahro m Ei; zig.
Jahr, Jaar m Wald; jidd. jaar
Jain m, Jochen m, Johann m Wein; Jain-Sorf m, verk. Jasch m, Jas m Branntwein; Judel, Jodel m Wein (Abk. von Jain)
jidd. jajin Wein
Jakob, Jokep Teer ?
jalchen gehen, Jalcher m Bettler
jidd. jolach gehen
Jamm n, Jämmchen n Jahr
jidd. jamim Jahr
janisch, janes verrückt ?
jannen lecken; jann mein Boß leck mich am Arsch ?
Jaß m Rock ?
jatschen finden, Jad f Hand
jidd. jad Hand
Jaule, Jale f Lärm; jäbeln, jubeln, julen, jaulen, jolen schimpfen, lärmen, fluchen, seufzen; jidd. jolal jammern
jaunisch siehe Gauner
Jedea f Wissenschaft; Jedner Wahrsager, Prophet; jodeen, jodeln wissen, kennen
jidd. jedio Wissenschaft
Jeled Geldstück; jidd.
jenen, innen wissen; jenisch, innig klug, wissend (Selbstbezeichnung der Fahrenden, siehe kochem)
zig. dschan, jin wissen
jerk, jerek grün; Jerkling m Ringlotte, siehe Grünhans
jidd. jerek grün
Jerusalemsfreund m Schaf (Jerusalemsklee als Nahrung)
Jessénis m Herbst; zig.
Jinglischkeit f Jugend; jidd.
Jochen siehe Jain
Jockelchen pl Läuse; dt., zu jucken
jockeln, jackeln (Opferstock) bestehlen; Jackel m Opferstock (Kosewort zu Jakob)
jockeln, jöckeln stoßen, schieben, koitieren; dt.
Johann siehe Jain

joker teuer, kostbar; jidd. joker
Jom m Tag; Jom tow Sonntag, Feiertag; jondeftig feiertäglich, jungfräulich; bajom bei Tag, hajom heute; jidd. jom, pl jomim
joschnen, justen, goschen schlafen; jidd. joschnen
jot siehe jud
Jowen siehe Gauner
jowesch, jobsch trocken, dürr jidd. jowesch dürr, trocken
jubeln siehe Jaule
Jubiläum n Geld ?
Jück f Frau; ma.
jud, jot zehn; jidd. jud (10. Buchstabe, vgl. griech. jota)
Judel siehe Jain
judollef elf, »zehneins«; jidd.
Juffart m Bettler, Spaßmacher dt. Jauf Scherz
Juhuerbassel n Gefluche, Geschrei ?
julen siehe jaulen
jung unsicher, schlecht; jungmäßig ohne Geld; dt., syn. mit grün, Gegenteil von alt
just gerade, recht, direkt; justen strecken, Justling m Sozialist dt., von lat. juste
Kaaf siehe Kaff
kabasen stehlen; nl. kabas Tasche + lat. capere ergreifen siehe kappen
Kabatzel f Plaudertasche, Verräter; nl. kabas Tasche
Kachel Kohle; jidd. gacheles
kacheln, gackeln reden, Kachel f Rede; dt. kackeln, gackern
kacker siehe kocker
Kadett m Landstreicher, Kunde, Zimmergenosse; Cheder n Zimmer; Gedersgänger m Kamerad
jidd. chadre Zimmer
Käfer, Gewer m Herr, Hahn Käferin, Gewire f Frau Käfer-Martine f Österreich, »Reichsherrenland«
jidd. gewer Mann
Kaferling siehe Kaffer
Kaff n Dorf; zig. gaw
Kaffer m Bauer; Kefar n, Gefahr Dorf; Kaferling (verk. aus Kafer-Lechem) Bauernbrot; jidd. kapher Bauer
Käfter m Gefängnis
dt. Käfter enges Zimmer
kahlen, kohlen essen
zig. chala essen
Kahlfrosch siehe Kalle
kahn, kann, akana, pikane hier, jetzt; Kahn m Gefängnis jidd. kaan, bekaan hier
Kahre, Karre f Schüssel; ankarren Essen bringen; trockner Karo, Karo einfach Brot; Krokodil n Braten; jidd. kaaro Schüssel, rw. godel groß
Kaiserin f »Kaisersemmel« österr. Verstärkung, z.B. Kaiserschmarrn, Kaiserbirne, Kaiserwetter
Kalätsche, Kallätsche f Kuchen tschech. kolač Semmel
kälbern speien; ma.
blaue Kalitte f Polizist, nd. Kalitte f Jacke, siehe Kohlweißling
kall leicht, Kall, Kohlen Geld Qualm m Geld, Kallknollen pl Schwemmklöße
jidd. kal leicht
Kalle, Galle, Kahle, Golle f Braut, Dirne; Kahlfrosch, Kallfrosch m Bordellwirt; jidd. kalla Braut + jidd. kal leicht
Kalle f Markt, Messe; Kalladeiner Marktbettler; Kallemokum Frankfurt/M; jidd. kallah Markt
kallen siehe keilen
kämmen, kammen wollen, Gekammer Wille, Sehnsucht; zig.
kammesieren betteln, nehmen kalmäusern, klamüsern ausfindig machen, suchen
Kalmäuser m gelehrter Bettler
jidd. komaz nehmen
Kandierer m gut gekleideter Betrüger; kantern, kontern foppen; jidd. kanter foppen

Kaneel m Zimt
dt., zu lat. canna Rohr
kann siehe kahn
Kante f, Kandisch n Haus, Gefängnis; dt. Kante Winkel
kantig siehe quant
einer Kantum machen koitieren
dt. Gant Konkurs
Kapdon m Polizist; kappen verraten; Kapphans m, Kappmaus f Verräter; jidd. kapdon Aufpasser
Käppelspink m Pfarrer
lat. capella Kapelle
kappen (verraten) siehe kapdon
kappen nehmen, stehlen, fassen, verhaften; lat. capere ergreifen
Kapphahn, Kappstür m Kapaun
dt. kappen schneiden: verschnittener, kastrierter Hahn
kappore tot, Kappore f Tod, Kapporling m Käuzchen; jidd. kappora Sühne (am Versöhnungstag wurde ein Huhn, das »kapporehindl«, geschlachtet)
Kappsierer m Bettler (ehemaliger Mönch)
jidd. kephiras Abtrünnigkeit
karabinern bringen, sich nahen, kommen, gehen; Karabiner m Bote; jidd. makriw sein sich nahen
Karengro m Polizist
zig. charengero Schwertfeger
karik wohin ?
Kark m Nacken; jidd.
Karnaiwesen siehe Hausnauben
Karo siehe Kahre
Karst, Kast, Gast m Holz, Wald, Kassement n Gefängnis
zig. kascht Holz, siehe Stock
kartoffeln (schwerfällig) reiten dt.
kartuschen leugnen; dt. vertuschen + Cartouche, Louis Dominique, Meistergauner, geb. 1693 zu Paris, gerädert am 27.11.1721
Kaschemme f Wirtshaus; zig. katschima, siehe Gritschimari
Käscher m Knoten; jidd.
Kasematte f Wohnung
Kast m, Kasse f Wohnung, Raum; zig. kascht Holz, Stock + dt. Kasten n Gefängnis, Stockhaus
kaspern lügen, betrügen, reden, sich besprechen, ausfragen, täuschen, schlagen
Diverse jiddische Wurzeln: kaswenen lügen, kossew sein schreiben, kobesch sein bezwingen, bekaschphenen behexen
Kasse siehe Kasematte
Kasser n Schwein; jidd. chasir
Kassiber m Brief, kassibern schreiben; jidd. kessaw Brief
Kast siehe Karst
Katschedi f Schnaps
zig. chátscherdi Schnaps
kätschen, katschen tragen, ziehen, saugen; Auskatsch m Auszug, Essenz; ma. alem.
katschen schneiden; jidd. chatchen
Katschke f Ente; sorb.
katzeln lügen, Katzelmacher m Italiener, früher allg. Romane ?
kätzern dringend bitten ?
Kau f Gefängnis, Käfig, Bett
nl. kooi Käfig, ins Deutsche übernommen als Koje; hierher Kühloch n Gefängnis (Kau mißverstanden als Kuh), Kuh f Gefängnis, siehe aber auch Kohl (Gemeinschaft)
kaude(m), kodim früher, Vor-Kodim m Morgen, Kuttenschieber Frühdieb (+ Kitte Haus)
jidd. kodim Ostwind, kedem vorn
kauern (Flachs) brechen
ma. Kauder m Hanf, Flachs
kaufen siehe guffen
Kaum, Chome f Mauer, Wand
Kaumer m Maurer
jidd. chomo Mauer
kautern, kuttern, käuten schneiden, Kaut m, n Messer

dt. Kolter Pflugmesser
kauz (halb) siehe kutz (halb)
kauz (außen) siehe kutz
kauzer, kauz kurz
jidd. kozar kurz
kauzisch, kaudesch heilig
Kauzischer Altlatz Hl. Vater
Kauzmedine f das Heilige Land
jidd. kodesch heilig;
hierher: dt. ein seltsamer Kauz
ke gegen; zig.
kebeln siehe hebeln (fesseln)
einem keberts einer ist verrückt
jidd. gewura Stärke, siehe Säure
keckeln tragen, bringen, holen ?
Kegler, Kachler, Kichler, Gackler m Gelegenheitsdieb
zu jidd. gacheles glühende Kohlen?, siehe Kachel
Keh m Schnaps, Abk. von Katschedi
Kehr m Haus; zig. ker (siehe Chöre)
Keife, Kebse f Frau; dt. Kebsweib + jidd., rw. Nekef n Vulva siehe Nekef
Keile, Kehle, Klee, Kling f Gerät, Gefäß, Instrument, Maschine; keilig mechanisch
jidd. keli Gerät, Geschirr
keilen, kallen schlagen, Keilschotter, Keilschuster m Stekkenknecht, zu -schotter, -schuster siehe Schot; ankeilen anbetteln, bitten siehe anschlagen
jidd. makeinen schlagen
Keilerplatte f Betrügerbande
Keiler m Ringwerfer, Verkäufer falscher Uhren
zig. kel spielen
Keilig m, Heilig m Teil, Abschnitt, Bezirk, Anteil (an der Diebsbeute), Geld. Hierher Glucke f mit den Küken Austeillöffel mit Eßlöffeln; glucken schöpfen; jidd. chelek Teil, chelukenen teilen
zu Küken siehe Kiem
Keim siehe Heiß
Kekeraschka f, Kekerak m Elster (angelehnt an zig. korak Rabe)
Keks siehe Koks
ken, kein gegen, nach (örtlich) jidd. (dt. gen)
kenn ja; dt. kennen, siehe Martine
Kerl n, Kerel n Kern, Atom; jidd.
Kern m Geld; jidd. keren Kapital siehe Horn und Krone
Kern m, Kärner m Fleisch, Speck, Kernflüchtling m Speckmeise, Kernerfetzer m Polizist, Verräter, »Fleischmann«
ital. carne Fleisch
kess siehe kochem
Kessel m Narr; jidd. kessil Narr
Kettel m, n Glocke, ketteln läuten; ma.
ketten zusammen; zig. ketene
Ketterl n Elster ?
Keuche f Gefängnis; mhd. kiche
Keucheff siehe Koochew
Kewer m, Grab, Grube, verkappern, vergraben, begraben, kabern graben; jidd. kewer Grab
Kibbus, Kibitz m Schlag; jidd. kobesch sein bezwingen siehe kaspern. Hierher: kibitzen aufwiegeln
Kiebitz m Vulva, Penis ?
Kiebitz (Kopf) siehe Kürbis
Kiem m Ruhe, Zeit; kiemig ruhig; Küken Löffel (im Sinn von Bestand, Dauerhaftigkeit), vgl. rw. Zuständigkeit Silberlöffel siehe Keilig; jidd. kijum Bestand
Kierlin f Ameise; zig.
Kies, Kuß, Kiesling m Stein, Geld; dt., siehe Steiner
Kies m Beutel, Kieshase m »Beutelhase«, Känguruh
jidd. kis Beutel
kiesig, küstig oft, viel; dt.
Kikeriki Feuer; dt., der rote Hahn
Kille, Killemann siehe Kohl (Gemeinschaft)
Kille f Abend; jidd. techille
Kilo m Prügel; zig. kilo Pfahl

Hierzu: Zilisheichus, Zibisheichus pl. Schläge
Kim siehe Chinnum
Kippe f Behältnis, kleines Haus
jidd. kuppo Büchse, überschneidet sich mit Kippe f Anteil
Kippe f Anteil, kippen teilen
jidd. kübbo Schlafkammer
Kipper m Betrüger (mit falschem Schmuck); dt. kippen wiegen
Kirgisin f Kirsche; zig.
Kischkesch m Klang, Glocke
kischkeschen klingen, tönen
Kesch n Geld
jidd. kischkusch Glocke, Klang
kitsch, kittisch neu, sich verkittischen sich wundern, Chidduschim pl Zeitung
jidd. chiddusch Neuigkeit
kitt schön, gut ?
Kitt m Geld; jidd. chut Zwirn siehe Hut und Zwirn
Kitte, Kette f Haus; grandige Kette Kirche; Chittenschieber m Einschleichdieb siehe kaudem; nd. Kate f kleines Haus, nd. Kit f Bordell. Hierher Kittchen n Gefängnis (+ dt. Keiche Gefängnis)
kitteln siehe kutteln
Kitz m Stadtviertel; dt.
klackern, kleckern herabtropfen (lassen); dt.
Kladder m Seife, Schmiere; ma.
Klafte f häßliche Frau
jidd. klawta Hündin
klägen arbeiten, Kläger m Arbeiter, Kläge f Dienst, Arbeit
dt. kleien schmieren, Dreckarbeit verrichten
Klammer f, Klampe f Hand, Klaue; klemmen ergreifen, stehlen, Klemme f Hand, Gefängnis; dt.
Klammhaken m Polizist; dt. Klamm Zwang, dt. Haken Gewehr
Klamotten pl Geld, Kleider
tschech. klamol Bruchstück, siehe Keilig
klampen ziehen
zu dt. Klamm f Zwang, Not
klamüsern siehe kammesieren
Klankgeher m Betrüger, der in Ketten geht; dt. ma. Klank m Schlinge, Kette, dazu rw. Klänk Knopf, Schlinge, Schleife, Krawatte
Klappe f Kneipe; dt. Klappe »Türe«. Im Rw. sind Türe und Haus synonym, siehe Winde
klappen fangen, Klapper m Häscher; Froschklapper m Storch; dt., zu Klappe
Klappern pl Läuse ?
Klappersog m Gewürzkrämer ?
Klärchen n Sonne; dt. klar hierzu klären denken; jidd.
Klater m heruntergekommene Frau; klettern koitieren, beflecken; dt. Klater m Lumpen, siehe Kladder
klauen, glauben stehlen; dt., zu Klaue
Kleber m Brot; tschech. chléb
Kleber m Klette; dt., nach den anhaftenden Blütenköpfen
Klebling sieden schöntun
dt. Klebling Leim
kleck glatt, Kleckstein m Verräter siehe Glattschmuser
jidd. cholok glatt, heuchlerisch
Klei m Lehm, kleien schmieren, streichen; dt., siehe klägen
kleiben, auskleiben auswählen
jidd., zu dt. klauben
klemmen, Klemme siehe Klammer
Klemms m Käse ?
Klempner m Polizist
zu dt. klemmen fangen
Kletsch m Kuchen; ma. Klitsch Teig + rw. Kallätsche
kletschen betteln; dt., zu rw. klötzen schlagen, siehe anschlagen
klettern siehe Klater
kletzeln siehe Klitsche
kletzeln stehen ?

Kling siehe Keile
klistern reiten; Klisto m Reiter, Polizist; zig
Klitsche f Vorhängeschloß, klitschen schließen, kletzeln stehlen; zig. kliyin Schloß Durch Mißverständnis Klitsche f heruntergekommenes Rittergut
klitz klein, jung, wenig dt., vgl. klitzeklein
klötzen schlagen; nl. klotsen
Kluft f Kleidung, sich klüften sich kleiden; jidd. keiphas Schale
Klumpen siehe Glumpen
knäbbig sehr schön, prachtvoll ?
Knacke f Ast, Zweig, Art, Stück (Brot); nd. Knagge Ast, Stück
Knacker m, n Holz, Wald, Stuhl, Tisch; dt., zu knacken
knall einfach, ordinär; verknallen vereinfachen; dt. ?
Knallblech n Sekt; dt.
knallen koitieren, Knallhütte f Bordell; dt., siehe schießen
Knallhecht m Soldat; dt. knallen
Knapp m Brot; nl. knap Essen
Knast m Gefängnis jidd. knas (Geld-)Strafe
Knasterbart m Knecht dt. knastern knurren
knautschen, kneitschen falten, drücken; Knautsch(er) m Öl, Knautschkugel f Olive; dt./jidd.
kneifeln, kniebeln schneiden Kneif m Messer; ma.
kneifen (stehlen) siehe ganfen
kneisten siehe gneißen
Knippling m Kirsche, Baumfrucht; dt., zu knipsen zupfen
knobeln beten, fluchen, schwören, flehen; zu dt. nippen, nippeln die Lippen bewegen
knobeln, knofeln würfeln, versuchen, herausfinden. Knöpperling Knochen; dt. knobeln würfeln, zu Knopf, vgl. Knobelbecher
knöklig fleißig, knökeln arbeiten ?
Knopper, Knupper m Flasche nd. knipen trinken
knörkeln sparen schwäb. knorken geizen
Knorr m Schnaps dt. knorrig hart, siehe der Harte
knorrig hart; dt.
Knospenschmunzel m Rosenkohl, vgl. Brüssler Sprossenkohl
Knucken m Stock, Stange; ma.
Knudel, Knödel m dicker Mann; dt.
Knull f Vulva; dt. knüllen drükken
Kobel n Haus mhd. kobel kleines Haus
Kober m Wirt, kobern koitieren jidd. chowo Hütte
kobern (schlagen) siehe guffen
Koch, Kauach f Kraft; kochen überwältigen, betrügen, binden Köchlein n Strauß Kocher m Kraftmensch, Berghacker m Gewaltverbrecher (entstellt aus bekauach, mit Gewalt), der sein Opfer würgt, daraus: Knödel, Kloß, siehe Christenwürger jidd. kauach Kraft, Gewalt
kochem klug, wissend; Chochum Dieb; Pustekuchen! als Verneinung (jidd. poschut wenig); Apfelkuchen (jidd. ewil nicht); ja Kuchen, nicht London: gerissen, nicht gelehrt, siehe Lampe; Ball-Kochem »wissender Mann«, des Rotwelschen Kundiger; kochen vorsichtig sein, Koche f Vorsicht; keß klug, frech (Abk. von kochem), keß acht (jidd. chet ist der 8. Buchstabe) jidd. chochem klug
kocker, kacker gleich, selber kockern gleichen, ähneln; Kokkerei, Kokerei f Identität zig. kokero einsam, allein, selber
kodim siehe kaudem
Koffer m Vulva jidd. kowo Vulva + dt. Koffer

Kohl, Koll m Sand
jidd. chol Sand
kohl, kol alles; jidd. kol alles
Kohl, Kol f Stimme
jidd. kol n Stimme
Kohl n, m Gemeinschaft, Gaunergesellschaft, Bande; Kille f Stadt, Gemeinde (jüdische); Külm f Stadt, Gefängnis; Killemann m Mitglied einer Gaunergesellschaft; jidd. kehile f Gemeinde; jidd. kool m, n Mitglieder derselben; hierher rw. Kühle n Gefängnis (+ jidd. chole krank, siehe kohl krank, aber auch Kau)
kohl, kohlerisch krank; kaul, gaul gefangen; Kohlebeiß n Krankenhaus; jidd. chole krank, hierher: jm wie einem kranken Gaul zureden (Tautologie)
kohl, kohl(er)isch schwarz
zig. kalo schwarz; hierzu alle folgenden rw. Begriffe:
kohlen lügen, erzählen, reden
jn verkohlen jn anlügen, »anschwärzen«; Kohl Lüge, Erzählung, Phantasiertes, Nichtiges, Nichts; Kohler m Hunger (schwarz ist im Rw. synonym mit arm, hungrig), Kohldampf m Hunger (Tautologie, denn dt. Dampf m Hunger); Kohlschaft f Finsternis; Kohle f Milz, Leber
Kalina f Brombeere;
Kohlkracher m Schwarzwald
Kohlen(Geld) siehe kall
kohlen (essen) siehe kahlen
Kohlweißling m Polizist; über das berl. Kalitte Schmetterling und das damit nicht verwandte nd. Kalitte Polizist
auf Kohnen handeln mit Falschgeld betrügen; jidd. kone Abkäufer
Koks, Keks m Hut, Hirn, Kopf
Koksfahn f Kopftuch, Turban
Gack n Dach; jidd. gag Dach, vgl. dt. Oberstübchen
Koks m Kokain, »coke«; dt.
Kolatsche f Kutsche, Auto
dt. Kalesche
Kolb m Pfarrer; veralt. dt. Kolbe m Geschorener
Koldusis m Bettler ?
Koloff, Jaulaff m Milchdieb
jidd. cholof Milch
Kommando Ausflug, Abstecher
Kommando schieben betteln, herumgehen
jidd. komaz nehmen
kommeln, kammeln, kaumeln koitieren; jidd. chomal er hat sich erbarmt
Kommis n Brot
jidd. chomez Sauerteigbrot
köng siehe könig
könig, köng hier, da, heute
zu dt. »kommen« folgende rw. Begriffe: aberkönig, aberkenntlich, aberkünftig herab, aufferkönig herauf, hinkenntlich hin, überkenntlich hinüber, Oberkunft f Oberes, Rand, Himmel
Konn m Schnaps ?
Konstanz siehe Belmonte
kontern siehe Kandierer
Kontrafußbeiß n Theater
Kontrabaß-Haus ?
Koochew, Keucheff m Glück
jidd. kochow Stern, siehe Massel
Koppel m Narr, zu Jakob?
Köppel m Kopf, Kopfsalat
ahd. kliuwa Kugel
Kornett m Käse; analog zum mißverstandenen Fähnrich gebildet
Kosak m Betrüger
jidd. kaswon Lügner
koscher (rituell) rein; jidd.
Kosen m Geld; jidd. choson Bräutigam, Mann mit Geld
der Kozze, Kurze Schnaps
jidd. kos Becher
krachen (gehen) sterben, verhaftet werden; dt. krachen kränkeln

Kracher m Holz, Wald, Kracherbeißer m Beil; dt.
Kracher m Koffer
jidd. kerach Einband
Kracherl, Krackerl n Gespenst ?
Kracherling, Kracher, Krachmann m, Kracksel n Nuß; dt.
Krack, Korak m Krähe; krakken krähen; zig. korako Rabe, bayr. Krah m Krähe, griech. korax
Krammetsbeeren pl Wacholderbeeren; ma.
Krammuttchen pl Läuse
jidd. keroim Lumpen
jidd. mejuschow Einwohner
Krampel m Streit, krampeln streiten; franz. caramboler
krampfen stehlen, ergreifen
dt. krampfen fassen
kratschen, krätschen lärmen, schreien; ma.
Kratschen m Hopfen
Krätzer m Korb; dt. Krätze f
Krätzling m Zwiebel; dt.
krauten, Kraut(suppe) fressen, – backen fliehen, gehen ?
Krax Kloster; jidd. korachas Glatze (meint die Tonsur)
kreien rufen, schreien, lesen
jidd. kerio Ruf
Kreuzerpille f Brotlaib ?
krick zurück; jidd.
Krie f Riß, ritueller Riß der Juden an der Kleidung bei einem Trauerfall; im Rw. als Fluch: reiß, schneid dir a Krie übers Ponim! Hierzu rw. grillisch protestantisch, d.h. vom alten Glauben abgetrennt, siehe tofelmanisch
Krieche f Vorschrift, Zwang
jidd. kricho
Kritz m Kruzifix, Kreuz; Verk. ?
Krokodil siehe Kahre
Krone f Frau, Krönerei f Hochzeit, Grünkaffer m Ehemann
jidd. koran strahlen, davon keren Horn, baal karnajim Hörnerträger
Kronert siehe Grünert
Kröngel m Wurst; dt., zu Kringel, verw. mit krank und krumm
kronig siehe grandig
Krop m Dill; jidd.
kröpfen stehlen; dt. kröpfen fressen (der Raubvögel)
krotzen stehlen ?
Krübs m Kerngehäuse des Kernobsts, Kernobst; ma.
krumm, krump siehe grimm
Krummei siehe Kummei
Krummkopf siehe Rebmosche
Krümmling, gelber Banane; dt.
krüppeln, grieben braten; dt., vgl. Grieben pl geröstete Speckwürfel
Krüppelschütz m armer Bursche; zu dt. kreipeln kriechen
Kübel m Trommel; dt.
Kugelfranz, Gugelfranz m Mönch; jidd. Elfranz m Weltgeistlicher; jidd. chogor Gürtel, also: Gürtelgeistlicher
Kühle siehe Kohl (Gemeinschaft)
Kühnadeln siehe Chinnum
Kühnstock Schaf ?
Kukawke f Kuckuck
jidd., poln. kukawka
Kukurutz m Mais; türk.
Kulei m Mann, Wirt, Schreibgehilfe; zig. chulai Mann, hierzu: dt. Kuli m Knecht und Tintenkuli Schreibgehilfe
kulm hoch, kulmen heben
dt. Kulm m Berg, Gipfel
Külm siehe Kohl (Gemeinde)
kulpen, duften Kulpus hegen schlafen; jidd. kulmus (Schreib-) Feder
Kummei, Krummei f Frau, Vulva ?
kümmel, gimmel drei, Kümmelplatte Dreier-Bande, Entente;jidd. (3. Buchstabe, vgl. griech. gamma)
kündigen, künden, königen, kümmern, kitschen, kümmeln kaufen

jidd. kinjen + zig. kin kaufen
Kunst f Arbeit; dt.
Kunst (Ecke) siehe Kunz
Kunz, Kunst f Ecke; zig. kuntsch
Kupf n Eisen; tschech. kov
Kür, Kehr m Herr, kirrisch österreichisch, »reichsherrlich« rabb. kiri Herr, siehe Käfer
Küraß m Zwangsjacke, Gesetz dt., von lat. coriaceus ledern
Kürbis, Kiebes, Kiebitz m Kopf dt. Kappes Kohlkopf von lat. caput Haupt
der Kurze siehe der Kozze
Kusch, Gusch Haus; kroat. kuća
kuschedurmen schlafen franz. couchée Nachtlager
Küse f Gefängnis; tschech. kut Zuchthaus + rw. Kusch
Kußmuß f Teufelsweib rw. Koes, Kuß m Teufel ?
Küßnagel m Zahn; dt. Kess Spalte; jidd. acheln essen, also ursprünglich Bezeichnung für den Mund
küstig siehe kiesig
Kutsch f Vulva, Tasche, Transportmittel; dt., zu Kutsche
Kutsche, Kutscher (Bier) siehe kutz
Kutte f Vulva; nd. Kutte Vulva rw. kutteln, kitteln schlafen (+ rw. Kitte f Haus), rw. Kuttenhengst geiler Mann
kuttern siehe kautern
kutz, kauz halb; Kutsche f, Kutscher m Halbe (Bier), Bier jidd. chozo Hälfte
kutz, chuz außen, außer jidd. chuz
labern reden; dt., ma.
Lache, Lacke f Tal sorb. luka Wiese
Lachs m Geld, lachsen prügeln, lackieren betrügen; belaxeln betrügen, koitieren (über Prügel »Penis«); ma.; im Rw. sind Brot, Geld, Prügel häufig synonym siehe Pimmer
Lack m Schnaps jidd. log Seidel
Laffoi Vulva ?
lamed 30; jidd., vgl. griech. lamda, hierzu: Lammeth Leipzig (Abk.)
lamet-alef siehe blau
Lamfiesel m Polizist ?
Lampe f Mond; dt.
Lampe f, Lampen m Überraschung, Störung, Vereitlung, Lärm; lampenfrei treu, sicher, lampig unsicher, laut, spektakulär; verlampen verjagen; Lampen haben Verhaftung erwarten, Lampen m Polizist, Wissender, gerissener Gauner jidd. lamdon Gelehrter
Langer, Langert m Hals; umlangern umarmen, umhalsen; dt.
lanzen siehe Lenz
Lapp, Laffe m energieloser Mensch; dt. Laffe Hängelippe
Lappen m abgelebter Mensch; dt.
latchenen stehlen; zig. latendini Stoß, Schlag, siehe stoßen
Laterne f Polizist; mißverstandenes Lampe
latsch (gut) siehe latz
Latsche f Wagen dt. latschen langsam gehen
Latsche f, Latsch m Milch, Kaffee; ital. latte Milch + zig. latscha Brühe; hierher rw. Leiche f Käse, Leichenbrüh f Sahne
Lätsche, Latsche f Lattich, Gartensalat; dt.
latschen, verlatschen schlagen Latsche f Ohr; dt. Watsche + dt. lauschen ?
lattchern bummeln; zu latschen ?
Latte siehe Lötwasser
Latz m Freund, Meister; latz gut, treu, sicher; Altlatz m Vater, Kraftlatz m Bursche, sich latzen sich freuen; zig. latscho gut
lau siehe blau
Laub siehe Leben
Laubfrosch m Jäger, Förster; dt.

Laufer m Öl, Laufermatschchen Ölsardinen; dt., zu laufen
Läuferl n, Laufer m Quelle; dt.
Läuse pl Gries, Lausgranaten Griesnockerln; dt.
Laushütte siehe blau
Lausken, Lauzen pl Eier jidd. lus Nuß
lautern messen, wägen, denken?
Lauthi f, Lautori f Mädchen, Vulva; zig.
leben neben; jidd.
Leben, Löben, Laub n Brot blankes Leben Weißbrot, Liebling m, Löwen m Brot dt., zu Laib
Lechem, Lehm m Brot; Süßlehmer m Konditor, Lemlem Geld, Lorchen, Lerchen Brot jidd. lechem Brot
Leck, Lock n, Leckement Gefängnis; auslecken ausliefern, einlochen einsperren dt. Loch + ma. lech hungrig
Leepeneute f böse Frau; rw. leep listig, zu nl. leep schlau nl. neut f Zapfen, Frau
Lehm siehe Lechem
leibern verlocken, verleiten ?
Leichenbrüh siehe Latsche (Milch)
Leidengänger m Dieb; jidd. lejad zur Hand, siehe jatschen, Jad
Leim m Lüge, Leim schieben, – sieden, leinen lügen, leimen anführen, beleimsen koitieren dt.
Leine f Weg, Richtung, Komma, Strich (der Prostituierten), Leine ziehn auf den Strich gehn; zieh Leine! geh in deinen Bezirk zurück! lat. linea, syn. mit Strich
Leinen reißen siehe Wolle reißen
lekichern stehlen jidd. lokechnen nehmen
lematto, matt(e) unten, unter jidd.
Lemlem siehe Lechem
Lemmel m Hase ?
Lenz m Freude, Spaß; lenzen, lanzen sich gütlich tun dt. Lorenz
lenz, lens fern, Lenzjaul Funk, Telefon; Lenzfleppe Telegramm, Fernschreiben zig. lens fern
Lerche siehe Lechem
Lewarke f Lerche; zig.
Lichne f Flechte; lat.
Licht n Polizei mißverstandenes Lampe
liebeln siehe lippeln
Liebling siehe Leben
Liechtenstein sein Geld haben dt. licht weiß, siehe weiß
Liel m Brief, Papier, Paß; zig.
Limoj f Zitrone; zig. limoi
Lindra f Schlaf; zig. lindra
link schlecht, falsch; linken beobachten, aufpassen; verlinken verfälschen dt., Gegenteil von recht
linzen, lenzen sehen, hören Verlinz Verhör, verlunschen verstehen, Linz m Kleinigkeit dt., zu leise; hierher rw. Linsen dreschen horchen, -dreschen zu jidd. dorasch er hat gesucht
lippeln, liebeln beten, lieblich, lipplig heilig; dt., zu Lippe
lo siehe blau
loh hell, weiß; dt., vgl. lichterloh
Lokschen pl Nudeln zig. lokschi
loll, lollo, lolo rot; Lolo m, Loli m Polizist; zig. lolo
lololu(m) siehe blau
loschen, luschen, laschen sprechen; Loschen n Sprache jidd. loschon n Sprache
löten siehe Lötwasser
lötsch böse, schlecht dt., zu Lötsch Bauernhund
lotsen lenken, führen, Lotsteller Lenkrad; dt., zu engl. loadsman
Lotterl n Wirtin; Lotterschein m Sonn-, Feiertag; dt., zu lottern

Lötwasser n Schnaps; dt. löten trinken, zu dt. Latte junger Trieb (auf die Wirkung des Alkohols bezogen), hierzu rw. mit der Latte laufen verrückt sein
Lovisel siehe blau
Löwe m Zorn ?
Lowi, Lom m Geld
zig. lovo Geldstück
lowon, Löwen- weiß; jidd. lowon
Luball m Verräter ?
Lubinici pl Kartoffeln; zig.
Luft f Freiheit, Luftlatz m Unabhängiger; dt., vgl. an die Luft setzen
Luft f Hunger, Luftturm m Kerker, Gefängnis, »Hungerturm«; dt., vgl. Luftsuppe und Windbuletten
Luft m Schnaps (Pfefferminz-, Kümmel-) ?
lugen hören, sehen
dt. lugen achtgeben
luimen schlafen; nl. lui faul
Lukas, Luch m Tafel, Kalender
jidd. luach Gesetzestafel, Holz-, Steintafel für Aufschriften aller Art; hierher: haut den Lukas
Lull f Röhre, Ader, Darm, lullen, lullern blasen, saugen; Lullkaffer Nachtwächter, Hirte
nl. lul Rohr
lullen schlafen; dt., vgl. einlullen
lullern siehe Lull
Luludi f Blume, Rose; zig.
Lunderl m Montag; franz. lundi
Lupper m Taschenuhr, Uhrkette, Kette; luppern fesseln
dt. noppen sich hin- und herbewegen
luschen siehe loschen
lustern, lüstern hören
nl. luisteren horchen
ma nicht; zig.
ma warum, was, wie; jidd.
machen stehlen, falschspielen; vermachen verraten; machs gut! Abschiedsgruß; dt.
machern koitieren
jidd. machriach sein nötigen
Machöffel m Herr, Gott ?
Mack m Speck; zig. mak
mackeln schlagen; Mackes pl Schläge; Mackener m Einbrecher; jidd. makeinen schlagen
mackern kennen, Macker m Bekannter, Hausfreund
jidd. makor Bekannter
Maf, Maff m Narr ?
Mahre, Mare f Gestalt, Anzeichen, Ansehen, auch Anzeigender; Mahremokum falsches Alibi, Märchen n Förmchen; jidd.
Maier siehe Maure
Mailach, Melech m König
Malke f Königin, Malches Königreich; jidd. melech, malka, malchus. Hierzu rw. Malke schwo f (Königin von Saba) Zierpuppe; Melechblattl n Schellenkönig, Malke Schwoof f Königin des Vorstadttanzes, Schippemalke f Zierpuppe, Pique-Königin (dt. Schippe f Schaufel für pique)
Maium siehe Meim
Malbusch, Misch, Wallmisch m Rock; jidd. malbusch Kleid
Malke Schwoof siehe Mailach
Malleier m Kundenwirt
jidd. molon Herberge
Malne f Himbeere; jidd.
malochen, malichen machen, arbeiten; Meloche f Arbeit
jidd. melocho Arbeit
Malze f Wunde ?
Mame f Mutter; jidd.
mämm siehe mem
mammen siehe Mamser
mammesch, mammisch wirklich, tatsächlich; jidd.
Mamser m Verräter, mamsen, mamsern, wamsen verraten, mammen leise sprechen; jidd.
Manaschwerekör m Gefängnis
zig. manuschwari Galgen, -kör siehe Kehr (Haus)

mangen betteln
zig. mangav ich bitte
Manister f Suppe; ital. minestra
Männchen n Stück, Scherbe, Teil; jidd. mono Stück
Mansche f Essen; franz. manger essen + dt. manschen vermengen
Maranze siehe Meranze
Märchen siehe Mahre
Mare siehe Mahre
Maria Taferl n Wallfahrtsort in Österreich, beim Zuchthaus Stein a.d. Donau
Mark f Meter; dt., gleiche Abk.
Marmel m Marmor; jidd.
Maro m Brot, Geld; Marie f Geld; Maria zu lieben Brotsuppe (zu -zu lieben siehe Zumin), siehe Herzjesubrühe
zig. maro Brot
Marodepink m Arzt; dt. marode ermattet von franz. maraud Halunke, auf zurückgebliebene plündernde Soldaten im 30jährigen Krieg bezogen
Marrastl m häßlicher Mensch
rw. Mahre Gestalt, asch häßlich
Marschierer pl Läuse
jidd. merchaz Wäsche
Marschierpulver Arznei, Gift
jidd. moschia Rettung
Martine, Medine f Land, entstellt zu Mathilde, Matthias
Grußformel:
Kunde ? »Fahrender ?«
Kenn Mathilde »Kenne das Land«; jidd. medina Land
Maschunde siehe meschunne
Masger, Masker m Verschluß
Masker m Schlosser
jidd. masger Verschluß, messager Schlosser
mask, masik scharf, Mask, Masik m Teufel; jidd. masik Dämon
masker zwischen, mitten, Masker m Mitte; zig. maskar
masknen leihen, Maskenstich m Leihgabe
jidd. maschkenen leihen
Maß, Meise f Sache, Tat, Arbeit, Erzählung, Geschichte, Unsinn; jidd. maase Tat, Geschichte, hierher: eine Meise haben verrückt sein
Massel n Glück, vermasseln verraten, Vermasselter Verhafteter; jidd. masol Glücksstern
Massematten pl Handel und Wandel
jidd. masso umattan Handel
massern siehe Mosser
Massledoge Kartoffel ?
Mathilde siehe Martine
Matrellen Kartoffeln
zig. matréli Kartoffel
Matsch(o) m Fisch; zig.
matt (unten) siehe lematto
matt(o) betrunken; zig.
Mattich m Hitze, Trunkenheit
matt heiß, betrunken
dt. matt + zig. matto betrunken
Matze f ungesäuertes Brot
Matzeponim n entstelltes Gesicht (in den Matzeteig werden vor dem Backen Löcher mit der Gabel gestochen)
jidd. mazo
mau bedenklich, schlecht ?
maukers, maukas machen umbringen
jidd. mocho er hat vernichtet
Maul m, Moihel m Betrüger
Etymologie noch immer ungeklärt
maulechen, molichen gehen, führen; jidd. molich sein führen
Maurachel, Mauracher, Marauchel Morchel; bayr.
Maure, Mohre, Mahr, Meier f Angst; mauern (beim Kartenspiel) nichts riskieren; bemeiern betrügen; Maier werden verhaftet werden; Mores lehren einschüchtern (+ lat. mores Sitten); jidd. bemore sein sich fürchten, hierher
dt. Mensch Maier! paß auf!
Mauschel m Oberster, Spitze, Haupt-; mauschlig vor allem,

überwiegend; jidd. moschel
mauscheln betrügen
ma. muscheln betrügen
mauscheln jiddisch reden, jüdeln, Mauschel m armer Jude
jidd., zu Moses + dt. muscheln undeutlich reden
Mäuse siehe Moos
mausen stehlen; dt., vgl. nl. muizen Mäuse fangen, naschen, stehlen
Maxe, Machse f Lende; Machsen kühlen verhauen
jidd. michnossajim pl Hosen
me ich; zig., hierzu me mich (zig. ich + lat. me mich, vgl. minots, minz ich, mich)
Mechile f Verzeihung; Michel m Säbel, Schwert, Dolch, vgl. dt. Misericorde f Degen (Gnadenstoß); rw. vermicheln, vermoicheln verzeihen
jidd. mechila Erbarmen
mechulle sein im Gefängnis sein; jidd. mechulle krank, siehe kohl (krank)
Medine siehe Martine
Medschandsche f Meise; zig.
Meger n Geld; jidd. meches Zoll
Mehl n Brot; dt.
mei, mai wieder, noch;zig.
Meile f Elle; dt.
Meim n Wasser, See, Soße
jidd. majim Wasser
Meis siehe Musch
Meise siehe Maß
meistern täuschen, betrügen, fesseln; dt.
Meldsche f Muschel, Auster; zig.
melken siehe Geldmelker
Melme f Staub, Asche
dt. Mulm m + zig. mel f Schmutz
Meloche siehe malochen
mem 40; jidd., vgl. griech. my
mengeln, menkeln mischen; dt.
menkeln essen; Menkel m Mund, Minkelbude f Küche, Münkelspiel Mund, Grimasse
dt. munkeln heimlich naschen
Menkénke f Einwände, Täuschung; jidd. mechanne sein um etwas herumreden
Mepper siehe meps
meps, möps klein; Möpse pl Geld, Mepper m Bahnhofsdieb, der Kleinigkeiten stiehlt ?
meramme sein betrügen
jidd. meramme sein
Meranze, Maranze f Orange
jidd., zu Pomeranze
Merise f Vogelkirsche
franz. merise
merwiachen stehlen
jidd. merwiach sein verdienen
merwig immer, dauernd ?
meschammesch sein
siehe Schammes
meschugge verrückt
jidd. meschuggo
Meschummed m Getaufter, Verräter; jidd.
meschunne, meschumme plötzlich, böse, wunderbar; Maschunde f Lästerung, böser Wunsch
jidd. meschunno befremdlich
Meß n, Misse f, Miese f Tod, Leichnam; jidd. miso Tod,
jidd. mes Leichnam
Messingdraht m Mohrrübe ?
Messire siehe Mosser
Messumme f Geld
jidd. mesumman bar
Mesuse f Frau, Dirne
jidd. mesusa Kapsel mit Pentateuchstelle am Türpfosten, die der Vorübergehende küßt
Metaltalim pl Kleider; jidd.
Meter m Mark, Monat (Gefängnis); dt., gleiche Abk. siehe Mark
mewuscheln, mewascheln kochen; jidd.
mezucke, mesucke, mezukisch gefährlich, ängstlich, furchtbar, Mezucke f Angst
jidd. mezuko Bedrängnis
Michel siehe Mechile
micheln, michen lachen; dt.

Michole siehe Baßmeichel
Michse f Decke, Plane
jidd. michso Decke
Mick siehe Mockel
mies schlecht, falsch
jidd. mis schlecht
Migdale f Mandel; zig.
Miktepik, Miketepik m Italiener
jidd. mikkedem von alters her,
jidd. piggum Charakterfehler
Milange f Ehefrau
transportiert aus Ge-mahlin ?
mili sein siehe mollen (sterben)
Milligramm n Minute; dt., ergibt sich aus der Umrechnung
Pfund = Jahr.
1 Tag = 1,397 Gramm
1 Stunde = 0,058333 Gramm
= 0,06 Gramm
= 60 Milligramm.
1 Minute = 1 Milligramm
Minge, Münne, Minne, Minnige, Männer Geld; jidd. mono
Teil, Anteil (siehe Männchen),
jidd. mincho Tribut
minots, minz ich, mir, mich
minotesem, minzem mein?
Minsch f Vulva; zig. mintsch
minz siehe minots
Misch siehe Malbusch
Mischpoche f Familie
jidd. mischpocho
Mischtor n Gefängnis; jidd.
Misse siehe Musch
Mitternachtzinker m »Nordzeiger«, Lattich, der sich in
Nord-Süd-Richtung dreht
Mockel, Muckel, Mick f Frau ?
Model, Mulderl n Frau ?
modig träge ?
Moggl m Tannenzapfen ?
Mohre siehe Maure
Mohrin f Beere; zig.
Mohrrübe f Polizist; jidd. meriwa Zank siehe Zänker. Hierher: dt. Mohrrübenschwein
Mokum m Stadt; jidd. mokom
molichen siehe maulechen
Moll f Wein; zig. mol Wein
moll, mole voll, lotmole voll
wie Lot, schwer betrunken;
mollen füllen; jidd. mole voll,
hierher Molsamer m Verräter
(jidd. sam Gift)
mollen sterben, moll tot,
mulsch krank, moll knucken
schlachten, töten; mili sein
verhaftet sein, Millingeher m
Verhaftung, Mühlkracher m
Axt; zig. mulo tot
mollen beschneiden, wegnehmen, nehmen, verkleinern; jidd.
Molsamer siehe moll
Monarchen pl Kunden; jidd.
makor Kamerad (siehe mackern)
+ jidd. nechor Fremdling,
siehe negen
Mondschein m Polizist
mißverstandenes Lampe
Monter m, Montane f Berg,
Gebirge; franz. montagne Berg
Moos n Geld, Mäuse pl Geld
Moses und die Propheten Geld
jidd. moo Pfennig, maot Geld
Moos n Zuchthaus
jidd. mas Frondienst
möps, Möpse siehe meps
mopsen stehlen ?
Mords- siehe Morsch
Morende f Essen
ital. merenda Brotzeit
Mores lehren siehe Maure
Morgenstern m Gefängnis
jidd. mora Angst, schtar Amtsschreiben siehe Stirnstoßer
mörrig faul, träge ?
Morsch m Mann, Hengst
zig. mursch, hierher alle Verstärkungen mit Mords-
Moses und die Propheten
siehe Moos
Mössel siehe Musch
Mosser m Verräter, vermossern, vermosern, massern verraten, schwätzen; hierher: jn
anmosern dumm anreden; rw.
Messire f Verrat
jidd. mosser Verräter
Motschka f (Gefängnis-) Essen
zig. motscha Pfeifensaft

Movchen siehe Möwchen
Möwchen, Movchen Häuschen
jidd. moph Dunkelheit
Muck, Mucke f Hütte ?
Muckeln pl Kartoffeln ?
mucken betteln ?
Mücken pl Geld
jidd. michjo Nahrung
muckewawern, mucken lassen
zig.
muffen prügeln ?
dich ham se woll mit de Muffe jebufft? du hast wohl einen Hieb?; berl.
muffen, miefen stinken, riechen
Muff m Stall, Gestank; ma.
Mühlkracher siehe mollen (sterben)
Mulde f Tasche; dt.
Müllnerflöh pl Läuse
dt., nach der Farbe
mulsch siehe mollen (sterben)
in der Mumschen gehen
siehe Munzen
mungatzen in der Klopfsprache sich verständigen
bayr. munkezen heimlich reden
Münkelspiel siehe menkeln
Munzen pl Bettler, die als Mönche gehen; in der Mumschen gehn betteln
jidd. minus Ketzerei
Murel siehe Mohrin
murerisch verdrießlich, ärgerlich; dt., zu murren ?
Murf m Mund, Kuß; murfen, murfeln küssen, kauen; Murfel n alte Frau; nl. murf Maul
Murke f Katze; dt. Murner Kater + zig. murka f Katze
Murr m Kraft, murrig stark
jidd. moro männlich
Musch, Muß, Misse, Miese, Meise, Möse f, Mössel n Frau, Vulva; Gemüs n Mädchen; dt.
Musleiche f Pfannkuchen
-leiche zu Lechem Brot
Muß siehe Musch
Musspritze f Regenschirm
zig. musi Hand
mutsch billig
nl. mutje Haufen, Menge
müttern erlauben
jidd. muttar es ist erlaubt
na nein, auf na spießen (ver)-leugnen; zig. na nein, nicht
Nack m Schnabel, Nase; zig. nak
Nadeln siehe Chinnum
Naderer m Polizist, Verräter ?
Nagel m Dünkel, Ehre, Hochmut, Ruhm; vernagelt berühmt; Nägel mit Köpfen machen prahlen; dt.
Nagel m Zeugnis, Schinnagel m schlechtes Zeugnis ?
(schin Abk. von schofel schlecht)
nampsen schreien ?
Nanas f Ananas; indianisch
Narwelo m Narr; zig. narbulo aus dt. Narr
naschen gehen; zig. nasch-laufen
Nasen Korn; jidd. nossi Oberhaupt, Fürst; Getreide ist das Hauptnahrungsmittel, siehe Gral
Nasperer m Dieb ?
nassnen geben, schenken, naß gratis, geschenkt, ohne Geld; nassauern auf Kosten anderer leben; nasser Junge nichtzahlender Bordellgast; Naß-Wilangs m Wirt (-Wilangs Mann zu franz. vilain Bauer); Nassauer Bank Wirtshaus
jidd. nossnen schenken
natzgern koitieren ?
nebbich ja, leider, wirklich
Nebechl n Handlanger des Gauners, »Niete«, »Null«
mhd. niwit nichts
Nebel m Narr; jidd. nowol
nebeln räuchern; dt.
Nefchen n, Neffe f Mädchen
jidd. naphko Dirne, daraus Rückentwicklung eines vermeintlichen »Neffchen« zu Neffe
negen, necken stehlen; Geneg,

Geneck Diebstahl; Festnegerin f Bandendiebin (Fest- ist Verstärkung wie Steif– in Steifbettler); jidd. nechor Fremdling, siehe Monarchen
Nekef n Frau, Vulva, Loch, Gefängnis; jidd. nekew, siehe Keife
neppen koitieren; dt. noppen auf- und abstoßen
nerg(e) nein, nicht ?
Nervus-Peking m Geld lat. nervus rerum + Pinke
Nesperbock m Wirt, der den Kunden hilft; nespern helfen ?
Nestel f Band, Schnur; dt.
Nettl n Mädchen, Reh; dt. ?
neuert, naiert nur; jidd.
Nexamer m Verräter jidd. nekome Rache
Niese m Dummkopf, Narr ?
Nieselpriem m langweiliger Mensch, Bummler ?
nieten kochen, Niete f Küche ?
niko niemand; zig.
Nille f Spaßmacher, Penis dt. nollen futuere
Nimmerling m Lachs; dt.
nina jetzt; zig., vgl. griech. nyn, dt. nun
nippen, nypen legen ?
no dann ?
nobis, nobel, noppe nichts, nobissen betrügen, vernobesen betrügen, schlagen ahd. niowith, siehe nebbich
Nöck(el) m Gendarm, Feind zig.
noiseln koitieren ?
noppe siehe nobis
Nordlicht n Schnaps; dt.
nostern siehe paternollen
not nicht; eng., vgl. rw. yes ja
nowaken mißhandeln ?
Nowes, Neupötz m Polizist ?
nucken danken, Nuck m Dank, Nuckel m Zweck, Sinn jidd. nochal er hat bekommen
Null hundert; dt.
nüms, nümet nicht; dt. ?
Oberkunft siehe könig
Obermann m Schlagrahm, Hut dt., vgl. österr. Schlagobers
odaj dort, hier; zig.
odolesk deswegen ?
Oichterl n Ameise; zig. ocrianse
Öl des Lebens n Schnaps; dt.
Olche f Erle; jidd.
Olm, Oilom, Ülm, Alm m Welt, Land, Dorf, Leute, Gesellschaft, Öffentlichkeit, Staat; Ülem Gedränge; Aul m Jahr, Zeitraum, Zeit, Ewigkeit; Ulmischer Vater, ulmisch alt; Olmischer m Verstaatlicher, Kommunist, olmisch öffentlich jidd. olom Welt
Oluff, Uloff m Schnaps; jidd. alluph der Ausgezeichnete siehe tow
Oochbram siehe Achbrumm
Oskar, trockener trockenes Brot; jidd. ossok frech, verhärtet, hierzu frech wie Oskar
Oss m Buchstabe; jidd. os
Ottchen m Biene, Ottchenschund »Bienenscheiße«, Honig; entstellt aus jidd. edas deworim Bienenschwarm
Otternschleim m Suppe jidd. eder Herde (die Anstaltsinsassen)
Pachen m Groschen jidd. pag Groschen
päckeln backen; zig.
packen stehlen, nehmen, »erben«; dt.
Packling, Packerling m Flügel zig. pak f Flügel
Paff m Pfau; zig.
Palanzer m Bettler; jidd. baal Mann, jidd. anius Armut
Pallopetschen m Polizist; jidd. baal Mann, jidd. owed Verderber
palm rot ?; Pälmchen n Eichhörnchen, »das kleine Rote« (der Fuchs ist das große Rote) Palm m Kardinal
Palme f Berliner Obdachlosen-

asyl ? Palmkuchen m in der Palme verteilte Brotstücke
auf der Palme sein wütend sein, Palmputz m Polizist
jidd. baal allim Gewaltmensch
Palmos pl Schläge
zig. palduno hinterer
pantsch siehe panx
panx, pantsch fünf; zig. panc
Pappe f Mund; bayr.
pappen dumm dreinsehen, zupappen zusehen, baff verblüfft ?
Paradeise f Tomate; jidd.
parlen siehe perlen
Parosch, Prosch m Floh; jidd.
pasch nahe; zig.
pasch während; zig.
Paß m Löffel ?
Passant m Fasan; zig.
paternollen, nostern beten; Patronalkante f »Bethaus«, Kloster; zu lat. paternoster
Patronalkante siehe paternollen
pattern, pottern freilassen
patter, potter frei; jidd.
pauen siehe puffen
pauken schlagen; dt., vgl. Pauker, Arschpauker Lehrer
paule wieder, zurück
zig. pale wieder + jidd. polit Entsprungener; hierzu folgende rw. Begriffe: paulisieren fliehen, einem nachpaulisieren einen verfolgen, bali sagen zechprellen, paul frei, Paulin ansagen davonlaufen, Pauli hauen wegwerfen, Palitschek einhängen fliehen, zechprellen
Pause, Bause f Angst, sich bausen sich fürchten; dt. bauschen, mhd. buschen schlagen
Pech, Pich m, n Geld; jidd. pochus klein, siehe meps
Pech n Unglück
jidd. pechus Mangel
Pechnickel siehe bacheln
Peger, Bejer Leichnam, Gift; pegern, bayern, paukern, übern Bach gehen, bechern sterben, töten. Pegerei f Krankheit; Bäcker, Peger m Teufel; Bierzoddel f (über Bejer) Entlassungsschein aus dem Zuchthaus (»Paradies«), Zwangspaß mit Reisevorschrift zum Heimatort
jidd. peger Leichnam
peilen, poilen sehen; dt.
Peitschen, Buskeyen pl Hose
Peitschenkätscher m Hosenträger, Gurt, Riemen; verpumpjacken verprügeln
jidd. botte schukajim Häuser der Beine
Peizaddik m, f, Polizist; jidd. pei p, zaddik z, Abk. »Pi-Zet«
pekkieren sündigen; lat. peccare
pellen siehe pennen
Pelzki m Pilz; zig.
Pelzl, Pilzl siehe Besoll
Pen siehe Bang
Penn pl Läuse; nl. pen f Stachel
Penne f Herberge; jidd. binjan Gebäude; rw. stille Penne an Penne angelehnt, aber zu zig. schtilepen Gefängnis; pennen, pellen, Pennemann machen schlafen (+ jidd. panai müßig)
pennen, benen sprechen
zig. penen sie sprechen
perlen, parlen, barlen sprechen
franz. parler
Perz m, Berzel m Schwanz, Haut (am Schwanz), Penis
dt. Bürzel Schwanz
Petite siehe Betüttesmacher
Petrischke f Petersilie; jidd.
Petzchen siehe Betzchen
Pfahl m Baum siehe Pfaller
Pfaller m Baum; Baller m Holz, Wald; dt. Bohle + dt. Pfahl
Pfebe f Kürbis; dt. ma.
Pfeife f Penis
dt. Pipe Harnröhre
pfeifen, auf jn pfeifen, jn verpfeifen verraten; dt.
pfeifen schlafen, bei der Hasin pfeifen im Freien schlafen; dt.
pferrig reich, teuer ?

pficht fort, pfichen gehen ?
Pfiff m Kunstgriff; nl. foef List
pflanzen machen, Pflanz m »Mache«, Lüge, Nichtiges, Nichts, pflanzen veräppeln; dt.
Pflaume, plume jemand; jidd. palmoni unbestimmte Person
pflengeln dreschen; zu dt. Flegel
pflügen betteln (vor der Kirche) dt., vom Hin- und Hergehn
Pfund n Jahr (Gefängnis), Liter (Schnaps); dt., vgl. jidd. littra Pfund
picheln siehe bacheln
picken (fangen) siehe gebicken
picken, wickeln, weckeln essen; dt.
piek gut; nl. puik vortrefflich
Pietzen pl weibliche Brüste; ma. Pitschen, franz. puits Brunnen, siehe aber auch pitschen
pikane siehe kahn
Pilegöschen f Konkubine, Frau jidd. pilegesch Beischläferin
Pillenträgerin f Frau, die Schwangerschaft vortäuscht dt. Beule Geschwulst
Pilpel m Pfeffer; jidd.
pilzen, pülzen, pilseln schlafen ?
Pilzl siehe Besoll
Pimmer siehe Bims
pimpern stoßen, koitieren; Pimpert m Öl, »das Gestoßne« (aus Oliven), Pumpel f Vulva dt. ma. pimpern, nd. pümpeln stoßen
Pink m Mann, Mensch, Pint m Penis; ostfries. Pink Penis, dt. pinkeln urinieren
Pinke f, Pinkepinke n Geld sorb. pjenjezy + poln. penadz
pinktlech siehe pintel
pinnen siehe benen
Pint siehe Pink
Pintel n Punkt, Platz; pinktlech pünktlich, genau; jidd.
Pireskro m Polizist zig. pireskro Wanderer
pirmänteln verkleiden, umhüllen; das Ponim pirmänteln eine Gesichtsmaske anlegen; Spiermantel Tabernakel; dt. Paramente pl Altardecken u.ä.
pirschewahr das erstemal; zig.
pitschen, putzen trinken; sorb. pić vgl. wegputzen vertrinken
pitschen schicken; zig.
Pitz, Piz m kleiner Angestellter, Schreiber, junger Verkäufer, Puppe ?
plädieren, platschieren, platschen betteln, reden, singen (vor Kirchen); jidd. belozon mit Verachtung + dt. plädieren
Plag siehe Blag
plämm Achtung; dt., dazu plemplem verrückt
Planken reißen abdecken (den Komplizen), helfen dt., siehe Violenschieber
plappern reden, schwätzen klitzer Plapprer Wellensittich, grimmer Plapprer Papagei; dt.
plaren trinken Plar m Getränk, Durst ?
platschieren siehe plädieren
platt vertraut, befreundet; Platte f Vereinigung, Bande; Plattmassel n ehrliches Spiel; Platte reißen im Freien schlafen; Plattenspieß, Plattenspitz m Gaunerwirt; Plattenkohl m Gaunersprache, Rotwelsch; platten sprechen, siehe aber blatten jidd. polat entwischen, jidd. polit Flüchtling
Platte f, Plattfuß m Gans; dt.
Platte f, Blüte f Falschgeld, Geldstück; dt. + rw pleite (bei Blüte)
Plattfüßer m Ball, Tanz; dt.
Plättling m Linse; zu dt. platt
plautschen setzen ?
Plauz f Haut ?
pleißeln, pleiten (rotwelsch) reden; zu dt., rw. plädieren
pleite siehe blöd
Pleize f Achsel; jidd.
Plemp, Plempel m schlechtes Getränk, Bier, Wasser, See,

Fluß; plempen trinken; dt., hierzu rw. Plemphaus n, Plempkastl n Schiff, siehe Boytent
Plenner m Bettelmusikant ?
plieren blinzeln, triefen; dt.
Plotzer m Stein, plotzen fallen, werfen; dt.
Pluder f Hose
dt., zu Pluderhose
Plügge f Brief, Zoll, Zinsen;ma.
Plump, Pump f Pumpe, Herz
jidd. plump f Pumpe
plümsen, plümpsen waschen, weinen, baden, tropfen; beplümpsen bestreuen; zu Plemp Wasser + dt. plumpsen fallen
Plutze siehe posseln
pojen trinken; nl. pooien saufen
poker, pauker, boker früh;jidd.
Pokett m, Pickpoket, Piggüt m Juwelendieb; nl. puik fein, ausgezeichnet, nl. guit m Schelm
Poleffken pl Kartoffeln, Polifke f Suppe; sorb. poliwka Suppe
Polenhändler m Betrüger; zu Pole ?
Polente f Polizei; jidd. paltin Burg, siehe Burgerl. Lautähnlichkeit mit Polizei ist Zufall, siehe Polterbeiß
Polopen m Himmel, Welt; zig.
Polterbeiß n Gefängnis; jidd. poel Arbeit + jidd. paltor Burg, siehe Burgerl
poltern lassen verraten
dt. fallen lassen
Pommerling m Apfel
franz. pomme Apfel
Ponim, Bonum m Gesicht, Mund, Nase; jidd. ponim, eigentlich pl: Gesichtszüge
pontansch verrückt ?
Popp (Gefängnis-) Essen ?
Por m Ochse, Rind; Pore f Kuh, Porrer m Hirte; jidd. par
Porre m Lauch
bayr., zu lat. porrum
Porsch, Spork, Spurkel n Schwein; franz. porc, lat. porcus
Porzellan fahren koitieren
(in der Kutsche); dt.
Poschemine f Vulva
zig. postin Pelz
Poscher siehe poschut
poschut, puste wenig; Pustekuchen wenig klug, -kuchen siehe kochum; Poschut, Poscher m Pfennig; jidd. poschut
Poßchener siehe Boskenner
Posse siehe Beiß
posseln kochen, Posselkasse f Küche, Plutze f Herd
jidd. boschal er hat gekocht
posten siehe bürsten
Potacke, Putthacke f Kartoffel
ital. petacchina
Potsdamer m Bündel, Rucksack siehe Berliner, Charlottenburger
Pott siehe Beiß
powenkeln verprügeln, Powenkel m Dreschflegel ?
Poy, Pany siehe Boy
Pracher siehe preien
Prah m Asche; zig. praho
prall oben, über, Prall m Himmel
zig. pral
prangen, prankeln, brennern, brennen aufbrechen, betrügen, überlisten, drücken
dt. prangen pressen, drücken
prankeln, brankeln kochen, braten ?
präppeln siehe brabbeln
Prassel m Haufen, Menge
dt., zu prassen
prasseln kochen
zig. pratcheely Flamme
Prediger siehe preien
preien bitten; bräuen betteln; Prediger, Breger, Pracher m Bettler; jidd., von lat. precari bitten
prellen (sehen, scheinen), Prellrute siehe brillen
prellen verscheuchen, erpressen
dt., vgl. verprellen
Preller m Penis; mhd. preller
preppeln siehe brabbeln
preußen siehe Frosch

priemen predigen, Priemer m Prediger ?
Priesterkrebs m Laus ?
prinschen wissen, erkennen zig. prinschewawa
Prinz m Herr, Gott, Direktor Prinzerei f Gefängnis; dt.
Pritsch f Brücke; zig.
pritschen siehe Brix
pritz weg, weiter; spur pritz geh weg ?
projampeln predigen, Projampel f Predigt, Projampelstammerling m Kanzel dt., zu Präambel
Prosch, Proscher, Broschem-Blatter Dieb; jidd. poriz Einbrecher
protzen, protten sprechen, antworten, Protz m Zorn dt. brotzen zürnen
Prudenz f Wirtshaus, Gaunerherberge; lat. prudens klug, siehe kochem, jenisch, gescheit
Prügelei f (gebetteltes) Essen Brot und Prügel sind im Rw. oft synonym, siehe Lachs, Bims
Prünelle f Nektarine (gelbfleischig); franz. brugnole
prussen stellen, legen jidd. porat er hat gestreut
puchl siehe buchl
pucken reden, verraten zig. puk- gestehen
pudern, verbuttern, verpöttern schlagen, koitieren (über Prügel »Penis«); alem. buden schlagen
puffen, pauen schlafen, Puff m Bordell; dt. puffen »stoßen« ergibt im Rw. »koitieren« und dann »schlafen« überhaupt
puffen, buffen arbeiten ?
puien koitieren; zig. búje de
Pulver n Geld; dt.
Pulver (Arznei) siehe Marschierpulver
Pump siehe Plump
Pumpel siehe pimpern
pumps plötzlich; lautmalerisch
Punze f Vulva, Dirne dt. Punze Stichel
Purpel f Blase; zig., dt.
Purpl m Purpur; jidd.
Puschum siehe Putchen
puste, Pustekuchen siehe poschut
Putchen pl, Putcher pl Läuse Puschum f Floh; zig.
putschen, butschen fragen; zig.
putt siehe butt
Putz m Polizist; zig. puscht Spieß
Putz m Vorwand, Ausflucht, Schein, Ausrede; jidd. puz er hat zerstreut + dt. putzen verschönern
Qualm (Geld) siehe kall
Qualm m nicht, nichts, vgl. Rauch; qualmen rauchen, räuchern; dt.
Quanten pl große Schuhe; quant, kantig gut, schön, groß dt. Quantum Menge, Größe
quatter vier; franz. quatre vier
quetschen pressen, zwängen Quetsch m Polizist, Gequetsch n Gedränge; dt.
Quibelheber m Markt-, Ladendieb ?
Quindipse f Frau, Vulva dt. ma. Klunte, ahd. quiti Vulva
quinkeln singen nl. kwinkeleeren singen
quinten stehlen; nl. kwint Streich
quisten, quasseln, quatschen reden; dt.
quitschen arbeiten, Quitsche f Arbeit; dt. ?
quocken, quaken gewinnen, verdienen; nl. kwakken schmeißen, abwerfen
rabatzen liegen jidd. robaz er hat sich gelegt
Rabe m Dieb; tschech. rab Knecht, rob Junge, hierher dt. kesser Rabe
rach zart, weich, Rachfähnrich m Weichkäse, Camembert; jidd.
Rachaime f, Rigsel n Frau, Mädchen; racheideln koitieren

jidd. rachomo Frau
racheln siehe raucheln
Rachemni f Rock; zig.
Rachenputzer m Schnaps; dt.
Rackel, Raggel m Mann
zig. raklo
Rad n Taler; jidd. rat m, Abk. von Reichstaler, daraus durch Mißverständnis dt. »Rad«
Rad n Teller; dt.
radisch fremd; zig.
Raffel f Obst, Ernte; raffeln ernten; dt., zu raffen
raffeln (fahren) siehe reffeln
raffinieren nachsinnen, denken
Raffine f List, Gedanke
franz. raffiner nachdenken
rah(a) lange; zig.
Rai m Herr, Amtmann; Rani f vornehme Frau; zig.
Rakl, Rakli f Frau; zig.
rammeln zechen, Rammelei f lustiges Leben; dt.
rammen siehe Ramsch
rampfen ziehen, zerren raufen dt.
Ramsch m wertloses Zeug, Ramme m Betrüger, verramschen verschleudern, verstekken, zusammenramschen zusammenraffen; rammen, beramschen betrügen; jidd. romo er hat betrogen
Rani siehe Rai
Rankert m Esel
dt., zu ranken brüllen
Ranzen m Gefängnis ?
Rassel f Eisenbahn; auf die Rassel gehn koitieren; dt. rasseln, mhd. rasseln sich tobend benehmen
Rasselfallen Epilepsie vortäuschen; ma.
Räßling m Käse, Rettich; bayr. raß herb, scharf + zig. retticka Rübe
rätnischdig geheimnisvoll
jidd., zu dt. raten
Ratschbahn Diebstahl, gaunerische Handlung, Tat; in der Ratschbahn tatsächlich, in der Tat; jidd. roscho Übeltäter, jidd. rescha Bosheit
ratschen, ratschewawern zittern; zig.
ratschen spielen, verratzen verlieren; verratzt verloren, Spielratz m Spieler (Tautologie) sorb. hrać spielen
ratteln siehe rodeln
ratten, rattern, ruddern schwätzen, reden, gestehen, betrügen, aufhetzen, überführen
Rattepus m Verräter
zig. rakkeraf sprechen
zig. rudelar antworten
ratz, wraz zusammen; zig.
ratzen, rutzen laufen; Ratz, Rutz m Bote, Läufer; jidd. roz Läufer
ratzen (spielen) siehe ratschen
Rauch, Raue, Reich, Rauhe m Hirte; jidd. roe Hirt
raucheln, racheln, rageln verleumden, umhergehen, gehen
Rauchel m Hausierer, Verleumder; jidd. rochilo Verleumdung
rauh (groß) siehe herb
Rauh siehe Rauch (Hirte)
raunen, rohnen, reinen sehen
Rauner m Auge, Gesicht, Mund; Rauner nassnen »Mund geben« küssen; jidd. rojenen sehen
Rauscher m Stroh, Papier
dt. rauschen
rawawern fliegen; zig.
Rebbach m Gewinn, Verdienst
Rehbock m Brotlaib
jidd. rewach Zins
Rebmosche m Brecheisen
»Rabbi Moses« ist eine Umschreibung des synonymen »Krummkopf« »großes Brecheisen«: krumm zu grimm groß, -kopf ist koph, jiddisches »k«, Abk. von klamonis Brecheisen, zu jidd. kle umonus Werkzeug

reck leer, unnütz, hohl, schlecht Reckwürmer pl Hohlnudeln, Maccaroni; Reck m Polizist
jidd. rek
Reff, Reef n Frau, Dirne
mhd. ribe f Dirne
reffeln, raffeln fahren, Reffel, Reffler m Wagen
jidd. rochaw er ist geritten
Rege f Augenblick
jidd., zu dt. regen
Regierung f Seil, Strick, Band, Religion; regieren binden; dt.
Regimentsschloßen pl Graupen
dt. Schloßen Hagelkörner, dazu schlohweiß, schloh: weiß wie Hagelkörner
Rehbock siehe Rebbach
Reibe, Raupe f, Reiber m Haut, Fell, Beutel; lat. raupa
reiben drehen, Reibe f Kurve ma.
Reichskäfer m Laus; dt.
Rein m Fuchs, Hund
dt. reinen traben (Hund, Fuchs)
reinen (sehen) siehe raunen
Reingotteswort n Schnaps; dt.
reißen stehlen, betrügen, handeln; verreißen verführen; Riß m Erlös, Beute, Handel; dt.
Reist m Kanne ?
Religion f Beruf; dt.
Rems Ausweisung, remsen schließen, Remser m Schlüssel
jidd. remis Bekanntmachung
repilinen fliegen, schweben; zig.
Resch-Mokum n Regensburg »R-Stadt«; jidd. resch ist »r«
Retterei f Hund, verrettern verraten; dt.
Rewäller pl, Röllerchen pl Kartoffeln, Erbsen
zig. rihill Erbse + dt. rollen
Ribiseln pl Johannisbeeren österr.
Riesenburg f Gefängnis (Berlin)
jidd. rischo Bosheit, rw. Burgerl Gefängnis
riestern koitieren ?
Riffel m Hund, Knecht ?
Rigsel siehe Rachaime
Rinde f Rock, Kleid; dt.
vgl. Schale
ringeln tanzen, Ringel m Tanz dt.
rinnen singen, jauchzen
jidd. rinno Gesang
Rippel Brot ?
Risch, Ritsch m Bär; zig.
risch schnell; zig. rischo
Riß siehe reißen
Rittmeister m Schnaps; dt.
riwitzen stehlen
jidd. ribbis Zins
rodeln, rudeln, ratteln mit sich führen, bringen, bewegen; dt. rodeln rollen, siehe Roll (Rad), bei ratteln verschmelzen
dt. rodeln + rw. ratzen
(jidd. roz Läufer)
Ausrodel m Ausfuhr, Export
rohnen siehe raunen
Roll f Mühle, Roller, Rollfetzer m Müller; dt.
Roll f Rad, Roller m Apfel, rollern, rudeln, rollen fahren
Roller m Eisenbahn, Rollmacher m Wagendieb
Roller m Taschendieb ?
Rom m Mann, Zigeuner, Romni f, Rummi f Frau, Zigeunerin, Selbstbezeichnung der Zigeuner; romanisch gaunerisch
zig. romanes zigeunerisch
Rosch, Ross m Bier
nl. roes Rausch
Rosch, Rutsch m Kopf, Oberhaupt, Anfang; jidd. rosch Kopf, Spitze, Oberhaupt, Anfang.
Hierher folgende rw. Begriffe: einen guten Rutsch! einen guten Anfang, ein gutes Neujahr, Steinröschen n Zylinder (Stein rw.: Faß, -röschen Kopf, Hut)
Roscher m Ährendieb (Ähre = Kopf)
Róschinke f Rosine; jidd.
Rost, Rostling m Eisen, Geld
zig. trascht Eisen + dt. Rost

Rot m Bettler, Betrüger; dt., ma. rot (Farbe) treulos
Rot, Rat, Rötel n, Rötling m Blut; zig. rat Blut + dt. rot
Rothose f Kirsche; dt.
Rotmeister m Hahn
dt. Rotte, vgl. Korporal
Ruach f, m Geist, Seele, Wind, Windbeutel, Verschwender rüchig psychologisch
jidd. ruach Geist, Atem
Ruch, Rüch siehe Ruach
rüd böse; dt. rüde roh + dt. Rüde männl. Hund, rüdisch grob, bäuerlich
rudeln siehe rodeln
Ruh f Deckenbalken
dt., die Decke ruht auf ihm
ruhen schreien, Ruhling m Kind, Schwein; dt. ruhen schreien
Rührer m Penis; sich einen Rührer holen koitieren; dt.
Rulchen n Reiseroute
dt., siehe Roll (Rad)
Rumfutsch m (Gefängnis-) Essen; aus Rumfordsche Suppe, einem Eintopf aus Knochen, Blut und andern Abfällen.
Rummi siehe Rom
rumpeln bringen, führen, leiten, transportieren; dt.
Rundchen n Kartoffel; dt. rund
rundumadum rund herum
dt. rund, jidd. medine Gegend
runzen mischen, falschmischen, bescheißen; dt. Runzel Falte, vgl. rw. Rümpfling m Senf, »Kot« und »die hat nen hohen Wasserfall«, – fall zu dt. Falte
rupfen betrügen, rupfig, ruppig schuldig; dt.
ruppig siehe rupfen
ruspelig schwarz, dunkel ?
Rute f Glas, Scheibe
nl. ruit Fensterscheibe
nd. Fensterrute Fensterscheibe
Rutsch siehe Rosch
Sachse, Sasse m Deutscher, sächsisch, sassisch deutsch zig. saso aus ung. szász Sachse (Siebenbürgener)
Sackratten pl Läuse; dt. Sack Hoden, jidd. roza bohrend
Saft m Schnaps; dt.
Säg f Zuchthaus (Ludwigsburg) jidd. s'jog Gitter
Salomon m Lachs, Salm; zig.
Salz n Schrot, Kugeln
dt., siehe Schrot
Sam m Gift; jidd.
sammich sechzig; jidd.
Sand m Läuse; hebr. sandig Verwandter, Mitwisser, Blutsauger als Adjektiv aufgefaßt
Sandhas, Sandlatscher m Soldat; dt.
Sänftling m, Sänftchen n Bett; dt.
Sängerhalle f Hals; dt.
sanksen (in die Kirche) gehen Sanktes m Kirche, Sankteswöles m Meßner (– wöles zu lat. filius Bursche), Sanktesmusch f Ehefrau, Sanktesgmusch n Ehe
Sanktus m Schnaps
lat. sanctus heilig
säppen, seppen gehen ?
sarchen stinken, Sarcher m Streithansel, Sargnagel m Zigarre; jidd. sarchenen stinken
särfen, serfen brennen, Serf, Särf f Brand; jidd. srepho Brand
Sargnagel siehe sarchen
sarknen werfen, wegwerfen, versargen verstecken, verdekken, wegsargen wegwerfen, versargt verhaftet; jidd. sarkenen
Sattrich m, Satte f Schüssel, Platte, Teller; zu satt ?
Sattrich m Leib, Körper ?
Satz f Gefängnis; zu dt. sitzen
Sauerbrunnen m Schaffot; jidd. Sorer Landesherr, peron Vergeltung
saugern, zögern, sogern schließen; Zuckerbüchse f Zuchthaus jidd. soger sein schließen
säumen, summen, zeimen kaufen, zahlen, sammeln; versäumen verkaufen ?

Saune siehe Sinne
Saure (Sorge), gib ihm Saures siehe Zore (Sorge)
Saure (Ware) siehe Sore
Säure f Rausch; zig. sohr Stärke
schaben siehe dschaben
schaben betteln; dt., »zusammenkratzen«; rw. Schabau, Schabernack m Schnaps (er kratzt)
Schächer siehe Schecher
schachern, sochern handeln
jidd. socher Kaufmann
schachteln essen; rw. spachteln + rw. haben, hauen essen
schächten (rituell) schlachten, schneiden
jidd. schochet Schlächter
Schäfchen siehe Scheu
Schaffots m Polizist
nl. schavuit Schurke
Schaflorum f Zuchthaus ?
schäften, schaffen, schaften sein, gehen, machen; dt., vgl. Nachsilbe – schaft in Gesellschaft, Nachbarschaft etc.
Schale f Kleidung; jn ausschälen jn ausziehen, betrügen; dt.
Schale, Scheile f Frage, Problem, Entscheidung, schälen, scheilen, schalen, schoolen fragen; jidd. schailo Frage
schallern singen, musizieren, Schall m Lied, Sprache, Schallerbruder m Kunde, der vom Singen lebt. Schallerwinde f Kirche, »Singhaus« siehe Winselwinde; Schallerkasten m Schule; dt.
Schammes, Schämes m Diener, Kantor, Penis; meschammesch sein koitieren; Schimmusch m Beischlaf, schammen schlafen
jidd. schammesch Synagogendiener, schimmusch Beischlaf, Bedienung
Schanderl, Schandel n Licht
franz. chandelle Kerze
Schankler siehe Schiankel
Schanl m Polizist, zu Gendarm
Schanz m Gewinn, Verdienst schänzen gewinnen, verdienen
franz. chance f Glücksfall
schanzen essen ?
schärfen, scherfen, scherbeln kaufen; verschärfen, verscherbeln, verscherben verkaufen; Schärfenbub m Ankäufer von Diebsgut, Dieb; dt. Scherf Kleingeld
Scharfhändler m Gewaltverbrecher; Scharf m Raub
dt. scharf ?
Scharisel, Schrisel f Kirsche
franz. cerise
Scharm m Kopf, Verstand, Geist, Schädel; zig. schero Kopf
schärschen suchen
franz. chercher
Schasch m Adler; zig.
schasjenen, schasken, tschaßchen trinken; jidd. schasjenen
Schatten m Unglück, Elend
tschech. chudý arm,
siehe Schoder und verschütt
schaufel siehe schofel
schaufeln gehen ?
Schaufert, Schopper m Polizist
jidd. schowo er hat gefangen
schaukeln siehe schockeln
Schaure (Ware) siehe Sore
schauren, schirlachen singen
jidd. schir(lach) Lied
Schaute m Narr; schautenpikken, schottenfällen stehlen; Schottenzinker m Ladendieb
jidd. schote Narr
schechern, schöchern, schokkeln, schocken trinken; Schecher m Bier, Schächer m Wirt, Schocherbeiß n Wirtshaus
jidd. schechor Bier, jidd. schochar trinken
Schederer m Marder, Iltis; zig. chotiar von sich geben (er sondert bei Gefahr eine stinkende Flüssigkeit ab, siehe Stänker)
schedunnern stehlen
zig. tserd- ziehen
scheeren, zusammenscheeren

verhaften ?
Scheibe f Teller, Scheibenkleister m Mehlsuppe; dt.
Scheich siehe Scheks
scheif siehe schiwes
schein schön; jidd.
Schein, Scheinling, Scheuling m Auge, Schein m Tag, Scheinkaffer m Tagdieb (-kaffer zu guffen), Scheinsettesser m Tagdieb (-settesser zu jidd. sotar er hat sich versteckt)
dt., zu scheinen
Scheks, Scheck, Scheich, Schütz m junger Mann; Schickse f, Schiggis f Nichtjüdin
jidd. schekez Greuel, d.h. Unbeschnittener
Schem m Name, Leumund, schemmen Ausweis prüfen, heißen; jidd. schem
Schemen m Öl
jidd. schemen Fett
schemmen sitzen, stehen, liegen, sein; jidd. jaschwenen sitzen + jidd. schem Name
schenägeln siehe schinageln
Scheneber m Schnaps
nl. jenever Genever
Schenkel siehe Schiankel
Scheno Schlaf; jidd. scheno
scheppern gehn siehe Schibbe
scherbeln siehe schärfen
Scherbes pl Kartoffeln ?
Schese siehe Schosa
Scheu, Schei f, Schäfchen n Frau; zig. tschai Tochter
Schiankel, Schankler, Schenkel, Schiegl m Beamter, Amtmann, Herr, Gott; zig. dschungelo abscheulich, dreckig, böse
Schibbe, Schiwe f Trauer, scheppern gehn sterben, Geschepper Begräbnis; jidd. schiwo sieben (auf die Trauertage bezogen)
Schibbe f vorgeschobene Unterlippe; zu dt. schupfen, schubsen, Intensivbildung zu schieben, dazu Schippe Schaufel
schickern trinken
jidd. schikkern trinken
Schickse siehe Scheks
schieben gehen, bewegen, handeln, reisen, betrügen, verraten
schiebes weg, fort; dt.
Schieber m Penis, schiebern koitieren; dt. schieben
Schieber, Schipper m Zahl, schippern, schiebern, sippern zählen, erzählen; jidd. sippur Zahl
Schiebling, Schieberling m Kuchen; dt., zu schieben
Schiegel siehe Schiankel
Schiegerl m Jude
zig. tschindo Beschnittener
Schießbaumwolle f Sauerkraut dt.
schießen koitieren, Schieß m Penis; mhd. schiez m hervorspringender Teil
schießen stehlen; dt., siehe stoßen, drücken etc.
Schießer m Erbse, Kugel; dt.
Schiffke f, Schiffchen n Frau
jidd. schiphcho Magd
Schiggis siehe Scheks
Schimmel m Schnee, Kreide, Silber; Schimmelschein Weihnachten; schimmeln schneien, fliehen, desertieren; nachschimmeln verfolgen, vgl. hereingeschneit; dt.
Schimmer siehe Schmiere (Wache)
Schimmusch machen siehe Schammes
Schin, Schein, Schien dollet Gendarm; Abk., jidd. schin »sch«, jidd. dollet »d«
schinageln arbeiten, Schinagel m Arbeit; jidd. schinagole Schubkarren, schin »sch« Abk. für schofel schlecht oder Schub-, agole jidd. Wagen, siehe Gohle
Schindling siehe sielen
schinkeln koitieren; jidd. chinkeln + rw. Schink f Geige, siehe geigen und fiedeln für koitieren

Schippe (Antwort) siehe Schube
Schippemalke siehe Mailach
schippig, hippig gern, lieb jidd. chiba Liebe, dazu rw. jn auf die Schippe nehmen (süße Tour)
schirlachen siehe schauren
Schirp f Frau, Maus ?
schiwes, scheif gefangen jidd. schiwjo gefangen
Schlack, Schleck, Schneck f Stunde; zu dt. Schlag
Schlammassel n Unglück, Penis schlammasseln, schlammachen aussagen, reden; schlammassel sein verhaftet sein dt. schlimm, jidd. masol Stern
schlämpen werfen dt., zu schlenkern
schlanen schlafen, koitieren dt. schlummern, mhd. slummen
Schlange f Kette (jeder Art) schlangen fesseln; dt.
schlannen stehlen ?
schlappen trinken; dt.
Schlaun siehe schlummern
Schleck siehe Schlack
Schlederhaus n Wirtshaus nd. ma. sladdern schwatzen
schleff lang, aufgeschossen Schleff m Anfänger, junger Kunde ?
Schlei Salat ?
Schleich, Schliach m Bote jidd. scheliach
schlenzen (seitlich) schleudern bayr.
schlichnen, verschlehen, verschlüchern verraten, bekennen jidd. slicho Verzeihung
Schlieberer m Taschendieb nl. slippen schlüpfen
Schlittenfahrer m Betrüger, der Waren auf Kredit kauft und schnell wieder verkauft; dt.
Schlittenfahrt f Angeberin schlittenfahren schwätzen; dt.
Schlitz m Vulva, Schlitzdragoner m u.ä. Mädchen; dt.
schloh weiß siehe Regimentsschloßen
schlorren gehen, Schlorren pl Pantoffeln; nl. slorpen schlürfen
schlösen gehen ?
Schluder m saure Milch; ma.
Schlufer m Rock, Schlufen pl Ärmel, Arme; dt.
schlummen, schlunen schlafen Schlaun m Schlaf; dt. schlummern
Schlunz, Schmunz m Essen Schmunzel Kraut ma. Schlunz dicke Suppe
Schlunze f Sonne, Geliebte tschech. šlunce Sonne
Schmäh m Lüge, Erdichtetes, Geschwätz, Getu; schmähen reden, lügen; jidd. schema Erzählung
schmähen siehe schmeien (hören)
Schmal m Weg, Straße; dt. ?
schmal links, Schmälmer, Schmälinger Fahrender, Geschmol n Zuchthaus; jidd. semoli links
schmalen, schmallern übel nachreden, reden; dt., zu schmälen
Schmätzer siehe Schmetzer
schmeichen lachen, schöntun Schmeichaz, Schmoi m Penis Schmeichelwinde f Kirche zu dt. schmeicheln
schmeien, schmaien, schmähen hören; verschmeien, verschmähen verhören, vernehmen; Verschmäh m Obrigkeit jidd. schma Jisroel höre, Israel
Schmeiß m Gott ?
schmeißen gebären; dt.
Schmelme f Gras; ma.
Schmelz f Pfanne; dt.
schmerfen schmecken, küssen Schmerf f Mund ?
schmettern reden, schmecken, trinken; Schmetterling m Papagei; dt.
Schmetzer m Kuß; dt. Schmatz

Schmetzlert m Butter; bayr. Geschmätz Geschmier, schwäb. Schmotz Fett
Schmiere f Gauklergesellschaft, kleine Bühne, Gesang jidd. semira Gesang, Spiel
Schmiere f Wache, schmieren aufpassen, Schmiermann, Schmierstein Aufpasser, Schimmermann m, Schmiermichel m Polizist, Schimmer m Wache jidd. schmiro Wache
schmieren, schmoren trinken jidd. schmorem Wein
Schmink(e) siehe Schmunk
Schmirgel m Senf; »Schmiere gehle«, gehl zu dt. gelb
schmissig keck, verwegen, Schmiß m Schneid; dt.
Schmitze f, Schmiß m Schlag, Hieb; dt. Schmitz m, ahd. smiz
schmollen lachen, scherzen; dt., heute nur noch in der Bedeutung »das Gesicht verziehen« üblich, siehe flennen
Schmorchschoch n Heidekraut »Pfeifenkraut«, Bryère Schmorch- zu dt. schmauchen Aus der Wurzel des Bryèrekrauts werden Tabakspfeifen gefertigt
schmoren siehe schmieren
schmörgen, schmörgnen rösten ?
Schmück siehe Schmunk
Schmuh m Profit, Gewinn, Betrug; zu schmusen ?
Schmuh f Vulva ?
Schmuhl m Jude; zu Samuel
Schmunk, Schmink, Schmück m Fett, Butter, Öl; schmunken salben; dt. Schminke f Salbe
Schmunzel siehe Schlunz
Schmuppe, Schmutte f Vulva zu Schmuh ?
Schmurse f, Schmierling m Butter; dt., zu schmieren
Schmus m Erzählung, schmusen reden, erzählen, schöntun jidd. schmuo Erzähltes
Schmutz m Blut; dt., vgl. »Schweiß« für Blut in der Jägersprache
schmutzig schuldig, verschuldet Schmutz m Schuld; dt.
Schmutzmann, Schmutzlappen m Polizist; dt. ?
schnabeln stehlen, essen, nehmen, fangen; dt., zu schnappen, vgl. wickeln essen, ergreifen
schnacken, schnicken stehlen dt. schnicken schnelle Fingerbewegungen machen
schnadern gehen ?
Schnalle f Dirne, Vulva; dt., ältere Bedeutung: Maul, Lippen rw. Schnellsenn f geile Frau, Schnellpink geiler Mann, sich eine anschnallen koitieren
Schnalle f Suppe, schnellen kochen; dt. schnallen schlürfen
schnallen (knallen) siehe schnellen
Schnaller m, Schnallendrücker m Bettler; dt. Schnalle f Klinke
schnalzen fangen; dt.
schnappen essen, ergreifen, verhaften; dt.
schnasseln trinken ?
Schnaufkugel f Kartoffel; dt., vgl. Christenwürger, Berghacker
Schnauzmärtine f Ungarn, schnauzisch ungarisch; dt., zu Schnauzer Schnurrbart
Schnecke siehe Schlack
schnee siehe schnei
Schnee m Wachs, Schneechen n (weißes) Tuch; dt., zu Schnee
schnei zwei; jidd. schnee
schneiden, einen Schnitt machen stehlen (aus der Tasche); dt.
Schneider m Krebs, Ziege; dt., wegen der Verspottung des Schneiders
Schneiderkarpfen m Hering; dt.
Schneiderkrebs m Laus ?
Schnell (Suppe, Soße) siehe Schnalle
schnellen, schnallen schießen, Schnellfink m Pistole; dt. Schnall m: Knall der Bogensehne

schnellen, schnallen täuschen, foppen, Schnalle f Lüge; dt. ma.
Schnellpink, Schnellsenn siehe Schnalle (Dirne)
schneps, sneps klein
nl. snipper Schnitzel
schniefen siehe schnüffen
schnieke geschmückt, glänzend dt., zu Schnee, siehe Schneechen
schniffen, schniefen, schnüpfen stehlen; dt. schnipfen wegnehmen
schnirgeln koitieren ?
schnoll satt, genügend, sehr viel; sich schnollen sich sättigen ?
schnorren siehe schnurren
schnüpfen siehe schniffen
Schnurr, Schnurri m Schnaps
ma. Schnurre leichter Rausch
Schnurre f Erzählung, Spaß dt., lautmalerisch für sausen, rauschen
Schnurre f Knarre, schnurren mit der Schnurrpfeife betteln, schnorren betteln; dt.
Schnurrerscherm m »Katzenkopf«, Eule; -scherm siehe Scharm
Schoch m Kraut, Kohl
Schöcherl n Kräutel, Kerbel zig.
Schochen m Nachbar
jidd. schochen
schocher schwarz, verschöchern anschwärzen, verraten; Schocherchaje Flöhe; jidd. schochor schwarz, jidd. chaje f Tier
Schocherbeiß siehe Schecher
schöchern siehe schechern
Schock m Markt, schocken, schucken kosten, zahlen, geben jidd. schuck Mark (Geldstück), Markt, Jahrmarkt
Schockelcher pl Kartoffeln
jidd. schoka er hat ausgegraben
schockeln fahren, reiten
dt., zu schaukeln
schockeln koitieren
jidd. schogal er hat beschlafen
Schoder, Schotter m Geld
tschech. chudý gering, Schotter gebildet zu Kies, siehe Schatten und verschütt
schofel, schaufel schlecht
jidd. schophol gering
Scholem alejchem Friede mit euch; jidd. (arab. salam aleikum)
rw. Scholemachei f Gesellschaft
Scholt m Hase; zig. schoschoi
schomsen dienen; jidd. schammesch er hat bedient siehe Schammes
Schöneck Braut, Bräutigam ?
1. Silbe zig. tschi Herz ?
Schoner, Schono m Schwan; zig.
schoolen siehe Schale (Frage)
schöpfen siehe schupfen (betrügen)
Schoppen s zwölf, Dutzend
dt., zur Maßbezeichnung
schoren siehe Tschorr
Schörg, Schorg, Schor m Ochse
jidd. schor Rind
Schörg m Stör; dt., auch Störl, Sternhausen
Schosa, Schese, Gschoß f Vulva, schustern koitieren ?
Schoschoj m Hase; zig.
Schosser m Narr, schosser dei verrückt; jidd. chosser deo Mangel an Vernunft
Schot, Schotter, Schauter m Polizist; jidd. schoter Aufseher
Schotte (Narr) siehe Schaute
Schottel f Schüssel
nd. Schottel Schüssel
Schrabiner pl Kinder ?
Schraffel m gemeiner Mensch
dt., »Abgeschrapptes«, Abfall
Schragen m Balken, Schranke bayr.
schränken schließen, öffnen, Schränker m Portier, Einbrecher, verschränken fesseln, verhaften; dt., verwandt mit Schrank und schräg
schranzen sprechen; dt.
Schratterische n abgelegenes Wirtshaus ?

Schratz, Grams, Gronz m Kind
Grunzentent f Schule
jidd. scherez Wurm
schrecknen winken, ablenken
Schreckner m Komplize
jidd. schrekenen winken
Schreize f Zwetschge,
Schreizel f Schlehe ?
schrenzieren stehlen
(in Häusern)
Schrisel siehe Scharisel
schrofen trinken ?
Schrot m Salz; dt., siehe Salz
Schrot n Geld, zu Pulver gebildet
Schube, Schüwe, Schippe f
Antwort; schuben, schuffen
antworten
jidd. teschuwo Antwort
Schuben siehe Dzuv
Schuberl n Geist, Gespenst
jidd. schuw zurückgekehrt
schuckel, schuttel sauer,
Schückling m Sauerampfer,
Schuckel f Zitrone
zig. schutlo sauer
schucken siehe Schock
Schucker, Tschugge m Polizist
jidd. chokar er hat gespäht
Schuff sihe Dzuv
schuffen siehe Schube
schuften, schuffen verraten,
schuftig schlecht, Schuftig m
Kartoffelbrei, Ortsschäfer m
Bürgermeister
jidd. schofet Richter
schugger siehe zuckern
Schulei f Schule; dt. ?
Schumm m Knoblauch; jidd.
schummeln siehe Zünd
Schumpel f Vulva; dt. ma.
schummeln hin- und herstoßen
Schund siehe Zünd
schundern rutschen, glitschen
ma.
schupfen backen; dt.
zu schieben
schupfen, schuften, schöpfen
betrügen, stehlen, arbeiten, tun
dt. schupfen, schuppen stoßen,
ma. narren, betrügen
schuppen siehe schupfen
Schurch siehe Sore
schuren, schüren siehe Sore
schürig vollkommen, halbschürig unvollkommen; dt.
Schurre Zuchthaus
jidd. schur Mauer
Schuß-Balmochum siehe Zosse
schustern siehe Schosa
Schütz siehe Scheks
Schutzmann m Schnaps; jidd.
choze mono halbe Portion,
»Halbe«, siehe Kutscher
schwabbeln, schwappeln trinken
dt. schwappen überfließen
schwächen trinken, Schwagerkasten m Wirtshaus; jidd. schophach er hat ausgeschüttet
schwadern siehe schwudern
Schwagerkasten siehe schwächen
Schwalbe siehe Dreckschwalbe
Schwall m Pferd; franz. cheval
Schwallje pl Kartoffeln
zu Schwall Pferd (Pferdeäpfel)
schwanem achtzig
jidd. schmonim
Schwanfelder m Kleiderbettler
jidd. zowua gefärbt
Schwankert m Taube; dt.
Schwanz m Penis, Narr; dt.
schwänzeln stehlen ?
schwanzen, schwänzen gehen
dt., vgl. schweifen
Schwartenmichel m Preßsack
dt. Schwarte Tierhaut, – michel
zu Michael
Schwärze f Nacht, Schatten,
Unglück; Schwarzbauer m
Nachtdieb; zu – bauer siehe
Scheinkaffer, das nicht zu Kaffer »Bauer«, sondern zu dt.
guffen gehört
die Schwarze Leber, dt., nach
zig. kalindjo m Leber,
»Schwarze«. siehe kohl
(schwarz)
die Schwärzische, Schwarzerische (Medine) Österreich, Böhmen; dt. schwarz katholisch

Schwarzmaß f Räucherfleisch
zig. mas Fleisch
Schwarzreiter m Zigeuner; dt.
schwassern, verstoßen betrügen ?
Schwefelbande f Gesindel; jidd. chabolo Verbrechen + jidd. chewel Strick siehe hebeln
Schweiger m Bettler
jidd. schechiw Kranker
Schwelf f Kittel ?
Schwif m Funken
Schwindel m Not, Bedrängnis; dt.
schwoofen tanzen,
Schwoof m Tanz; ma.
schwubbgen spielen, Schwubbwarg n Spielzeug; – warg zu dt. Werk, vgl. jidd. gartenwarg Gemüse
schwuchten, schwuchteln tanzen, schwanken, wackeln, schwenken; anschwuchten anstoßen; Schwucht f Schwung, Bewegung; dt.
schwudern liederlich leben, saufen; dt. schwadern schwappen, saufen
Schwue, Schwuh f Woche
jidd. schowua
Sechel, Seichel m Verstand
Segel im Kopf haben Verstand haben; jidd. sechel Verstand
Sechser m 5 Pfennige; berl.
Sechserstampe f billiges Wirtshaus; dt. stampfen tanzen
secht(ne)r, sechte(ne), sechte(ne)s solcher, solche, solches; sechterne, sechter pl solche; bayr.
seebachen siehe sewachen
Seege, Säge f Mädchen, Dirne ?
Sefel, Seifel, Säbel m Dreck, Mist; seifeln betrügen; jn einseifen, verseifeln »bescheißen«; versäbeln mißhandeln, betrügen, besäbeln »anschmieren«, seifeln, selbeln schmelzen, löten; jidd. sewel Mist
Seffer m Bettler
jidd. zewa Farbe, siehe färben
Sehnsucht f Wurst, Schinken
dt. Sehnsucht + dt. Sehnen suchen + zig. sané Wurst
seichten streifen ?
Seidentuch n Friede; Umkehrung von Friede m Seidentuch
Seifel, seifeln siehe Sefel
sein sieben
jidd. sojin, 7. Buchstabe
selbeln siehe Sefel
selle(rne) pl solche; bayr.
sempern (fortwährend) reden
lat. semper immer ?
Senge besehn Schläge bekommen, dazu besengt verrückt, vgl. einen Hieb haben; dt. sengen brennen, schlagen
Senn, Sian f Frau, Mädchen
jidd. zenua züchtig
Sens m Herr, Sense f Dame, Senserei f Amtsgericht, Behörde, Büro; übern Sens, Sönz gehen als »verarmter Edelmann« betteln; jidd. sinnas Haß
Seppel, Seppling m Ziege ?
Sepper m Bruder; zu dt. Sippe, dazu auch dt. Seebär
Seráf m Giraffe; jidd.
Sessel m Frau, Schwein ?
sewachen, sewachern, seebachen, zwegen stehlen; jidd. sewach Opfer
sichern kochen; zig.
sicken, sickern lernen
zig. siker-
sielen binden, wickeln,
Schindling, Schändling m Strick
zig. schelo m Seil
Sikne f Alter; jidd.
Simen, Simmen n Zeichen, Mal, Zahlennull; simmen, versimsen schlagen; Zimt m Geld
jidd. simon Zeichen
Sing, Süng m Horn; zig.
Sinne f Haß; in Sinnen heißen in Feindschaft leben; Sohne, Saune m Feind
jidd. sone Feind, sinno, sinnas Haß, siehe Sens

Sinter m Zigeuner
zig., Selbstbezeichnung
sippern siehe Schieber
Skoker siehe Eis
Smotschine f Feige; zig.
sochern siehe schachern
socken gehen; dt.
Sodom, Sodem m Teufel; jidd.
Soff, Suff m Ende; suffig schließlich; jidd. sof
solo selbst; zig.
Soloweih m Nachtigall; jidd.
Somm m Sonne
zig., entstellt aus kam
Sonnenfeger siehe Sündenfeger
Sonof m Schwanz, Penis, Narr jidd.
Soore siehe Sore
Soph m Gulden; jidd. sohow Gold
Sor, Zorr f Kraft, Stärke
zig. zor f Kraft
Sore, Schaure, Saure f, Schürich, Schurch f Ware, Ding, Pille, Mund, Kleidungsstück, überhaupt: Ersatzwort für alles Mögliche, schüren essen, tragen, schluckige Saure Eßwaren jidd. sechoro Ware
Sorf siehe Soroff
Soroff m Schnaps
jidd. soroph er hat gebrannt
Soviben m Schlaf; zig.
spachteln essen ?
Spagat m Geld; dt., nach Zwirn gebildet, siehe zwieren
spägen höhnen ?
Spaltling m Rind
dt., von den gespaltenen Hufen
Späne machen siehe spannen
auf d' Spang fahren vorführen ?
spannen, spennen, Späne machen sehen, beobachten, aufpassen, Spanne f Wache; dt.
Sparsche f Spargel; jidd.
Speckjäger m Dorfbettler; dt.
spellen bohren, Bohrlöcher erweitern; dt. spellen spalten
Spelz m, Spelze f Getreidehülse, Hülse; dt.
Sperber m Laus ?
Sperl m Sperling; jidd.
Spieß siehe Hospes
spießen sitzen (in Haft); dt.
Spieste f, Spitz m siehe Hospes
spinnen geben; herspinnen hergeben, abliefern, anrichten (Essen), Spinne f Dirne, die ihren Zuhälter aushält; dt.
spinnen essen ?
spinnen, spennen reden, phantasieren; Spinnhase Angsthase dt., in den Spinnhäusern waren Gefangene und Geisteskranke untergebracht
Spitz, Spitzling m Gerste; dt.
Spitzbacher m Nagel; dt.
Spitze f Speiche; jidd.
Spitzehrlich, Spitzerlich m Kirchenmaus; dt.
Spitznase siehe Nasen
Spitzvogel m Biene, Floh; dt.
Splent, Splitt m Geld; nl. splint Geld. Splitt beeinflußt von Schotter, Kies
Sporesrassel Geld; Sporale f Kasse ?
Sprauß m Wald, Holz; Spraußknaller m Jäger; Sprauß m Spankorb; dt. Spreiß, Spreißel Splitter
Spreckhansel m Narr; dt., zu spreckeln bunt bemalen
spritzen sprechen, reden; dt.
Sprunker(t) m Salz; dt.
spulen essen
dt., wie spinnen gebildet
spuren gehen; dt., zu Spur
Spurkel siehe Porsch
stabeln siehe stappeln
Stachelmies f Grütze ?
stackern treten; zig.
Stälcher Kartoffeln ?
Stampe siehe Sechser
Stampf m Knecht, Gestampf n Knechtung ?
Stänker m Marder, Iltis
dt., siehe Schederer
Stanzje f Bahnhof; jidd.
stappeln, stabeln steigen, gehen

hochstapeln betrügen; hoch- ist lediglich Verstärkung, siehe Steif-, Fest-; dt., zu Stab
stappen siehe einen Stepp machen
Staren, gerauchte pl Rauchfleisch ?
Stargel f Schnecke; zig., neugriech. ostrakon Schneckenhaus
Stariben m Gefängnis; zig.
Statzler m Bettler, der angeblich Verbrechen begangen hat ?
Staub m Mehl; dt.
Staub, Stopisch m Geld; rw. Staub = dt. Mehl, rw. Mehl = dt. Brot. Brot, Geld und Prügel sind im Rotwelsch synonym, siehe Bims, Lachs
stauchen stehlen ?
Staude siehe Hanfstaude
Staudenfalter m Laus
Staude f Hemd, -falter zu dt. Falte ?
Stauke f Prügel, stauken verprügeln. Nebenform zu dt. stauchen stoßen
stechen, stecken geben; Durchstecherei f Betrug, Trick, Kunststück; dt., vgl. jm etwas zustecken
Steffung f Ziel ?
Steifbettler m Erzbettler, Steif- ist Verstärkung wie Fest-
Steigauf, Steigatts machen koitieren; jidd. chatoah Sünde
steigen gehen; dt.
Steiger m Bein, Schenkel; dt.
Steiger, Stiegler, Stieglitz m Leiter, Raufe; dt.
Steiger m Art, Weise, Gewohnheit, Beispiel, Vergleich; jidd.
steineln, steindeln, steinen weinen; dt. ?
Steiner pl Geld; dt., vgl. Kies
stemmen schlagen, stehlen; ma einen Baum stemmen für fällen
Stenz m Stock, Stange, Achse, Penis, stenzen stehlen
dt., zu stemmen »sich stützen«, nl. steunen stützen
Stenzling m, Stanzel n Henne, Gans; ma.
einen Stepp machen koitieren, stappen schlafen
zig. schtépen Sprung
Stertzer, Störzer m Bettler
dt. Störzer Landstreicher
stessen stehlen; bayr. stessen »stoßen« siehe stoßen
Stichel, Stichelpink m Teufel, Landgendarm; dt.
Sticke f Stille, Schweigen, sticke ruhig; jidd. schtiko Schweigen
stieben laufen, gehen, abstieben verschwinden, sterben, anstieben anfangen, werden; herumstieben hausieren; dt.
stieben, stippen, stupfen geben, betrügen; bestieben bekommen; dt.
Stieling m Birne; dt.
stiffeln, stiefeln strafen, schlagen ?
Stift m Knabe; dt.
stinen trinken
jidd. schtijo Trank
Stippersfiesel m Opferstockdieb
dt. stippen mit Leimstab stehlen
Stirnstoßer m falscher Geistlicher, Betrüger; jidd. schtar Dokument, jidd. schtus Unsinn; vgl. dt., rw. Stuß m Unsinn
Stixi Bonbon gehn koitieren gehn, entstellt aus sticke pimpern gehn o.ä.
stobig arm, elend ?
Stock m Brot; dt., vgl. Stamm m »eiserne Geldreserve«
Stock m, Stöckl n Gefängnis (die Gefangenen waren in Holzblöcke geschlossen); stokken sitzen (im Gefängnis); dt.
Stoffe, Stoffel m Sohn, Bräutigam, Mann, Stoffel f Braut ?
stolffen stehen
dt. Stolp m Ständer
stolpern stehlen ?
Stopisch siehe Staub
stören geben; dt., vgl. bayr.

jm eine stieren eine Ohrfeige geben
stoßen stehlen; dt.
strack gerade; dt., vgl. stracks
Strade halten auf der Straße stehlen; ital. strada Straße
Strahle f Straße ?
Stramme pl besonders harte Tage (im Gefängnis etc.); dt.
strammen siehe strömen
strandeln zweifeln, strandlig zweifelhaft, Strandel f Waage ?
stranzieren liegen, schlafen ital. straccio Lumpen
Strauß m Gefängnis; Goldener Strauß Gefängnis in Berlin »Hier ist der Gasthof zum goldenen Strauß, schnell kommt man herein, aber schwer wieder heraus«
strebern betteln auf Empfehlung; dt.
Streichling m Kind, Butter zu dt. streichen
Strillich m Kamm, strillichen kämmen; zu dt. strählen
Strippe f Schnaps (zum Bier) dt., siehe Bindfaden
Stroh n Sauerkraut; dt.
Stroller m Bettler dt. stromen + dt. strebeln
strömen, stromen, strammen gehen; dt.
strüpfen fesseln; dt.
Stumpf m Zorn, stumpfen, stimpfen zanken, Stumpf machen Lärm machen, stümpern verachten; dt.
stupfen, stumpfen stechen Stupfgeld Bestechungsgeld, Stupfer Mietwagenkutscher, Stupfkugel Stachelbeere, anstimpfen anreizen, interessieren, Stuplerssenn f Näherin, Floh; dt.
stupfen (geben) siehe stieben
stupp stumm ?
Stür, Stier m Hahn; Abstierer m Dieb, der Betrunkene bestiehlt dt. stieren herumstöbern
Sturz m Haut, Fell, Schale Stürz m Rock, stürzen verurteilen; dt. stürzen »umkehren« (vom Tierfell)
Stuß m Narrheit, Unsinn jidd. schtus Narrheit
stuttern suchen ?
Sudel m Farbe, Sumpf, Dreck, Sünde; dt.
Suff siehe Soff
Sulm f Leiter, sulmen henken jidd. sullom Leiter
Sulzbacher m 1 Jahr Gefängnis (nach dem berüchtigten Zuchthaus Sulzbach/Oberpfalz)
Summin siehe Zumin
Sums m Gedanken, Unsinn Summskastel n Kopf, der voll Unsinn steckt; jidd. mesimos nichtsnutzige Gedanken
Sündenfeger, Sonnenfeger m »reuiger« Verbrecher; dt. Sühne (mhd. sun), dt. fegen »reinigen« oder »raufen«
Sung f Blume, Geruch, Sungalo m, Zungalo, Zungler m Verräter, Stänkerer zig. sung f, m Duft, Geruch
Surm m Rock, Mantel jidd. sudor Mantel
Süßchen siehe Zosse
Süßlehmer siehe Lechem
Tabal m Brot; franz. table Tafel
taffen siehe Tfisse
Tallesmasky Zuchthaus; rw. Talle f Galgen (jidd. telijo), rw. Maskopei f Gesellschaft (nl. maatschappij)
Taltalmisch m Nachschlüsseldieb ?
Tankfaller m Schaukastendieb jidd. taanug Schönes
Tann m Platz, Ort; zig. than
tanzen gehen; dt.
tapperaffen schlagen, fangen;zig
Tappuchim pl Kartoffeln, Äpfel jidd. tappuchim pl Äpfel
Tarmis m Betrug; jidd. tormis
Tarnegaul, Tannepahl m Hahn, Huhn; jidd. tarnegol Hahn

tarren dürfen, brauchen, müssen, können;Tarr m Bedürfnis?
Tat f Brot; nl. taart Torte
Tate m Vater; jidd.
Tatidel siehe Didel
Tätscher m Teich, Meer teutscher, deutscher Herr Ente dt., zu titschen tauchen
tatt(o) heiß; zig.
tattern zittern; bayr.
Tätz m Kopf; franz. tête
Taul, Tull m Pfennig, Geld jidd. dul arm
Teckel m Polizist dt., zu Deckel »Hut«
Teewinde f, Teebeiß n Krankenhaus
Teile, Deele f Tür, Haus jidd. deles Tür
teilechen gehen; jidd. talecha geschickt werden
Teine-Umeine f Grund, Anlaß jidd.
teißen, deißen schlagen, einteißen einschenken, schütten, verteißen vergießen; Teißbirn fressen Schläge bekommen, zu – birn siehe Erdweinbeeren; Eindeißer m Wirt ?
Teitel f Dattel; jidd.
Teke, Theke Geld ?
Tempo siehe Timpo
Tent f Haus; nl. tent f Zelt
teß neun; jidd. tess (9. Buchstabe, vgl. griech. theta)
Tetscher siehe Tätscher
Tfisse f Gefängnis, auch Toffis, Dofen, Fösel; jidd. tephiso; rw. taffen ins Gefängnis werfen jidd. taphsen; rw. Tofes, Dofes m Gefangener; jidd. tophus
Thuren m, Türchen n Mädchen zu Dirne ?
Tick m Art, rechte Weise, tikken abwägen, denken; jidd. tikkum Ordnung, Bestimmung
Tiefe f Keller, Tiefner m Kellner, Diener; dt. tief
Tiefe f Faß, Kiste, Schachtel jidd. tewa Kasten
tiegern rennen, Tiegerei f Wanderschaft; zig. durjew weit gehen
Tiffel, Tiftel siehe Düfte
Tilpsch m Spatz; ma.
Timpo, Tempo m Zeit zig. timpo
Tippe f, Tipp m Tropfen, Träne; dt.
tippelmondsch siehe tofelmanisch
tippeln, tuppern gehen; dt. trippeln + dt. tippen stoßen, rw. stoßen bedeutet betteln
Tispe(l) f Wirtshaus transponiert aus Spieße
titschen tauchen, eintauchen dt., siehe Tätscher
Tittchen, Deutchen n Geld nl. duit Deut (eine alte Münze), dazu: keinen Deut um etwas geben
to so; zig.
toben dampfen, dämpfen, schwitzen, Tober m Dampfer zig. tuwj- rauchen, dampfen
tofel alt, dumm, toffeln arbeiten, Dübeln, Dibeln Eltern jidd. tophel alt
tofelmanisch, wahnisch, wohnisch, tippelmondsch katholisch; jidd. tofel amuna alter Glaube. Aus dem mißverstandenen rw. wahnisch (statt »katholisch« »verrückt«) wurde berl. katholisch »verrückt«
tofes, Toffis siehe Tfisse
Tohuwabohu s Wüste; hebr. tohu wa-bohu (die Erde war) wüst und leer
tolles, dolles vier; jidd. dollet 4. Buchstabe, vgl. griech. delta
tomed immer; jidd.
Tomp m Frau ?
tönen trinken, Ton m Trunk ?
toppen trinken dt., ursprünglich anstoßen
Torf, Dorf m Geld, Torfdrukker m Dieb; jidd. teref Beute
Torkel, Turkel m Glück, torkeln taumeln, unsicher gehen,

stoßen; torklig glücklich; dt.
tow, duft, toff, taub gut Duft(i)mann m Frühling; Taube f, Taubheit f Glück; Duft m Schnaps; jidd. tow gut
Trab m Wurzel; zig.
trafacken siehe Trawaller
trallen siehe trillen
Trandafüll m Rose(nstock);zig.
Tranke f Dirne ?
trant groß ?
Trararum f Post, Trararumstrahle f Landstraße; dt., lautmalerisch nach dem Posthorn
Trawaller m Knecht, Trawallerin Magd
franz. travailler arbeiten
Trebeser siehe Debisser
trefe unrein; jidd., Gegenteil von koscher rituell rein
Treppenterrier siehe Derech
Treu f Behältnis. Dose; dt. treu
trillen, trillitzen, triezen, drillen quälen, drehen, spinnen, eingesperrt sein. Die Geisteskranken waren mit andern Gefangenen in den Spinnhäusern untergebracht, rw. Trillbeiß n Gefängnis, Spinnhaus, Trall f Angel (an der Türe), Trall m Effekt, Triller m unterm Pony verrückt (trillen spinnen + vertrill(er)t verdreht)
dt. spinnen bedeutet das Spannen des Fadens vor dem Drehen
Trillerl n Lerche; jidd.
Tripp m Hase ?, Schundtripp m, »Erdhase«, Kaninchen
trips, tris, träß drei; lat. tres
Tritt m Fuß, Bein; dt.
trocken ehrlich; dt.
trollen gehen; dt.
trommeln gehen, betteln, Drom m Straße, Trommlianus m Bettler; zig. drom Weg
trommen wagen; zig. trom-
tropp, dropp schwer; betroppen etw. beschweren, bedrängen ?
Troppe m Herr, Gott ?
Trudel, Trull m Kaffee
nd. Trül dünner Kaffee
Trunschel, Trutsch f dicke Frau dt.
Truschel m Fels; zig. truschul
truschen sprechen ?
Truthahn m Berliner Kuhkäse Jenaer Studentensprache
tscha nur; zig.
Tschamper m, f Frosch; zig.
Tschaplaris m Wirt; zig.
tschaßchen siehe schasjenen
Tscherepache f Schildkröte jidd.
tschi nein, nicht; zig.
Tschocha f Rock; zig.
Tschopachani(n) f Hexe; zig.
Tschorr, Schorr, Schurer m Dieb, schoren stehlen
zig. tschor- stehlen
Tschuvli, Schuffli f Frau, Hündin; zig.
tuchnen stehlen (unter den Augen); jidd. duchnen segnen (wobei der Blick gesenkt wird)
tünen schlagen; nl. tuin Zaun
tupfen stechen; zu dt. stupfen
tuppern siehe tippeln
türen siehe dieren
Türk m Mais
dt., »türkischer Weizen«
türmen, turnen, dormen schlafen franz. dormir
türmen, türnen, turnen fliehen, entspringen; Türmkoch f Fliehkraft; rabb. tharam entfernen
Twist m Brot
engl. twist Breze, Kringel
überbeuten ändern, tauschen jidd., zu dt. Beute, ursprünglich »Verteilung«
überkenntlich siehe könig
den ühl, den Uhl nicht(s)
nl., zu dt. Eule
uhr, Uhr hundert ?
Uloff siehe Oluff
umadum siehe rundumadum
Umschlag m Störung, Lärm, Aufruhr; Umschlag machen lärmen, aber auch: das Gegenteil behaupten

der Ungebleichte Schnaps; dt.
Unterkanonier m Brotwecken; dt.
Unteroffizier m Schnaps; dt.
unzeln, be-unzeln schwindeln, lügen, betrügen; Nebenform zu utzen, poln. uciecha Belustigung
Urach m Polizist, Kriminalpolizist; jidd. oreach Gast
Uripen m Anzug; zig.
usb., usp. »und so blöd«, »und so pleite«, rw. Abk. für usw.
utsch ach, schon; zig.
utzen siehe unzeln
Vacher m Landstreicher dt., zu Vagant
Vanille nicht, Nichts; ital. vano leer, ninnolo Spielzeug
Veranerin f Betrügerin jidd. beormo mit List
verbandelt verlobt, Verbandlung Verlobung, Zusammenhang; dt.
verblaffen, verbleffen, verblüffen nötigen, ängstigen zu dt. Bleff Hundegebell
verblitzen verurteilen dt., vgl. verdonnern
verblühen siehe blöd
verbrüsewitzen schlagen, foltern, prügeln ?
verdammelt blind ?
der Verdeckte Polizist in Zivil
verdetscht, detsch dumm ?
verhacken verkaufen; dt.
verhäkeln siehe häkeln
verhäufeln siehe hebeln
verhören stehlen; dt.
verkamisölen schlagen, »auf die Jacke geben«, ma. Kamisol n Jacke, von lat. camisia Hemd
verkappern siehe Kewer
verkloppen, verklappen, verklopfen schlagen; dt.
verkneisseln schlagen ?
verknickeln anzeigen ?
verkratzen wegräumen; dt.
verkündigen siehe kündigen
verluachern verraten jidd. loach er hat geschickt
verlunschen siehe linzen
vermachen siehe machen
vermasseln siehe Massel
vermicheln siehe Mechile
vermonen betrügen ?
vermosern siehe Mosser
vernandpflanzen entwickeln jidd., »voneinandermachen«
vernobesen siehe nobis
verpecken verprügeln; ma. pecken, vgl. Ostereier pecken (fränk.)
verpompt verboten, verpompen verbieten ?
verpöttern siehe pudern
verpumpjacken siehe Peitschen
verratzen siehe ratschen (spielen)
verräumen verstecken dt., zu räumen »leermachen«
verrettern siehe Retterei
versargen siehe sarknen
verscherben, verscherfen siehe schärfen
verschlehen siehe schlichnen
verschlüchern siehe schlichnen
Verschmäh siehe schmeien
verschnüffen verstehen; dt.
verschöchern siehe schocher
verschütt gefangen; tschech. chudý arm + nl. schutten stauen, in Verwahrung nehmen, siehe Schatten und Schoder
verseifeln siehe Sefel
versoßen siehe schwassern
verstrackeln schlagen ?
vertobaken schlagen; jidd. tabach er hat niedergemacht
verwackeln siehe wacheln
Verwüstung f Verwaltung; dt.
verzünden siehe Zünd
Vidre f Fischotter; zig.
Vieche siehe Fickler
Vill, Feile, Fiedel f Stadt franz. ville
Violenschieber m Komplize, Kamerad; Violen schieben den Dieb abdecken, Falle pflanzen »Wand machen« abdecken, überhaupt schlimme Dinge

drehn, huren; zig. fala Wand
Violke f Veilchen; jidd.
Vochte f Brot ?
einen Vogel haben verrückt sein; jidd. du heißt 'n weokal du bist ein Verdrehter, daraus: du hast einen Vogel
Vot m Betrug; mhd. foten füttern, engl. food, vgl. rw. Nahrung »Betrügerei«
wacheln, wackeln, wachteln schlagen; es wächelt lohne: es ist nichts; dt., »haut nicht hin«
Wachskerze f Gewehr; dt.
Wachtmeister m Schnaps; dt.
wahlen (in unbekannter Sprache reden; schweiz.) reden, dazu welschen, wälschen und -welsch, siehe welsch
Wahn m Wunde, Narbe ?
wähnen, wenen, wenten wollen, wünschen; zu engl. want
waldiwern siehe diebern
walen siehe wahlen
Wallmisch siehe Malbusch
Wallon m Polizist; jidd. w'allim Gewalttäter, siehe Palme
walzen gehen; dt.
Wanill m Vanille; jidd.
Wärm f Zimmer, siehe Hitz; dt.
Wasch f, Voks m Kuh; franz. vache; Wau m Kalb; franz. veau
Washingtonie f eine Art Affenbrotbaum, Palme
Wassergspodel m Schiffsdieb ?
Wastl m Ding, Gegenstand; bayr. Wastl m Abk. von Sebastian, siehe Hansel, Lenz
wawers anders, der wawere der andere; zig. wawer anderer
weckeln siehe picken
Weichsel Stück Brot oder Fleisch, Nebenform zu Wickel Essen ?
Weinaß m Schnaps ?
weiß, geweißigt reich dt., vgl. rw. schwarz arm
weiweln trinken ?
welsch fremd, wahlen in fremder Sprache sprechen; Welschkohl, Welscher m Wirsing, welscher Hahn Truthahn; welsch geht auf ein germanisches Substantiv zurück, das die keltischen Bewohner westeuropäischer Gebiete bezeichnete und dem der keltische Stamm lat. Volcae zugrundeliegt
werfen essen, Wurf m Mund, Wurfplan m Speisekarte ?
Wetterwecker m Laus ?
wickeln (essen) siehe picken
wickeln, beim Wickel hegen, haben verhaften
Wifert m Salat ?
Will siehe Vill
Willemsfiedel f, Willemswill f Berlin; nach Kaiser Wilhelm
Wind wissen, Wind gneißen Bescheid wissen, kennen; dt.
Winde f Tür, Haus; dt. wenden
Windel f (Taschen-) Tuch; dt.
Windfang m Mantel, Rock; dt.
winseln singen, musizieren, Winselwinde f Kirche, »Singhaus«, Winsel f Geige
Wipflinge, Wipferlinge pl weiße Bohnen; ma.
Wipper m Betrüger mit Falschgeld, siehe Kipper und Wupp
Wirdsein n Zukunft; jidd.
Wirta f Wirtshaus; zig. wirta
Wisch m Tuch aller Art; dt.
witschen, witschern werfen zig. witscher-
Witscheriwitschen pl Zwetschgen ?
witt weiß; dt.
wittisch dumm, einfältig, unschuldig; Wittsche f Unschuld, Wittisch, Witschling m Narr nd. witt weiß, d.h. unbeschrieben
Witze f Wärme, witz warm, heiß; Wärme + Hitze ?
woff siehe fauf
Woiter m Bettler ?
Wöles m Knabe, Sohn, Mann lat. filius
Wolje, Wollja f Wunsch, Wille zig., von dt. wollen

Wolle reißen aufstehn; dt.
wui ja; franz. oui
Wupp f Waage; dt., zu wippen
Wurf siehe werfen
Wurzen m Gast, großzügiger Mensch ?
wurzen reißen; dt ?
wuschen schlagen, stoßen zu mhd. buschen schlagen
wütend groß; dt.
wutsch klein; zig. wutscho
wütteln, wutteln reden; dt.
xor tief; zig.
Zaddik m Polizist jidd. zadik gerecht
Zänker m Polizist; dt.
Zappen ab! zu Ende! Zappen duster! dt. Zapfen + jidd. zophon Mitternacht rw. Zapfen m Wirtshaus
Zar m Affe; zig. tsar
Zarzare f Aprikose; zig.
Zaspel f Zurechtweisung, Rede jidd. sphas Worte, pel vortrefflich
Zaster m Eisen, Geld, zastern zahlen; zig. saster Eisen
Zauberflöte siehe Flöte
Zecherl n Wirtshaus dt., zu zechen
zecken, zecknen (schreien) siehe zögern
Zefir m, Zefire f Frühe, Morgen, Osten; Zefirspringer m Frühdieb; jidd. zephiro Morgen
Zenserei siehe Senserei
zi oder; jidd.
zierlich langsam, zierlichen bremsen; dt.
Zierum Rock ?
Zilisheichus siehe Kilo
zimbeln schlagen, peitschen; mit dem Schoot aufzimbeln mit der Peitsche schlagen jidd. schot Peitsche, zimbeln zu dt. Ochsenziemer
Zimt siehe Simen
Zinken m Zeichen, Namen, Nase; zinken, zinkieren deuten, bezeichnen, verraten; abzinken beobachten; dt.
zinots, zinz du, zinotesem zinzem dein ?
zitschen flüstern; dt., zu zischeln
zockeln siehe zotteln
Zofen m Norden, Mitternacht, Dunkelheit; Zofenstichling m »Nordgeber«, Kompaß jidd. zophon Norden
zögern, zecken, zecknen schreien, laut werden, verraten jidd. zekenen
Zonn m Schaf; jidd. zon Schafe
Zopfen m Brot ?
zopfen siehe zupfen
Zor siehe Sor (Kraft)
Zore, Saure f Sorge, Not; zorig nötig, Saures geben schlagen jidd. zoro Not, hierher: Sauregurkenzeit: zores jokres (joker rw., jidd. teuer)
Zosse m, Süßchen n Pferd, Schuß-Balmochum m Polizist jidd. sus, pl susim Pferd
Zottel f, Zottler m Rausch Zottelteile f Wirtshaus, zotteln trinken; dt.
zotteln, zockeln nehmen, stehlen ?
Zuchtfillgen n Zuchthaus ?
zucken marschieren, gehen ?
Zuckerbüchse siehe saugern
zuckern, schucker, schugger schön; zig. schukr schön, hierher: das ist Zucker
zulanden stehlen; dt.
Zumin f Suppe; zig. zumi(n) f Suppe, hierher Maria zu lieben Brotsuppe, rw. Maro Brot, -zu lieben entstellt aus Zumin
Zünd, Zund, Schund m Erde, Dreck, Verrat, Botschaft zig. chindav scheißen, betrügen; hierzu die folgenden rw. Begriffe:
einen Zünd reiben heimlich benachrichtigen, vgl. dt. Reiberl Zündholz und reiben drehen, dazu der Dreh m List, Raffine; rw. beschummeln, be-

schundeln betrügen; verzünden, verschündeln, anschündeln verraten
zupfen, zopfen stehlen, nehmen; dt.
Zure n, f Form, Gestalt; jidd. zuro
Zutte f Banane; rw. zuto gelb
Zwick, Zwicker m Nagel, Bolzen; dt. Zwecke
zwicken quälen, martern, Zwikker m Scharfrichter, Schere dt., zu zwicken
zwieren zählen; jidd. sfiras Zahl, hierher rw. Zwirn m Geld siehe Spagat, Draht
Zwirn m Angst; dt. zwirnen plagen, siehe trillen quälen, drehen, Drall f Schnur
der zwiste der zweite; dt.

Städtenamen
Mokum Beiß Bamberg, Berlin
Mokum Dollet Dresden
Mokum Hai Hannover
godel Mokum Hai Hamburg
Mokum Kuf Kassel
Mokum Lamed Leipzig
Mokum Pej Frankfurt
Mokum Reisch Regensburg
Mokum Schin Spandau, Stuttgart

Berlin
Wilhelmsfiedel
Willemsfeile
Willemsvill
Ostberlin
Aufgangs-Beiß (-Mokum)
Westberlin
Untergangs-Beiß (-Mokum)

der Alex
Polizeipräsidium Alexanderplatz
der graue Bär Berliner Arbeitshaus; jidd. peron Vergeltung
die Barnimsruh
Frauengefängnis Barnimstraße
das Beusselkitz
Gegend um die Beusselstraße
der Büsching Asyl Büschingstr.
das graue Elend
Berliner Arbeitshaus
der Freisaal Gefängnis Molkenmarkt 1 (Vergünstigungen für Geständige)
der Fürst christliches Vereinshaus St. Michael in Wedding, vorher Tanzlokal Fürst Blücher
das Graudenz Berliner Arbeitshaus; -enz von jidd. anius Elend siehe »das graue Elend«
die Kruke
Wärmestube am Alexanderplatz
das Lichtenberger Kitz
Gegend vor dem Frankfurter Tor mit Irrenanstalt, Erziehungsanstalt und Central-Viehhof
der Ochsenkopf Arbeitshaus am Belle-Alliance-Platz
die Palme Asyl Fröbelstraße; ?
der Perleberg
Polizeigefängnis Perlebergerstr.
die Rummeline
Arbeitshaus Rummelsburg
die Schrippenkirche christliches Vereinshaus St. Michael in Wedding, wo nach Gottesdiensten Kaffee und Semmeln verteilt wurden
die Schule
Polizeipräsidium Alexanderplatz jidd. schul f Synagoge

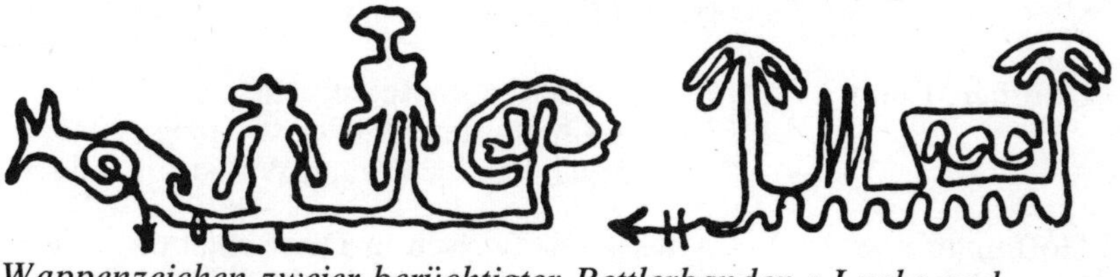

Wappenzeichen zweier berüchtigter Bettlerbanden »Luchs und Tölpel« Vorarlberg 1684

Bibliografie

Avé-Lallemant, Friedrich Christian Benedict	Das Deutsche Gaunerthum in seiner socialpolitischen, literarischen und linguistischen Ausbildung zu seinem heutigen Bestande. 4 Bände, Leipzig 1858 – 1862
Beranek, Franz	Mitteilungen aus dem Arbeitskreis für Jiddistik, Gießen, 1955 – 1964
Best, Otto F.	Mameloschen Jiddisch, eine Sprache und ihre Literatur
Birnbaum, Salomo A.	Grammatik der Jiddischen Sprache A. Hartlebens Verlag, Wien und Leipzig 1918 (Neudruck Helmut Buske Verlag, Hamburg, 1966)
Borneman,Ernest	Sex im Volksmund Der obszöne Wortschatz der Deutschen Rowohlt Verlag, Hamburg, 1971
Burnadz, J.M.	Die Gaunersprache der Wiener Galerie Verlag für Polizeiliches Fachschrifttum Georg Schmidt-Römhild, Lübeck, 1970
Deutsche Gaue	Zeitschrift für Gesellschaftswissenschaft und Landeskunde, Verlag Deutsche Gaue, Kaufbeuren
Dogopolski, Aron	Boreisch, Ursprache Eurasiens bild der wissenschaft 10, Oktober 1973 Deutsche Verlagsanstalt Stuttgart
Endt, Enno	Bargoens Woordenboek Erven Thomas Rap, Amsterdam, 1972
Groß, Hans	Handbuch für Untersuchungsrichter als System der Kriminalistik 2 Bände. Graz 1893, München 1908
Groß, Hans	Die Gaunerzinken der Freistädter Handschrift. Groß' Arch. für Krim., Bd. 2, S. 1 (Sammlung Karmayer)
Günther, Louis	Die deutsche Gaunersprache Verlag Quelle und Meyer, Leipzig, 1919 (Neudruck Sändig Verlag, Wallauf, 1968)
Hoffmann von Fallersleben	Ältestes Rotwelsch in Deutschland. In: Monatsschrift von und für Schlesien, 1. Jahrgang, 1829

Illitsch-Switytsch, Wladislaw	Materialien zum Wörterbuch der nostratischen Sprachen
Kluge, Friedrich	Rotwelsch Quellen und Wortschatz der Gaunersprache und der verwandten Geheimsprachen. I. Rotwelsches Quellenbuch. Straßburg 1901 (mehr ist nicht erschienen)
Landmann, Salcia	Jiddisch Walter Verlag, Olten, 1962
Liebich, Richard	Die Zigeuner in ihrem Wesen und in ihrer Sprache Verlag F.A. Brockhaus, Leipzig, 1863 (Neudruck Sändig Verlag, Walluf, 1968)
Oppenheimer, John F. (Chefredakteur)	Lexikon des Judentums Verlagsgruppe Bertelsmann, Gütersloh, 1971
Polzer, Wilhelm	Gaunerwörterbuch für Kriminalpraktiker J. Schweitzer Verlag, München, Berlin und Leipzig, 1922
Pott, A.F.	Die Zigeuner in Europa und Asien 2 Bände, Halle 1844 und 1845
Schukowitz, Hans	Bettlerzinken in den österreichischen Alpenländern Globus, Band 74, Seite 1, Braunschweig, 1898
Spangenberg, Karl	Baumhauers Stromergespräche in Rotwelsch VEB Max Niemeyer Verlag, Halle/Saale, 1970
Streicher, Hubert	Die graphischen Gaunerzinken Verlag von Julius Springer, Wien, 1928
Weinreich, Uriel	Modern English-Yiddish Yiddish-English Dictionary. Yivo Institute for Jewish Research, New York, 1968
Wolf, Siegmund A.	Wörterbuch des Rotwelschen Bibliographisches Institut Mannheim, 1956
Wolf, Siegmund A.	Großes Wörterbuch der Zigeunersprache Bibliographisches Institut Mannheim, 1960
Wolf, Siegmund A.	Jiddisches Wörterbuch Bibliographisches Institut Mannheim, 1962

Quellenverzeichnis

Anonym	Fronleichnamspredigt Das Reich Gottes und seine Gerechtigkeit/Haussegen. Verlag J. Müller, München. Druckerlaubnis des Ordinariats München und Freising von 1912
	Die Hinrichtung München damals. Ludwig und Elli Merkle Heimeran Verlag München 1972
	Marxismus und Christentum Streiflicht der Süddeutschen Zeitung, München, Ostern 1973
	Was für ein schöner Morgen! Langenscheidt Italienisch/Deutsch 1936
	Eine Autofahrt Langenscheidt Italienisch/Deutsch 1936
	Ein Vater an seinen Sohn Deutsches Lesebuch, ca 1910
Blüher, Dr.P.M.	Meisterwerk der Speisen und Getränke Verlag von P.M. Blüher, Leipzig, 1901
	Der Diamantenball Aus dem Vorwort des Meisterwerks der Speisen und Getränke
Böhmer, Dr. Günter	Das Handpuppenspiel Puppentheater. Schriften des Münchner Stadtmuseums. Aus dem Vorwort von Dr. Günter Böhmer, Leiter der Puppentheatersammlung der Stadt München. Verlag Bruckmann, München, 1969
Cervantes, Miguel de	Don Quixote Übersetzung von Ludwig Tieck
Gontscharow, Iwan	Oblomow Deutsch von Reinhold von Walter. Karl Rauch Verlag, Düsseldorf, 1957
Jungk, Robert	Hoffen auf die Sonne Zeitschrift x, September 1972. Deutsche Verlagsanstalt Stuttgart

Gonzenbach, Laura	Der Hahn, der Papst werden wollte Das Mädchen im Apfel. Italienische Volksmärchen, dtv München, 1964
Kempner, Friederike	Die Hemmung Friederike Kempner, der schlesische Schwan, lebte von 1836 bis 1904
Knigge, Adolf Freiherr von	Über den Umgang mit Frauen; aus: Über den Umgang mit Menschen, Erstausgabe 1788
Lingen, Thekla	Die schöne Mama Skizze in »Die Woche« Berlin, den 18. August 1900
Lipp, Dr.	Telegramm an den Papst Münchener Räterepublik edition suhrkamp 178
Mohring, Dieter (Herausgeber)	Touristikmedizin Georg Thieme Verlag, Stuttgart, 1971
Obernberg, Josef von	Reisen durch das Königreich Baiern I. Teil. Der Isarkreis, Zweiter Band, II. Heft. München, bey Ignatz Josef Lentner, 1816
Shakespeare, William	Romeo und Julia Übersetzung von August Wilhelm von Schlegel
Sommer, Siegfried	Die Schlacht bei der roten Mühle Das große Blasiusbuch. Süddeutscher Verlag München, 1967
Vyskočil, Ivan	Schattenspiel Bei-Spiele. Suhrkamp Verlag Frankfurt/M, 1969

Inhaltsverzeichnis

84
23/9 889
5
1832
14
1922
15/8
18/33
Lixl
R.St.
14.I.1926